T0294488

# Música intrusa

MA
NON
TROPPO

# Música intrusa
## TERRITORIOS FRONTERIZOS DEL CONOCIMIENTO

José Manuel González

© 2023, José Manuel González Gamarro

© 2023, Redbook Ediciones, s. l., Barcelona

Diseño de cubierta: Regina Richling

Diseño de interior: Quim Miserachs

Fotografías interiores: Wikimedia Commons / APG Images

ISBN: 978-84-18703-49-2

Depósito legal: B-1.989-2023

Impreso por Reprográficas Malpe – Pol. Ind. Los Olivos
Calle de la Calidad, 34, Bloque 2 Nave 7
28906 Getafe, Madrid

*A Angy y Daniel, por ser brújula.*
*A mis padres, por empeñarse en mi educación.*

Necesito expresar mi agradecimiento a mi editor, por haber creído en este proyecto desde el principio. También a mi familia, por entender los silencios, las ausencias y el desorden. Gracias a mi esposa por ser mi lado racional en mis momentos más viscerales y mi lado más visceral en mis excesos racionales.

Especial mención merece Juan Ignacio Pérez. Una persona honesta, amable y generosa que tuvo la paciencia de leer el manuscrito sosegadamente y al detalle. Gracias por los sabios consejos, las correcciones tan brillantes y la enorme satisfacción de poder seguir aprendiendo a partir de ellas.

# Índice

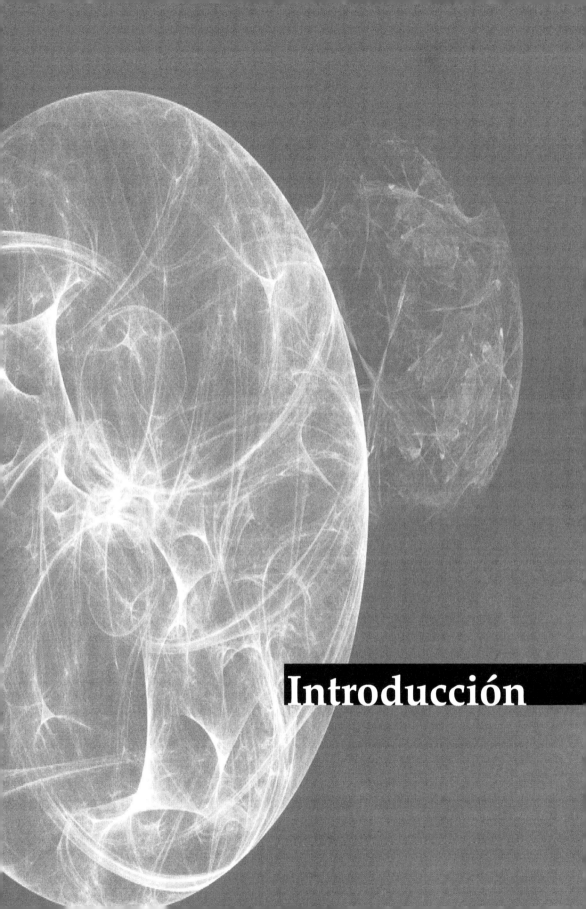

# Introducción

# Un cruce de caminos

Arístides Quintiliano fue un filósofo de la antigüedad clásica que además fue teórico musical, como tantos otros. Escribió una obra titulada *Sobre la música*, de carácter enciclopédico y muy completa que abarca tanto la teoría como la práctica. Su motivación para escribirlo se basa en la poca estima que, según él, había por la música. La motivación de este libro atiende a razones parecidas, aunque no haya una subestimación de la música en la época actual. La música es algo que está presente en nuestro día a día de muy diversas formas, es un ingrediente que siempre se suele usar para mejorar o intensificar una experiencia, pero que principalmente es una experiencia en sí misma. Quizá sea una tendencia actual usar la música para acompañar diferentes situaciones, como banda sonora o música de fondo, y quizá esta tendencia haya hecho que determinados estilos y un marcado camino hacia a la simplicidad (desde un punto de vista armónico) sea la característica principal de la música que más popularidad tiene en la actualidad. Esto puede ser tan positivo como negativo, según el enfoque, y lejos de ser una crítica es la constatación de un hecho.

Este libro no atiende tanto a solventar la poca estima de la música, sino más bien a dar a conocer una parte no demasiado conocida de ésta, pero necesaria para apreciar su significación en nuestra sociedad. Cuando se profundiza en los conocimientos musicales, llega un momento en el que es necesario adentrarse en otras disciplinas. Pasado un cierto nivel, la música es irremediablemente interdisciplinar. Enseñar cómo se convierte en una especie de intrusa que se adentra en zonas limítrofes o cómo se va ensanchando y sus dominios se mezclan con los dominios de otras disciplinas es lo que se trata de exponer. No obstante, la palabra «intrusa» y todas las posibles derivadas de ésta, como puede ser «intrusismo», no tienen aquí ninguna connotación peyorativa, más bien al contrario. Aunque el significado genérico de la palabra es más negativo que positivo porque alude a la intromisión por la fuerza o sin derecho, esta intrusa tiene un perfil más curioso que agresivo, que además contribuye a ensanchar aquello en lo que se introduce. Esta interdisciplinariedad se ha abordado muy comúnmente desde la mezcla de disciplinas artísticas, es decir, las relaciones entre la música con la pintura, la literatura, la escultura, el cine, etc. Eso ha dado muchos frutos, tanto de libros y artículos que analizan estas relaciones como de obras artísticas multidisciplinares y obras musicales basadas en conocimientos de otras artes. También ha provocado que innumerables artistas hayan hecho de esta cuestión su identidad profesional. Sin embargo, existen otras zonas donde la mezcla y las soluciones ambivalentes afectan a otras disciplinas mucho menos artísticas en un principio y más cercanas a la ciencia y la investigación.

## ¿Cuál es la mezcla?

Está muy extendida la relación de la música con las matemáticas, cosa que también se aborda aquí, pero se hacía necesario también visibilizar otras mezclas como pueda ser todo lo relacionado con la percepción cerebral, la lingüística, la química, la biología, la arquitectura, la física o incluso la inteligencia artificial. Es evidente que solo es una muestra, sin demasiada profundización (a la que se invita de manera deliberada), y que existen muchas más zonas de las que aquí se exponen, pero vale para una primera entrada a ese mundo de zonas fronterizas. Para ello se ha dividido el libro en cuatro fronteras con la música: la perceptiva, la matemática, la biológica y la física. También se incluye un pequeño epílogo en relación con el concepto frontera y el conocimiento.

Los capítulos que abordan lo perceptivo acercan lo más científico y experimental con cuestionamientos éticos y filosóficos. La percepción musical y todo lo relacionado con la investigación cerebral ha tenido un gran auge en los últimos 100 años, aunque las teorizaciones de cómo escuchamos la música vienen de mucho antes, con ciertos vaivenes históricos debido a ese oleaje que acerca y aleja la ciencia y la música en diferentes épocas. Analizar la música y su percepción pasa por el hecho de definir o acotar qué se entiende por música y todos los procesos que intervienen.

En la parte dedicada a las matemáticas, no se han centrado los capítulos en la naturaleza de la música y en su aplicación a modo de estructura. Ha sido un enfoque de aplicación de la investigación en la generación de la música, aunque también hay algunos capítulos basados en el análisis musical, donde los modelos matemáticos son útiles para comprender el funcionamiento de la música independientemente de si han sido usados para su creación.

La frontera biológica pone de manifiesto cómo las teorías de Darwin también abrieron nuevos caminos musicales, posibilitando nuevas formas de componer música y, por lo tanto, nueva música que no hubiera sido posible sin este conocimiento. La biología, la observación de la naturaleza ha sido fuente de inspiración desde tiempos remotos y cuánto más se conoce sobre ella, mayor es el abanico de posibilidades que se puede utilizar para avanzar en el conocimiento e investigación musical. Puede resultar sorpresivo cómo investigaciones en botánica pueden desembocar en nuevas formas de hacer música o cómo la sonificiación de modelos naturales pueden abrir puertas a la comunicación con especies mediante la música.

La última parte está dedicada a la física, donde la relación con la música es muy antigua. La especulación con las ondas sonoras viene de lejos, pero gracias a las leyes de la física se ha conseguido revolucionar el mundo de la música en ciertas épocas. Mucha música, formas de componer y formas de difundir y usar la música son hijas de la física y sus investigaciones. Algo tan alejado en apariencia como la física de partículas, supone una nueva vuelta de tuerca a los procesos compositivos. La incertidumbre, el caos o la astronomía han resultado ser un estupendo caldo de cultivo al mezclarse con teorías musicales, levantando los inicios de nuevos retos, nuevos paradigmas y cuestionamientos éticos en lo que afecta a la sociedad y sus relaciones culturales.

## Fronteras

El mapamundi del conocimiento tiene delimitadas las disciplinas por pura necesidad. La realidad tal cual se nos presenta es inabarcable si no la circunscribimos a las disciplinas. Profundizar en ellas es necesario para que se expandan, y de tanto expandirse, tocan límites de otras disciplinas, que a su vez también son expandidas creando lugares comunes o, mejor dicho, entremezclados. Si cogemos un puñado de arena tintada de un color y otro puñado de un color diferente y lo extendemos mezclándolos en una superficie plana, veríamos posiblemente un color preponderante desde una vista lejana, pero si nos acercamos para ver al detalle, podríamos distinguir los granos de un color y de otro. Sin embargo, todo seguiría siendo arena. Tal es el conocimiento que provoca las zonas interdisciplinares, pero ojo, no podríamos distinguir los granos de arena si no supiésemos de la existencia de ambos colores, aunque hubieran sido asimilados en otros contextos.

La música es una disciplina muy bien comunicada puesto que comparte fronteras con muchas otras, por lo que tiende a ser una intrusa más allá de sus límites. Es intrusa, pero no invasora. Las demás disciplinas limítrofes no la expulsan cuando se mezclan, sino que la acogen para su estudio. Quizá esto sea debido a que la música es un elemento transversal a todas las culturas y, por lo tanto, a todas las perspectivas posibles desde donde afrontar la realidad para crear conocimiento.

Se puede caer en la tentación de suscribirse al «musicentrismo» y pensar que la música puede ser estudiada desde diferentes perspectivas, acercándonos a ella desde un enfoque humanístico-historicista o bien desde uno más científico.

La musicología tiende a clasificar diferentes enfoques como tres grandes ramas del conocimiento:

- musicología histórica: donde se incluye la historia de la música, la notación, la teoría de la música, la iconografía, la organología o la paleografía.
- musicología sistemática: que investiga sobre la fisiología y la acústica, estética, psicología, sociología, las leyes armónicas, la pedagogía o la etnomusicología
- musicología aplicada: construcción de instrumentos, crítica musical o informática musical.

Sin embargo, a cada una de estas ramas le atañen tanto ciencias aplicadas como ciencias humanísticas. No se trata de intentar provocar aquí ninguna revolución epistemológica ni de abrir debates inventando nuevas taxonomías, esto excedería el objetivo de este libro y las limitaciones de su autor. Pero poner a la música en el centro del conocimiento sería engañarse. Lo que sí debemos hacer es concienciarnos del alcance de esta disciplina. Debido a su gran extensión territorial en el mapa del conocimiento y su carácter transversal en la humanidad, tiene muchos territorios fronterizos con vecinas de toda índole. Esto no la convierte en la más importante (aunque lo importante sea una cualidad muy subjetiva), pero sí en la más interdisciplinar, o por lo menos en la que más zonas interdisciplinares tiene. Conocer estas zonas o darlas a conocer es uno de los principales objetivos de este libro. Las cuatro fronteras en las que se divide son cuatro caminos que se cruzan en el libro que usted lee ahora mismo. En realidad, este libro es un cruce de caminos, todos ellos ubicados en zonas limítrofes. No quiere decir esto que en este cruce converjan todos los senderos posibles, es obvio que hay otras fronteras con sus vericuetos, donde la música mezcla sus ingredientes con otras disciplinas, ya sean éstas artísticas o no. Este libro es más bien una muestra (o una llamada de atención) para que se pueda comprobar cómo el conocimiento musical muchas veces trasciende más allá de lo artístico. La humanidad ha obtenido, y sigue obteniendo, mejor conocimiento de la música gracias a disciplinas científicas, pero también la música provoca nuevo conocimiento a partir de nociones o teorías científicas. Eso es algo que se podrá comprobar a lo largo de los diferentes capítulos. Partir de una base científica en vez de una netamente artística para crear música, hace que ese conocimiento provocado por la música no hubiera sido posible sin el conocimiento científico previo. Un buen ejemplo de ello fue el compositor ruso-ucraniano Joseph Schillinger, quien ideó todo un sistema de composición musical basado en principios científicos, siendo su esencia la geometría. Más allá del valor estético y trascendencia de las obras musicales que se basaron en este sistema, no cabe duda de que sin el conocimiento científico en el que se basa, hubiera sido imposible generar obras desde esta perspectiva.

## ¿Música útil?

La música como educadora de la humanidad, de manera más genérica, también tiene la capacidad de ayudar a entender conceptos abstractos (entre otras muchas cosas), como la diferencia entre sencillo y simple, o entre difícil y complejo. La mayor parte de las veces, estas parejas de palabras se usan como sinónimos, siendo en bastantes ocasiones un enfoque totalmente erróneo. Basta pensar en un extracto de una partitura donde su elaboración sea extremadamente simple y su ejecución nada sencilla. Mucho se ha hablado de las ventajas cognitivas que otorga la práctica regular de un instrumento musical, y de hecho algunas tiene, pero enfocar la práctica para obtener personas más inteligentes es errar el tiro. Existe una cantidad ingente de estudios que demuestran las ventajas de estudiar música, uno de los más amplios es el que hicieron un grupo de investigadores de la universidad de Granada, universidad Autónoma de Madrid y universidad McMaster de Hamilton (Román-Caballero et al., 2021), donde se muestran algunas ventajas debidas al estudio de un instrumento. Sin embargo, pensar que practicar un instrumento es un medio únicamente para ganar habilidades académicas es algo que se ha vendido muchas veces y de lo cual se han aprovechado muchos tipos de campañas publicitarias. Como señalan estos investigadores, la inversión de tiempo y esfuerzo es muchísimo mayor que las habilidades académicas obtenidas, por lo que el aumento de estas habilidades es un añadido extra que se gana al estudiar un instrumento, pero no debe ser un objetivo. La música tiene valor por sí misma. Ha sido muchas veces vista como algo envuelto por un halo mágico, que puede otorgar ciertas propiedades a aquellas personas que la practican. Nada más lejos de la realidad.

El propósito del libro, el fin último, no es más que evitar etiquetas contrarias, enfoques encontrados que se dan. El músico profesional es mucho más que alguien que realiza una actividad a todas luces poco útil, pero que entretiene a la gente y les causa placer. Apela a la sensibilidad, qué duda cabe, pero el planteamiento de este texto se aproxima a un planteamiento platónico, al intento de acercar lo racional y lo emocional, o más bien, al intento de fulminar el espacio que separa sensibilidad y razón. Es esta la gran empresa de *Música intrusa*, otra cuestión es que se logre, aunque con una llamada de atención sobre este hecho ya se habrá conseguido mucho. Se encontrarán los lectores muchos capítulos dedicados a todo lo relacionado con el lado más intelectual de la música y su intromisión en otras disciplinas colindantes por ser quizá el lado más desconocido o deliberadamente ignorado. Lo emocional siempre llega primero, por eso parece ser el verdadero objetivo de toda música, y lo parece hasta el punto de que hay visiones que otorgan valor definitorio a esta característica. Si no emociona, no es música. Es algo que se ha predicado a lo largo y ancho de nuestra historia. No hay duda de que la música puede aportar sensibilidad y emoción, tanto a la persona que la hace como a la que la escucha. Sin embargo, también aporta razón, conocimiento, estirando los límites de sus dominios, a veces hasta lugares insospechados. Hay una parte puramente intelectual, que es tan significativa que es imprescindible. Es imposible atisbar el conocimiento venidero, ya sea en la música o en cualquier otro ámbito. Lo que sí se puede hacer desde este mismo instante es recopilar cómo se ha conseguido y se sigue consiguiendo en el momento actual. De esta manera se contribuye a eliminar falsas dico-tomías muy extendidas, donde razón y emoción se contradicen. A pe-sar de lo que pueda parecer en un principio, la música no es ese lugar de enfrentamiento, y ni siquiera una (sensibilidad o razón) tiene más extensión que la otra. Ambas se dan la mano y avanzan en equilibrio.

Una última cosa. Los músicos profesionales tenemos una tendencia muy acusada a buscar errores de manera deliberada, nos entrenan para ello durante muchos años. Si alguno de ellos me lee y encuentra algún error, ruego comunicación y comprensión a partes desiguales.

# PRIMERA PARTE
## La frontera perceptiva

## La música tiene lenguaje, pero no es un lenguaje

Una de las mayores y más extendidas analogías que se hace con la música es definirla como un lenguaje. Si nos adentramos en textos con altos índices de lo poético o incluso filosófico, podremos verla representada como el lenguaje universal. Este lenguaje universal se describe como tal cuando la música es instrumental, ya que en el momento en el que aparece un texto en cualquier tipo de música vocal, la primacía del significado se la lleva el verdadero lenguaje. Las relaciones que se establecen entre la matemática y la música pueden ayudar a resolver este escollo de compararla con el lenguaje, ya que podríamos preguntarnos si las matemáticas son un lenguaje. Ambas disciplinas son un sistema formal gobernado por reglas, sin embargo, no poseen un significado unívoco que se corresponda con la realidad. Si por ejemplo el lector se encuentra con la siguiente fórmula:

$$(x + y)^r = \sum_{k=0}^{\infty} \binom{r}{k} x^{r-k} y^k$$

si tiene conocimientos matemáticos suficientes comprobará que corresponde al teorema del binomio, y más concretamente al generalizado para exponentes reales (en sentido matemático del término) que realizó Isaac Newton. Sin embargo, esto no se corresponde con ningún significado en referencia a un objeto real como pueda ser una silla o explique un sentimiento o emoción. En la música pasa exactamente lo mismo. Aunque se ha dicho en una cantidad ingente de textos que la música es el lenguaje de las emociones, lo cual desde cierta

perspectiva puede ser cierto, el significado de ese lenguaje es connotativo. Un mismo acorde, un mismo motivo melódico o rítmico puede
tener diferentes significados dependiendo del contexto armónico. Por
lo tanto, no existe relación unilateral entre el signo y el significado.
Quizá esto ocurra porque la función principal de la música no suele
ser transmitir información.

### Un sistema de símbolos

Si se hace un acercamiento a la teoría del lingüista Noam Chomsky
(1979), se puede comprobar que una de sus formas de entender el lenguaje es como sistema de comunicación o sistema simbólico. De esta
manera cualquier código podría ser considerado un lenguaje, tanto las
matemáticas como la música, incluso cualquier sistema de comunicación de las especies animales. Esto lleva directamente a un enfoque
basado en la sintaxis formal. Este enfoque se ha visto representado en
metodologías como el análisis sintagmático-paradigmático de la música. Básicamente lo que se hace es extrapolar unidades mínimas de
significado estructural y se establecen reglas de distribución temporal.
Es una teoría analítica que puede ser útil y significativa pero que deja
de lado la perspectiva del oyente, es decir, las respuestas emocionales
que le provoca la música en el acto de la escucha. Esto presupone que
la música lleva implícitas unas determinadas asociaciones y no otras,
lo cual  no es real ya que el único significado que puede tener la música es connotativo, dependiendo del oyente en todas sus dimensiones
(nivel intelectual, entorno sociocultural, época histórica en la que la
obra es escuchada…). A todo esto hay que sumarle que la partitura es
un sistema de notación que no es totalmente preciso, sujeto a pequeñas
ambigüedades en la ejecución del intérprete. Dicho de otro modo: no
todo lo referente a la interpretación está escrito en la partitura. Esto es
un muro infranqueable a la hora de definir la música como un lenguaje
puesto que la interpretación musical no es la ejecución del código lingüístico. Cualquier versión o incluso repetición del mismo intérprete
la hace diferente, se reinterpretan diferentes parámetros musicales. Un
lenguaje debe tener patrones tan determinantes que al repetirlos no
cambie su significado. Esto no ocurre en la música.

Teniendo en cuenta las teorías de los filósofos Charles William Morris o Charles Sanders Peirce, el signo lingüístico posee una triple relación:
- con la idea (relación semántica)
- con los hablantes (relación pragmática)
- con los restantes signos del sistema (relación sintáctica).

¿Qué pasa si llevamos estas nociones lingüísticas a la música? Lo único que ocurre es que se pone de manifiesto la carencia de relaciones semánticas. Esta carencia provoca que la memoria musical tenga que ser estrictamente literal. En el lenguaje hablado se pueden descartar las palabras exactas y la entonación particular una vez que se extrae el significado de una frase. Si le pedimos a alguien que recuerde una historia o una oración, lo más probable es que parafrasee y utilice otras palabras o expresiones, lo que es imposible en la música. La relación pragmática atañe directamente a la interpretación, ya que se hace referencia a los hablantes, que en el caso de la música es el público, ya sea o no músico. Este tipo de relación no solo existe, sino que sería la relación más poderosa en la disciplina musical. La relación sintáctica también se da, puesto que es una relación funcional. Un acorde, por ejemplo, puede tener diferentes funciones dentro de la música, y esa función dependerá de su contexto, de todo lo que lo rodea y lo envuelve. Sin embargo, como ya se ha dicho, la música no tiene significado, solo el que el intérprete o el oyente quiera (o pueda) otorgarle. A pesar de todo esto, la música imita perfectamente el lenguaje, incluso su terminología, puesto que los músicos hablamos de frases y acentos con total normalidad. Esta imitación se restringe a cierta terminología y al sistema formal. La música no significa nada (o significa todo) y además cualquier combinación de notas es posible, es viable musicalmente hablando, cosa que en cualquier idioma no es real ya que existen prohibiciones lingüísticas.

André Martinet fue un lingüista francés que en sus teorías hace referencia a cómo se aprende un lenguaje hablado. Segmenta las oraciones en unidades mínimas de significado (monemas) y a su vez, estas unidades mínimas o monemas se dividen en fonemas. Estos fonemas son sonidos indivisibles en cualquier lengua determinada. Si la lengua es la música, los fonemas podrían ser los doce sonidos de nuestra escala temperada, si el contexto es la música occidental. Cualquier combinación de estos sonidos da como resultado monemas con sentido musical, o musemas como les gusta nombrarlos al musicólogo Philip Tagg. Sin embargo, en el lenguaje hay combinaciones que no son factibles. Esto es fácilmente comprobable si en el idioma español elegimos por ejemplo estos cuatro fonemas: a/g/l/o. Hay 24 permutaciones posibles de estos fonemas, dándose palabras con significado como «algo» o «lago» pero no todas las combinaciones lo tendrán. Este planteamiento ya lo expone José Luis Tellez (2010). Podemos extrapolar el ejemplo a la música eligiendo los cuatro primeros sonidos de cualquier escala. Todas las permutaciones melódicas que hagamos (que también serán posibles 24) tienen sentido musical y además este sentido expresivo cambiará en función de qué armonía se elija para acompañar a las diferentes melodías. El sentido expresivo de una sola opción melódica (musema) cambiará en función de la armonía que la acompañe. No solo hay 24 posibilidades melódicas con cuatro notas, sino que cada una de esas posibilidades tiene a su vez muchas posibilidades expresivas en función de su contexto armónico y rítmico.

**En busca del significado**

El lenguaje de la música también tiene sublenguajes, ya que se puede hablar por ejemplo del lenguaje armónico usado por determinados compositores o en determinadas épocas. Estos sublenguajes están cercanos al concepto de estilo, siendo una de sus características. Se podría pensar en un principio que es buena idea hacer una analogía con los idiomas para estos casos, pero la palabra *idioma* (y los rasgos de esa lengua) está más cercana a las características del instrumento o familia de instrumentos que ejecutan la música. Es obvio que se cometen demasiadas licencias e imprecisiones a la hora de usar el término *lenguaje*, sin embargo, esto no tiene por qué ser algo especialmente negativo. La capacidad de no ser un lenguaje convierte a la música en algo que va más allá del sentido, que provoca catarsis e identificación en quien la escucha. La ambigüedad que posee en las relaciones semánticas es la causa de su riqueza evocadora. No comunica ideas, más allá de las supuestas intenciones de los compositores, que sin embargo no tienen por qué coincidir con lo que percibe el público. De hecho, esta es una cualidad que no tienen los lenguajes. Si alguien escucha hablar a otra persona en otro idioma, perderá el interés enseguida si no lo entiende, porque necesita el significado. Una melodía no necesita ser entendida, entre otras cosas porque hay múltiples maneras de entenderla. Desde una perspectiva netamente científica, la música queda inscrita en la memoria del oyente creando pautas y expectativas. La dimensión emocional queda circunscrita a las asociaciones de cada oyente.

El territorio fronterizo que existe entre la música y la gramática o la lingüística nos hace tener mayor conocimiento, en este caso de la música. Es aquí donde se experimenta un gozo intelectual, como diría Wagensberg, puesto que gracias a este intercambio interdisciplinar acabamos obteniendo una respuesta a algo que no nos encajaba del todo con la realidad.

Si se habla en términos generales diciendo que la música es un lenguaje, se estará más cerca de lo metafórico y poético, mientras que si se afirma que la música *tiene* lenguaje (en tanto en cuanto es un sistema formal con sus reglas) se estará más próximo a lo científico. La expresión «Lenguaje musical» es una manera de etiquetar una asignatura que se enseña en determinados centros educativos, aunque lo más acorde con la realidad pudiera ser cambiar esa etiqueta por «lenguaje de la música».

## ¿Qué es una obra de arte musical?

Siempre que se pide a alguien que piense en una obra de arte, ya sea su favorita o alguna relacionada con cualquier tema de conversación que se tenga en un determinado momento, la mayoría (por no decir todo el mundo) pensará en una obra pictórica o una escultura. Algunos también harán referencia a la literatura, sin embargo, la música casi nunca es la primera opción, aunque la persona interpelada sea músico profesional. Ante una pregunta como «dime tu obra de arte favorita» es poco probable que alguien diga una sinfonía de Beethoven, por ejemplo. ¿A qué se debe esto? ¿No es la música un tipo de arte? Desde luego que la música es un arte, pero esta palabra se asocia habitualmente a la pintura o la escultura y en menor medida a la literatura. En pocas ocasiones nos referimos a una obra musical como una obra de arte. Esto está tan extendido que, analizando desde un enfoque más superficial y actual, si navegamos por los formularios web nos daremos de frente con el problema. Siempre que un músico tiene que poner su profesión, la música casi nunca se encuentra en algún menú desplegable desde la palabra «arte», no se contempla como una ramificación de ésta.

## Explorando los límites

Si se quiere ahondar más en la raíz del asunto, quizá sería conveniente entender que una obra de arte tiene sus límites físicos, es algo que se puede contemplar en su totalidad en el mismo instante del transcurso del tiempo, es decir, no necesitamos que el tiempo pase sobre ella para poder apreciarla. Desde el segundo uno se puede ver la totalidad de un cuadro, un edificio o una escultura. En la música esto no es posible. La literatura es un poco diferente porque también necesita tiempo para que el receptor de la obra de arte pueda apreciarla en su totalidad. Sin embargo, hay una diferencia sustancial con respecto a la música, ésta ha necesitado de intérpretes, al menos hasta la primera mitad del s. XX donde ya aparecen otras músicas que ya no los necesitan. Esta necesidad de músicos profesionales no solo parte del hecho de que es imprescindible tener personas que sean capaces de descifrar una partitura, sino que también son necesarios para que los sonidos y la combinación de éstos existan. Llegados a este punto, toca preguntarse a qué llamaríamos obra de arte, ¿a la partitura? ¿A la música que suena en un determinado momento y que cuando deje de sonar ya no será arte? ¿A una grabación? ¿A la música que suena y a su partitura? Quizá esta última opción satisfaga a la mayoría de lectores, pero en realidad es una trampa porque dejaría fuera todo el amplio abanico de posibles interpretaciones. Como se ha visto en el capítulo anterior, la partitura no es una representación exacta, por lo que caben diferentes versiones donde algunos parámetros musicales cambian sensiblemente. Aun así, reconocemos una misma obra o canción, por más que las versiones sean muy diferentes unas de otras. La obra de arte musical por lo tanto podría ser la partitura y lo que suena en ese amplio abanico de interpretaciones posibles. Esto tiene un problema de fondo, ya que, si se define así la obra de arte musical, ésta siempre estaría inacabada puesto que no sabemos qué versión de un preludio de Chopin se grabará mañana, y eso solo contando las que se graben.

Este planteamiento de lo que es una obra musical no es nuevo, Nicholas Cook (2007) ya puso el acento sobre esta idea, inventando una palabra para ello, el multitexto musical. Él mismo advierte de que es probable que esa palabra esté inspirada en otra de Jonathan Dunsby (1983), la multipieza, cuando realiza un análisis de la *Fantasía op. 116* de Brahms. Este multitexto es definido como las relaciones entre una notación y el campo de sus interpretaciones. Por lo tanto, la partitura pierde su primacía para convertirse en un guion sobre el que el intérprete debe crear. Es probable que lo que llame más la atención del oyente sea aquello que no aparece en la partitura, de ahí la necesidad de (re)definir lo que es una obra de arte musical. Este multitexto musical viene con otras implicaciones, como una nueva reflexión sobre el concepto de autoría, ya que, si el intérprete crea, debe considerarse como coautor de ese multitexto.

### La música como objeto de arte

Después de estas reflexiones queda constatado el hecho de que la música es un arte performativo, es decir, necesita de la performance para existir. Esto la convierte en una obra abierta, dinámica y llena de relaciones. Debido, quizá, a la amplia difusión de la música desde que existe en formato digital, hay una mayor homogeneización de las interpretaciones en cuanto a los aspectos musicales que escapan a la notación, pero sin duda estas diferencias existen, aunque de manera menos acusada si las comparamos con versiones más antiguas. A todo este abanico de interpretaciones hay que añadirle otra interpretación más, que no la aportan las personas que ejecutan la música sino los oyentes. Esta última interpretación es fundamental para saber lo que la música comunica al margen de la partitura. Por lo tanto, tenemos una alta complejidad si queremos acotarla como obra de arte, como un objeto artístico. Teniendo en cuenta todo lo anteriormente dicho, se podría circunscribir la definición de obra de arte al conjunto partitura-interpretación (ejecutante y oyente). Esto nos deja un marco muy amplio del objeto de arte pero que a su vez encaja perfectamente en la característica más preciada de las obras de arte: algo que es único. Se puede entender entonces que la interpretación no es un proceso creativo cerrado pero que a su vez forma parte de la obra de arte. El análisis de obras de arte y el reflexionar sobre ellas ayuda a comprenderlas y definirlas como tales, pero ¿es posible analizar la obra de arte musical como objeto de arte igual que si de un cuadro se tratase? Teniendo en cuenta que cada partitura junto a su interpretación (en el sentido amplio de la palabra) es una obra de arte musical única, este análisis requiere que nos adentremos en esos territorios fronterizos donde los límites de las disciplinas se mezclan.

El análisis musical se ha enfocado durante muchos años en el análisis de la partitura, lo cual deja fuera cualquier atisbo del hecho sonoro de su interpretación. Esto no quiere decir que el análisis de partituras esté desfasado o no tenga utilidad sino todo lo contrario. El proceso de reducción y comparación de un análisis de una partitura es necesario para poder entender mejor el texto musical, siempre con la precaución de tener presente que cualquier tipo de análisis de un texto es algo subjetivo, aunque haya parámetros que puedan medirse de manera objetiva. La pregunta clave que hay que plantearse aquí es ¿qué nos dice el análisis musical? Y si la respuesta nos acerca más al concepto de obra de arte musical que se ha ido perfilando. Esta pregunta ya se la planteó Nicholas Cook (1987) hace bastantes años. Algunos análisis tienen un interés puramente histórico y otros averiguar qué hizo o cómo construyó el compositor las obras musicales. Existen muchos tipos de análisis de partituras que según se utilicen pueden llevar al analista a conclusiones muy diferentes. Por eso lo importante es saber qué queremos obtener con el análisis y en función de esto elegir un método u otro. En cualquier caso, si el análisis se circunscribe a la partitura nos alejamos del citado multitexto musical como obra de arte analizable. Esperar que un análisis de una partitura nos diga algo en referencia a cómo se experimenta la música está bastante alejado de la realidad. Incluso desde una perspectiva netamente elitista donde el oyente debe ser alguien muy preparado para cierta música «clásica», no se aportan hechos constatables de que la escucha atienda al esquema del analista. Si queremos abordar la obra de arte en su totalidad, es necesario, como ya se ha dicho, adentrarse en territorios fronterizos que van más allá de la disciplina puramente musical.

### Conquistando fronteras

Hay factores que, en el análisis de esa parte de la obra de arte musical a la que llamamos partitura, se tienen muy en cuenta, como las alturas, las relaciones armónicas, la métrica y el ritmo. Sin embargo, la variabilidad real de la dinámica (las diferentes intensidades) y el tempo son dos factores que influyen en la percepción del oyente mucho más que a lo que se le da importancia en el análisis del texto. Es decir, el análisis de la partitura es una parte de la compresión de la obra de arte, pero no es la explicación de ésta. Como nos decía Cook (2007), la dimensión perceptiva (o el impacto en el oyente) también está en la obra musical, por lo que se hace necesario su análisis para comprenderla y definirla en su totalidad. Como la experiencia de forma musical no se puede separar de lo que es el contenido (lo que se analiza en el texto), la música no se percibe tal y como se estructura en la partitura, sino que es recibida como una adición de eventos sonoros en relación o contraposición con lo escuchado en ese momento. Es una fluctuación constante entre momentos de tensión y distensión. Los moldes tipificados y jerárquicos no tienen cabida en esta dimensión analítica, puesto que no se perciben de esta manera. En este sentido la relación es más fuerte con lo inmediatamente posterior o anterior.

Todo lo anterior nos lleva al primer terreno fronterizo con la filosofía, como en muchas ocasiones ocurre con la música. Este enfoque de lo anterior y posterior encaja perfectamente en el planteamiento filosófico de Edmund Husserl, el cuál además era matemático. De su filosofía analítica (fenomenología trascendental) deriva la fenomenología de la música. No en vano Husserl usa ejemplos musicales para abordar la temporalidad de lo sensorial. Esta fenomenología se tornó en corriente filosófica, con autores como el sociólogo Alfred Schutz, introduciendo la fenomenología en las ciencias sociales o el también filósofo Roman Ingarden, que nos lleva a una estética de la recepción. Lo temporal y la percepción adquieren aquí una significación que proporciona un punto de inflexión, no solo para abordar el concepto de obra de arte, sino también para la composición. Los compositores Karlheinz Stockhausen o Pierre Boulez tuvieron muy en cuenta la noción de cómo transcurre el tiempo, influidos quizá por Ingarden que distingue entre:

- tiempo pensado (un ejercicio de abstracción en relación con la forma)
- y el tiempo vivido (lo sensorial y objetivo).

Otro de los territorios fronterizos que pisa la música en busca del nuevo conocimiento en relación a la obra es el de la electrónica, puesto que el musicólogo Charles Seeger desarrollo un equipo eléctrico al que llamó *melógrafo* con el fin de constatar que el valor simbólico de las figuras no se corresponde con la perspectiva ni del oyente ni del intérprete. Esta máquina permitía realizar gráficos a partir de grabaciones hechas en cinta magnética en función de una coordenada temporal. Estas representaciones pretendían ser muy precisas, sin embargo, la dificultad de lectura e interpretación de los datos impidió que esta máquina tuviera largo recorrido. A pesar de todas estas dificultades, las investigaciones de Seeger no han caído en saco roto puesto que musicólogos posteriores han puesto el acento en lo perceptivo y en la variabilidad temporal. Un ejemplo paradigmático de autores centrados en estos conceptos es John Rink (2002), quien realiza análisis de diferentes interpretaciones de una misma obra musical y compara las variaciones que existen en cuestiones como el tempo o la dinámica (intensidades). Para poder realizar este tipo de análisis se necesita software que requiere de conocimientos en física. Esto permite un análisis espectral en tres dimensiones que aúna el tiempo, las frecuencias (en hercios) y las intensidades de una interpretación. Si comparamos todos estos datos con la partitura y a su vez con otras interpretaciones podremos observar mucho mejor nuestra obra de arte musical. En este caso, ha sido necesario un trinomio entre música, física y filosofía para ampliar el conocimiento de una realidad.

Adentrarnos en lo perceptivo no sólo nos ayuda a definir, explicar y entender mejor el concepto de obra de arte musical, sino que podremos dejar de lado el etnocentrismo llevado a cabo por el análisis musical tradicional, así como la falsa clasificación (¿inconsciente?) donde la música escrita o que se ajusta a ciertos moldes o estructuras es música de mayor calidad o simplemente perteneciente a una alta cultura.

## La distancia entre lo que toco y lo que se escucha

El concepto de la distancia puede tener varios significados según nos adentremos en algunas disciplinas. La más popular por ser la más extendida al ser enseñada en colegios es el significado matemático dentro de la geometría euclídea, donde es el segmento de recta que une dos puntos. Este segmento se expresa numéricamente. La distancia adquiere otros matices en la disciplina de la física y otros bastante diferentes si la geometría no es euclidiana. Por ejemplo, en la rama matemática y de las ciencias de la computación como es la teoría de grafos, la distancia entre dos vértices puede llegar a ser infinita.

En este capítulo, la distancia es entendida como la diferencia o desemejanza que existe entre el texto musical, la interpretación y la recepción de la música. Gracias al espíritu fronterizo del conocimiento, la unión de matemáticas, física, informática y música hacen que esta distancia, que en un principio nos puede parecer ambigua, etérea o inasible, sea medible. Esta distancia, que podría llamarse perceptiva, es inherente a la música, está dentro de ese multitexto musical u obra de arte que se ha explicado en el capítulo anterior. La primera diferencia es obvia puesto que a menos que se tenga entrenamiento para ello, el texto musical se percibe con la vista. Un músico experto podría oír cómo suena una partitura en audición interior al igual que cuando estamos leyendo este libro nos imaginamos esa voz interior que nos comunica las palabras. Sin embargo, esto no es lo común puesto que no todo el mundo sabe leer partituras ni todo el mundo que sabe leer partituras tiene esta capacidad de audición interior debidamente entrenada. La primera distancia que hay que salvar es simplemente perceptiva, cambiar un sentido por el otro. Lo medible es fácil de calcular al cambiar la presión por las ondas sonoras. Dicho de otro modo, pasamos de un estado en el que el sonido de la música no existe a otro en el que está presente y puede medirse en todas sus cualidades. Siguiendo con la temática de las obviedades, cualquier persona puede apreciar la diferencia entre dos interpretaciones de una misma música, incluso si es instrumental. Para un oyente experto puede ser incluso relativamente fácil averiguar qué interpretación pertenece a cada intérprete. Lo difícil aquí es medir cuál es la diferencia objetiva entre diversas interpretaciones y más difícil aún constatar si existen parámetros medibles que se puedan comparar en la recepción de una misma interpretación para diversos oyentes.

**Comparar es entender**

Para medir la diferencia entre lo que toco y lo que se escucha se necesita una gráfica con distintos parámetros que describa el resultado de una interpretación musical, así como también una gráfica que mida diferentes parámetros de cómo el cerebro percibe esa interpretación. La comparación de estos resultados nos dará esta distancia que alumbrará nuevo conocimiento que se podrá reutilizar, no solo para nuevas investigaciones, sino también para tomar ciertas decisiones musicales por parte de los intérpretes o los compositores. Uno de los autores que ha medido las diferencias entre las diversas interpretaciones de una misma obra musical es el ya citado John Rink (2002). En sus análisis establece una comparativa entre las fluctuaciones del tempo y la dinámica de cada interpretación grabada que usa. Estos datos se podrían cruzar para obtener información sobre la correlación existente entre la fluctuación del tempo y la dinámica. Esta información ya es de utilidad para cuantificar la diferencia entre lo que se lee en la partitura y lo que finalmente se acaba tocando. Esta utilidad puede basarse en técnicas para la enseñanza del instrumento, posibilitando opciones donde la ambigüedad de la partitura se hace presente.

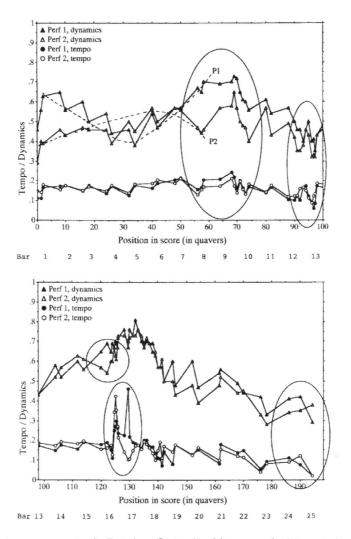

*Datos que representan la dinámica y fluctuación del tempo en dos interpretaciones*
*del Preludio en Mi menor op. 28 nº 4 de F. Chopin (Rink, J. (2002),*
*Musical Performance: A Guide to Understanding. Cambridge University Press, 38*

En cuanto a cómo el cerebro procesa este tipo de información en el mismo acto de la escucha, hay que tener presente que está muy relacionado con las expectativas del oyente. Estas expectativas no están únicamente relacionadas con el tempo y la dinámica, ya que el entorno melódico y la altura de los sonidos, así como la armonía o ritmo forman parte de estas expectativas, en relación directa con lo que se acaba de escuchar. Estas expectativas tienen diferente grado de incertidumbre, puesto que aquella persona que ya conoce la obra musical verá cumplidas sus expectativas en un número mayor de parámetros, relegando la mayor dosis de incertidumbre a los parámetros fluctuantes de tempo y dinámica. Pero, ¿se puede medir esta incertidumbre? Esto tiene mucho que ver con la teoría de la información de Claude Shannon. Básicamente lo que hizo este matemático e ingeniero fue calcular el promedio teórico de sorpresa que nos puede causar un mensaje con una fórmula matemática, conocida como la entropía de Shannon. El problema de esta medición está en su complejidad a la hora de separar los parámetros medibles de la interpretación con los del mensaje que tiene el conjunto de melodía-ritmo-armonía-timbre. Lo que sí se puede hacer mediante análisis musical informatizado es medir el grado de entropía de ciertos parámetros musicales que se encuentran en la partitura. Además de todo esto, la percepción musical de una interpretación es multisensorial, no solo es auditiva, sino que también es visual o somatosensorial como ha demostrado en multitud de estudios el profesor de psicología Frank Russo. Un posible estudio sería entonces medir la incertidumbre de diferentes interpretaciones en cuanto a la variabilidad de la dinámica y el tempo intentando aislar las demás variables. Aislar el componente visual es relativamente fácil utilizando únicamente grabaciones, lo complejo será aislar los parámetros medibles de la interpretación de los parámetros medibles de la propia obra, es decir, de cómo está hecha. Como dicen los profesores Hodges y Thaut (2019), el estudio neurocientífico de la música es una disciplina floreciente por lo que los trabajos en cuanto a percepción musical son relativamente recientes. Hubo un crecimiento muy significativo en la década de 2010 y la mayor parte de ellos se basan en el impacto neuronal del aprendizaje de la música o bien en investigaciones con neuroimagen de todo tipo para averiguar cómo reacciona nuestro cerebro cuando escucha música, pero no suele haber separación entre obra e interpretación. Esta separación se hace necesaria puesto que, como se ha dicho anteriormente, una de los parámetros más significativos dentro del análisis de la interpretación es la variabilidad del tempo y es precisamente el pulso musical uno de los parámetros musicales que activa circuitos neuronales relacionados con las emociones (Alluri et al., 2012; Toiviainen et al., 2014). Establecer cuál o cuáles interpretaciones provocan un mayor impacto emocional en el cerebro y si esta diferencia es significativa aportaría datos relevantes, tanto para futuras investigaciones como para el día a día del aprendizaje de un instrumento musical. A pesar de este campo tan significativo de investigación, los datos que se obtendrían siempre estarán influenciados por el bagaje cultural de los individuos. No se puede perder de vista que la música es un acto cultural principalmente, no es nada fisiológico (aunque pueda provocar respuestas fisiológicas) ni genético.

## Cambios en la densidad

Otra cuestión fundamental analizable desde el punto de vista de la performance es la textura, entendida como densidad sonora, más allá de términos teóricos como homofonía o contrapunto. Estos términos son necesarios desde el punto de vista del análisis puramente teórico, pero se adentran en el terreno de lo prescriptivo más que en una descripción de lo que está ocurriendo desde un punto de vista sonoro. La densidad es un tipo de textura que se basa en los eventos sonoros que ocurren simultáneamente, con su complejidad rítmica, tímbrica y de registro, lo que la convierte en un parámetro cuantitativo y medible. Los cambios en la densidad y la intensidad son dos parámetros que tienen un impacto directo a tiempo real en la percepción sensorial de la música. Cruzar los datos de la densidad con los datos obtenidos mediante neuroimagen ofrece un nuevo enfoque para averiguar qué pasa en el cerebro con determinadas densidades sonoras en comparación con otras variables que aparecen durante el acto de la interpretación y la escucha. Esto supone una herramienta más para medir esa distancia inasible entre tocar y escuchar. Este conocimiento vuelve a ser posible gracias a esa expansión en las costuras limítrofes de las disciplinas, donde la profundidad de saberes en música, matemática, ciencias computacionales e ingeniería informática es una premisa básica para el conocimiento que proporciona la zona interdisciplinar.

Se puede concluir que la obra musical conceptualiza la performance. Esto quiere decir que tanto el ejecutante como el espectador interpretan esta performance. Al igual que en la teoría de grafos (también utilizada para analizar imágenes cerebrales y música) la distancia entre dos vértices puede llegar a ser infinita, en la distancia entre lo que toco y lo que se escucha, distancia entre los vértices ejecutante y oyente, puede que no sea infinita, pero tiende indudablemente a parecerlo.

# Tengo un gusano en el cerebro

Todo el mundo, o casi todo el mundo, ha tenido o tendrá un gusano en el cerebro. Quizá ahora mismo la persona que esté leyendo este texto tenga uno muy activo dentro de su cabeza (lo que hará que no pueda concentrarse demasiado en lo que lee) y no logre deshacerse de él fácilmente. Evidentemente, y antes de alarmar a nadie, no se trata de ese animal blando, pequeño y alargado al que hace referencia el contenido semántico de la palabra. En este caso el gusano es musical o como se le conoce en el mundo anglosajón, un *earworm*. También se le denomina gusano cerebral o síndrome de la canción atascada. Este molesto gusano no es más que una melodía que aparece de manera espontánea en la mente, tras haberla escuchado, aunque solo sea una sola vez. Una melodía o canción pegadiza que no para de rebotar en nuestro cerebro y nos impide pensar con claridad o concentrarnos. El término gusano puede deberse quizá a que suele ser un extracto de una canción o melodía y no a una obra completa. Estos fragmentos suelen tener una duración de unos 15-30 segundos y pueden llegar a ser martirizantes si no nos deshacemos de ellos pronto. De hecho, incluso pueden llegar a empeorar la calidad del sueño (Skullin et al., 2021).

## ¿De donde salen los gusanos?

Este atasco melódico en nuestro cerebro es un fenómeno que ha suscitado interés desde los años cincuenta del siglo pasado, queriendo atribuirle en ocasiones significados acientíficos por parte de algunos psicoanalistas. A pesar de un interés científico relativamente reciente, los gusanos ya aparecen en la literatura del siglo XIX, en autores como Edgar Allan Poe o Mark Twain. Posteriormente se ha enfocado su análisis desde una perspectiva más empírica con el fin de poder averiguar más datos sobre el cerebro humano, así como las características musicales que pueden tener. Esto es muy significativo para poder dilucidar la razón por la cual hay melodías con mayor predisposición a estar en el imaginario musical involuntario. El contorno melódico y el ritmo de los gusanos suele ser muy simple con una prevalencia de canciones que tienen letra sobre la música instrumental. También influye en esto que la melodía en cuestión sea un *jingle*, es decir, una conocida melodía asociada a un anuncio comercial. Seguramente cada persona podrá imaginar una canción pegadiza de algún anuncio de televisión muy asociada al producto que se vende. Huelga decir que estamos en alto riesgo (si hemos pensado en la melodía del anuncio) de que un gusano se nos quede a vivir un tiempo en nuestro cerebro. Si ha sido así le recomiendo tranquilidad, hay técnicas para deshacerse de ellos.

### Librarnos del mal

La experiencia de tener uno de estos atascos musicales no tiene por qué ser desagradable, como así lo avalan estudios estadísticos a este respecto, sin embargo, a cada persona le afecta de diferente manera. Al músico profesional le puede suscitar una sensación diferente que a alguien que no lo es o si la persona «dueña» de este gusano tiene un trastorno obsesivo compulsivo, por ejemplo. Es una de las formas más intrusivas de memoria involuntaria. Lo que no parece influir en la frecuencia de aparición del fenómeno es el sexo del individuo, es decir, que hombres y mujeres lo experimentan con la misma asiduidad. La irritabilidad viene determinada la mayor parte de las veces por la duración del *loop* mental que realiza la melodía. En esto también influyen otras cuestiones, como los recuerdos autobiográficos asociados a la canción o las condiciones del momento en el que sucede, si hay estrés o aburrimiento.

Si nos resulta desesperante o desagradable este círculo vicioso instalado en nuestra imaginación, la manera de deshacerse de ello no se encuentra en el territorio de las ciencias exactas sino más bien en lo que suele funcionar. No existe una cura para esto, pero sí remedios caseros que ayudan a paliar sus efectos, incluso los hacen desaparecer. A pesar de esto, para el común de los mortales lo habitual es que los gusanos se vayan de la misma manera inconsciente con la que llegan. Si no es así o no se quiere esperar al momento de su desaparición existen varios trucos para eliminarlos o desplazarlos. Una de las cosas que hacen fuerte al gusano es no saber de qué canción u obra se trata. Las personas retroalimentan al gusano, reproduciendo la melodía con la intención de que tras repetir muchas veces los mismos sonidos ordenados se puede rescatar de nuestra memoria a largo plazo el título de la obra. La mayor parte de las veces lo único que se consigue es casi tatuar la melodía en el cerebro, mientras que el título se desvanece cada vez más. Una buena estrategia es recurrir a alguien que conozca el título o utilizar alguna aplicación informática para averiguarlo. Una vez que se sabe de qué canción se trata, hay personas que eliminan este *loop* incesante escuchando la canción completa. El pequeño fragmento se disuelve en el todo, desatascando nuestro cerebro al igual que haría un líquido desatascador en una tubería. Esto es así porque el cerebro interpreta la finalización de una tarea, completa el fragmento inacabado. El denominado «efecto Zeigarnik», llamado así por la psicóloga que lo definió, sugiere que una tarea interrumpida puede ser mejor recordada que una tarea finalizada.

Una buena estrategia, aunque un tanto arriesgada, es aplicar un viejo refrán, «un clavo saca a otro clavo». Escuchar otra canción u obra que sea igual o más pegadiza puede favorecer que se nos olvide el fragmento que no para de repetirse en el cerebro. Esta práctica es de alto riesgo porque podría ser que se sustituya un gusano por otro, incluso de mayor calado. El ciberespacio es tan amplio y con una oferta casi infinita que seguramente con un poco de tiempo invertido en una búsqueda se pueden encontrar aplicaciones dedicadas exclusivamente a eliminar estos gusanos a base de canciones o melodías pegadizas. Una solución radical puede ser crearse una lista de canciones o melodías susceptibles de crear estos gusanos y escucharlas en alguna plataforma digital. Volviendo al refranero, esto sería «matar moscas a cañonazos». Existen incluso estrategias que apuntan a cantar una canción (diferente al gusano) muy pegadiza y conocida en un tempo extremadamente lento, lo que puede llevar a plantearse la correlación directa entre el tempo y la memoria, algo a estudiar en profundidad para los músicos profesionales.

El profesor de psicología de la universidad de Reading, Philip Beaman, realizó tres experimentos en los que descubrió que masticar chicle hacía desaparecer tanto los pensamientos musicales voluntarios como los involuntarios (Beaman et al., 2015). Esto demuestra que el acto de mascar el chicle interfiere en la experiencia auditiva, en el acto de escuchar. La acción con el chicle no sólo dificulta que se reproduzca con la voz la melodía, sino que interfiere en la escucha interior de esa melodía en el cerebro.  Para Beaman también es efectivo «hablar» dentro de la cabeza, lo que requiere un esfuerzo cognitivo mayor y una práctica mental deliberada para deshacerse de estos atascos. Esto enlaza con una estrategia muy común que no es más que distraer la mente. Ocupar la memoria de trabajo en algo que requiera de atención puede implicar que otros asuntos que ocupaban nuestra conciencia sean desplazados. Esto es así porque la memoria de trabajo es frágil, se distrae con facilidad y es finita, la carga cognitiva que cabe en esta memoria es muy limitada. Una actividad simple que requiera un ejercicio mental, como puede ser un crucigrama o autodefinido, contribuye de manera eficaz a desatascar la melodía de la cabeza.  Quizá hoy en día habría que pensar en actividades más cercanas a nuestra realidad, como leer el timeline de cualquiera de nuestras redes sociales o jugar a algún juego de nuestro teléfono móvil que requiera algo de atención. Todas estas estrategias están dentro de un campo de actuación habitual, donde el gusano no es más que un loop molesto e involuntario. Si la calidad de vida del individuo se ve mermada por este motivo la mejor estrategia es acudir a profesionales para que decidan si se necesita medicación para el trastorno obsesivo compulsivo. En cualquier tema que atañe a la salud siempre hay que guiarse por la ciencia y por la consulta de profesionales.

## La utilidad de los gusanos

Todo este conocimiento sobre los *earworms* puede usarse para ampliar el conocimiento en otras áreas o zonas comunes con otras disciplinas diferentes a la música. A mucha gente puede parecerle baladí la cuestión de cómo liberarnos de una melodía pegadiza que no para de rebotarnos en el cerebro. Sin embargo, las investigaciones que estudian este fenómeno repercuten directamente para que el conocimiento se expanda, para saber más y mejor sobre el control mental, sobre suprimir imágenes y recuerdos no deseados, así como los mecanismos involucrados en estas exclusiones. Pero, además, analizar las características puramente musicales de estos fragmentos puede ser un conocimiento muy valioso si se quiere transformar la música en un producto comercial que esté en el imaginario de muchas personas, y por lo tanto venderlo mucho. Para crear cualquier cosa de manera artificial pero que parezca extraída del mundo natural, la ciencia siempre ha hecho lo mismo: estudiar las características de cómo está hecho cualquier objeto natural para después crearlo en un laboratorio. Este mismo proceder se puede llevar a cabo en la música. Si sabemos cómo suelen ser los gusanos musicales en cuanto a características melódicas (contorno melódico, intervalos, etc.), rítmicas y armónicas, ya se tienen los ingredientes idóneos para elaborar un gusano auditivo y a partir de aquí crear una canción a medida. Otra cuestión es si esta manera de crear canciones o melodías es ética o no, o si es más artística o carece de un concepto tan romántico como el de inspiración.

Analizar características musicales con fines puramente lucrativos puede tener connotaciones éticas, pero es un hecho que en la era digital ha tenido un aumento exponencial debido a la aparición de software que facilita la recuperación de información musical a gran escala. Por ejemplo, ¿cómo funcionan las recomendaciones automáticas en las plataformas o servidores de música? A parte de usar metadatos sociales o filtros colaborativos, una de las cosas que hacen este tipo de páginas o servidores es extraer datos de un archivo de audio y almacenarlos para un posterior entrenamiento estadístico, en función de lo que más se escucha. Con bases de datos muy grandes, hay diferentes clasificaciones en función no ya de las características musicales que afectan al ritmo o la melodía, sino que se tienen en cuenta las características acústicas del archivo de audio. De esta manera la aplicación informática identifica si es una canción de un mismo artista o de un mismo álbum. La señal acústica del archivo de audio se analiza para:

- obtener el número de armónicos (el timbre),
- la amplitud (volumen) por banda de frecuencia,
- cuál es esa banda de frecuencia,
- la periodicidad, o incluso si hay algún uso deliberado del ruido blanco.

Cuanto mayor sea la base de datos de la biblioteca digital, más eficaz será la plataforma a la hora de acertar y recomendar. Todos estos datos se pueden utilizar, junto con otros de otra índole, no sólo para averiguar preferencias del público y actuar en consecuencia sino también para crearlas y reconducir así el gusto musical. Otra de las opciones es crear una red neuronal artificial para poder predecir el éxito de alguna canción, álbum o artista en concreto. Se comparan juicios estéticos realizados por la inteligencia artificial y se cruzan con un análisis de las respuestas emocionales del público que las oye.

Todo esto tiene una serie de implicaciones éticas y artísticas que cabría analizar en profundidad. De lo que no hay duda es de que el encuentro entre las investigaciones en percepción musical y el desarrollo de aplicaciones informáticas e inteligencia artificial provoca que se obtenga un nuevo conocimiento, tanto de cómo funciona la mente humana como de las características musicales de una obra o canción que pueden provocar un impacto, ya sea éste negativo o positivo, en el ser humano.

Volviendo al principio del capítulo, se debe volver a recordar que no siempre la experiencia del gusano auditivo es desagradable, ya que hay quien incluso lo encuentra placentero. Visto de este modo, cabe pensar que plantear debates éticos debería estar precedido por un primer debate con nosotros mismos, a todos los niveles posibles. Una vez escrito esto… ¿Se acuerda alguien de aquella canción tan pegadiza de aquel anuncio de televisión o serie de dibujos animados? ¿Aquella en la que era inevitable cantar y que trae tan buenos recuerdos? Hay que pensar un poco… ¿ya?

## Sin repetición no soy nada

Existen muchas características de la música que han sido estudiadas profundamente, dando lugar a muchos tipos de análisis. Esto ha generado multitud de literatura sobre análisis musical con unas grandes implicaciones para el conocimiento de la música, así como en otras disciplinas colindantes como puede ser la geometría, la estadística, la física, la biología o la gramática. La mayor parte de estos estudios se basaron en la estructura de una partitura, el entramado melódico, armónico o rítmico. También se han centrado en cuestiones acústicas como las cualidades del sonido y cómo todo lo anterior afecta a nuestro cerebro y percepción. Sin embargo, hay una característica de la música que por ser obvia, se ha presentado casi invisible cuando nos adentramos en el análisis y la investigación: la repetición. La música se repite, de hecho, se repite mucho (si se me permite decirlo). La música que más se escucha hoy en día se basa en una repetición constante, no hay canción que no tenga un estribillo que se repita, algo recurrente a lo que se vuelve una y otra vez. Es más, el oyente (o consumidor de esta música) tiende a ponerse las mismas canciones una y otra vez porque precisamente que se repitan hacen que les guste más. Quizá esto sea un límite claramente diferenciador para no clasificar la música como lenguaje ya que no soportaríamos demasiado bien un discurso reiterativo.

Esta apología de la repetición que hace la mayor parte de la música que se escucha habitualmente es algo inusual en otros ámbitos. En una forma sonata, por ser clásicamente escolásticos, hay una exposición, un desarrollo y una reexposición, que además de contar con símbolos que nos hacen repetir ciertas partes, la reexposición no es más que una repetición casi literal de la exposición, aunque con un contexto armónico diferente. Aun así, lo que queda en el imaginario del oyente no es el cambio armónico sino la repetición en sí misma. Esto es bastante inusual en la literatura o la poesía, por ejemplo, nadie imagina repitiendo a un novelista los primeros capítulos al final del libro o repitiendo poemas enteros. Además de inusual sería bastante inaceptable para el gran público, sin embargo, en la música es una fuente de disfrute. Cabe al menos preguntarse el porqué. Esta repetición no solo está en la manera de crear la música sino también en la manera de consumirla, ya que volvemos a las mismas canciones u obras una y otra vez, de manera sistemática, guiados por una sensación placentera la mayor parte de las veces. Como bien apunta la investigadora Elizabeth H. Margulis (2014), el hecho de la repetición ha sido abordado (excepto en los últimos años) por investigadores, tanto de la música como de la ciencia cognitiva, como un tema periférico y no como un tema central para el estudio.

**Una característica necesaria**
La repetición es inherente a la música, tanto es así que, en algunas nuevas corrientes vanguardistas de la música clásica o académica, se

busca de manera deliberada huir de cualquier atisbo de tradición, lo que también incluye la repetición. La música aleatoria es un claro ejemplo, donde su punto filosófico fuerte es precisamente evitar que cada vez que se interprete, la obra sea la misma. Cualquier cultura humana tiene música, pero lo que se dice menos es que toda esa música usa la repetición. Desde una perspectiva interdisciplinar donde el análisis musical se aborda desde un enfoque biológico, la repetición sería una «característica de diseño» de la música (Fitch, 2006). Por más que el compositor Arnold Schönberg rompiera con cualquier jerarquía tonal e inventara el dodecafonismo, acabaría admitiendo que para que la música fuera inteligible necesitaba de la repetición. Cualquier músico profesional sabe que hay una gran batería de signos en las partituras para señalar una repetición y que por lo tanto hay repeticiones de muy diversos tipos. Es un síntoma claro de que la música siempre ha necesitado de ella.

### Repetir para orientar y transformar

La repetición es necesaria en todos los ámbitos de la vida, reconocer algo que ya se ha experimentado por alguno de nuestros sentidos nos produce satisfacción o bien nos induce a ser precavidos, dependiendo de lo que se repita o preveamos que se va a repetir. De hecho, que una repetición sea satisfactoria enlaza directamente con algo con lo que juega la música dentro del oyente: las expectativas. La víspera de una repetición también nos produce placer. Más allá del estudio emocional de las repeticiones, también está el estudio cognitivo, es decir, la capacidad de reconocer las repeticiones en la música, ser conscientes de ello contribuye a la comprensión y gusto por una música u otra, aunque evidentemente que nos guste más una música u otra depende de muchísimos factores. En cuanto a comprobación de este reconocimiento de unidades musicales que se repiten, Margulis (2012) realizó un experimento donde expuso a varias personas a música de Rameau y a la ópera de Richard Strauss *El caballero de la rosa*. Se les entrenó en la identificación y, básicamente, tocaban un botón cuando reconocían una unidad musical que se repetía. Estas unidades en la música de Ramaeau eran más cortas mientras que las unidades en Strauss eran más largas. La exposición reiterada de esta música dio como resultado que las unidades repetitivas más cortas eran peor identificadas cuanto mayor era la exposición mientras que el éxito en la identificación de unidades repetitivas largas de la música de Strauss aumentó notablemente. Esto sugiere que el oyente empieza a desarrollar una atención a niveles cada vez mayores conforme se va aumentando su experiencia auditiva. Esto es muy significativo puesto que la repetición afecta directamente y orienta la percepción del oyente. Más allá del perfil melódico, contexto armónico o rítmico, la repetición es una entidad propia de la música que tiene sus consecuencias directas en la percepción. Esto es algo que muchos compositores tienen muy en cuenta en el momento de la creación de sus obras.

La definición que hace Margulis sobre la repetición y su víspera en la música se acerca mucho a lo poético y describe perfectamente las sensaciones del público cuando dice que el oyente experimenta una sensación de «presente expandido» y que esa sensación es placentera no por la certeza de que una unidad musical va a repetirse en un momento exacto, sino que nos provoca placer por el hecho de que otorga una mayor orientación y participación. La expectativa y el saber lo que vendrá hace que el oyente participe del proceso en el cual la partitura se convierte en sonido. Esta participación se hace presente cuando el oyente sometido a repeticiones de las mismas obras va asimilando la influencia de contexto musical a esferas cada vez más amplias, reformula la experiencia auditiva y le permite oír a un nivel cada vez mayor.

Por otro lado, el gusto del oyente por repetir determinadas obras o canciones tiene una clara influencia por la fuerza de atracción que implica la rememoración de nuestra experiencia adherida a esa música. La gente suele sentir que la música transporta a esos momentos o sensaciones circundantes que experimentamos en el pasado cuando escuchamos la música por primera vez o solíamos escuchar a menudo. El pegamento de la música con nuestra memoria episódica es realmente fuerte. Es habitual asociar una canción a nuestra infancia o a un momento romántico con nuestra pareja. Incluso puede ser que tuviéramos casi olvidada esa música, pero en el momento de escuchar las primeras notas nuestro cerebro se llena de recuerdos placenteros inmediatamente. Este hecho ha suscitado en los últimos años mucho interés para investigaciones sobre demencia senil o Alzheimer.

## La repetición es poder

Petr Janata (2009) aporta una de las investigaciones científicas sobre cómo se comporta el cerebro cuando escucha música que le es familiar en comparación con otra que no lo es.  Este profesor de psicología de la universidad de California realizó un experimento, analizando mediante neuroimagen la actividad cerebral cuando se expone a música conocida y desconocida. Los resultados indican que se activan partes implicadas en la secuenciación y planificación motora cuando la música es reconocible. Esto ocurre también porque la música está interrelacionada con la sensación y la percepción del movimiento (Zatorre et al., 2007). Además de toda la implicación motora, una de las cosas que se han intentado «fotografiar» es la parte emocional de la música, saber cuándo una música nos es placentera y por qué. Más allá de los muchos factores que influyen en el gusto musical, la repetición se presenta como una fuente de sensaciones placenteras, independientemente de si la música es de nuestro agrado o no (Pereira et al., 2011). Los circuitos de recompensa del cerebro están mucho más activos con la música que se conoce, es decir, cuando algo se repite con respecto a lo que tenemos almacenado en nuestra memoria. Estos circuitos se mantienen más activos incluso con música que no nos gusta. Así de poderosa es la repetición.

Este poder va más allá de la música, puesto que existen experimentos que demuestran que a raíz de usar la repetición, palabras o frases se pueden convertir en música perceptivamente hablando (Deutsch et al., 2011) o pueden perder su contenido semántico. Para explicar esto último voy a recurrir a mi experiencia personal. Cuando era pequeño, solía jugar a la repetición continua de palabras, es decir, elegía una palabra y empezaba a repetirla continuamente hasta que llegaba un punto que de tanto repetirla la palabra me empezaba a parecer ridícula, sin sentido o extraña. Muchos años más tarde he aprendido que este fenómeno ya había sido descrito por Severance y Washburn (1907) como la saciedad semántica, donde la repetición continua de una palabra, tanto visual como auditivamente, hace que parezca que esa palabra degenera en una tontería. El contenido semántico se difumina en favor de una especie de concepción y conciencia de sus elementos, como las letras o las sílabas. Es muy significativo, además, señalar que la saciedad semántica se da en las repeticiones idénticas, es decir, que si la palabra se repite por distintas personas (cambiamos una cualidad del sonido como el timbre), este fenómeno no se da. Podríamos preguntarnos si este fenómeno ocurre en dirección inversa, es decir, en cada repetición encontramos un significado mayor o diferente, en la música. El interés en cualquier ámbito de la vida tiende a decaer si algo se repite, no obstante, en la música pasa justo lo contrario. A partir del momento histórico en que la música grabada hace su aparición, la repetición experimenta un incremento, puesto que ya no solo la estructura de la música y su continua vuelta a la partitura por parte del intérprete la hace presente, sino que el poder volver a una grabación una y otra vez hace que la repetición afecte directamente a otra dimensión de la música: la interpretación. Una interpretación es algo único desde el momento en que sabemos que no todos los aspectos de la música se recogen en la partitura. El intérprete también crea cuando toca, por lo que el interés por una u otra versión hace que la repetición también afecte a esta dimensión del hecho musical.

### En busca de patrones

Llegados a este punto hay que plantearse una pregunta ¿es la repetición una característica necesaria para definir el concepto música? Si pensamos en las músicas más vanguardistas que empiezan a surgir en el s. XX la respuesta podría ser que no, aunque siempre existe algún patrón o pauta que tiende a repetirse (aunque no sea perceptible). Sin embargo, la repetición constante puede convertir una palabra o frase hablada en música, como ya se ha señalado anteriormente. Además, si traspasamos el límite de lo humano y nos vamos a otras especies animales como podrían ser las ballenas, la repetición es un condicionante necesario para clasificar una vocalización animal como un canto (Suzuki et al., 2006) y que cuanto más presente está la repetición, más largas son estas canciones. Otra de los animales que utilizan mucho la música son los pájaros, algo bastante más presente en nuestra vida diaria. Existen infinidad de estudios que investigan sobre el canto de diferentes pájaros y que también ha sido fuente de inspiración de los compositores a lo largo de la historia de la música. Un compositor del s. XX paradigmático de este interés por el canto de los pájaros es el francés Oliver Messiaen, quien transcribió e introdujo el canto de los pájaros en mucha de su música. Este interés por desentrañar los patrones musicales de los pájaros no es tan reciente. Ya en el siglo XVII, el sacerdote jesuita Athanasius Kircher, en su tratado *Musurgia Universalis* escribió en partitura algunas melodías, tal y como puede verse en la imagen siguiente.

*Página de Musurgia Universalis. Athanas ius Kircher, 1650*

En 1832 el compositor inglés William Gardiner también transcribe algunos cantos de pájaros, entre otros animales en su libro *The Music of Nature*, no sólo analizando patrones repetitivos en la melodía o el ritmo sino también en la tonalidad. Y esto son sólo algunos ejemplos, ya que el deseo o interés de los músicos por descubrir patrones repetitivos en la naturaleza es algo que se puede observar a lo largo de toda nuestra historia.  En este aspecto música y ciencia se dan la mano, puesto que el principio de inteligibilidad de la ciencia es buscar lo común entre lo diverso, patrones, secuencias, lo que sea que se repita y nos ayude a orientarnos y comprender. La ciencia consiste básicamente en la observación de la naturaleza, la detección de esos patrones y dar una explicación mediante una hipótesis o teoría.

*Página de The Music of Nature. William Gardiner, 1832*

Dado que la música no tiene contenido semántico, como se ha descrito en el capítulo dedicado al lenguaje, quizá es lógico pensar que el sustito del significado para ayudarnos a entenderla sea precisamente la repetición. A medida que las personas aprenden a hablar, el interés de los más pequeños en patrones repetitivos y en características más superficiales del idioma como la entonación o el tono va decayendo, aumentando éste precisamente en el contenido semántico.

**Un recurso poderoso**

En la música, la repetición también se usa como recurso agógico, es decir modificaciones de tempo como puede ser un *accelerando*. Si a lo largo de un fragmento las unidades repetitivas van siendo cada vez más pequeñas, por ejemplo, de dos compases se pasa a uno y de ahí a medio compás, la sensación de que la música se acelera no pasa por modificaciones de las figuras rítmicas, sino porque la atención se reconduce a unidades de tiempo progresivamente más pequeñas. En cuanto a la dinámica, los matices del grado de intensidad con el que se ejecuta la música, la repetición es una necesidad del oyente. Seguramente cualquier persona es capaz de recordar un pasaje melódico si lo escucha varias veces, sin embargo, los matices y las intensidades son más difíciles de recordar, necesitamos volver a ello una y otra vez para sentirlos de nuevo.

La repetición en la música es una reencarnación de lo vivido cuando incluso se presenta de manera variada, una suerte de *Déjà vu* que en vez de crearnos desasosiego nos inspira confianza en nuestra propia capacidad de reconocimiento. El saber reconocer algo siempre es fuente de felicidad.

# Lo esencial es invisible a los ojos, pero no al oído

La primera parte del título de este capítulo es un plagio. No es una frase original, es de suponer que se ha dicho muchas veces, aunque en este caso está escogida del libro *El principito*, de Antoine de Saint-Exupéry. Aunque el sentido de la frase original va encaminado a decirnos que lo más importante de la vida no son cosas materiales, la frase también adquiere mucho sentido cuando la aplicamos a la música. El sentido de la vista se pone en funcionamiento cuando leemos una partitura, pero ya se sabe que en la música no es posible reflejar por escrito todo lo que ocurre en la interpretación. Existen variables, las que más afectan a nivel perceptivo en el oyente, que no se pueden ver pero que sí se escuchan. Son invisibles a los ojos, pero las escuchamos perfectamente.

En capítulos anteriores se ha descrito cómo las cuestiones de variabilidad temporal y dinámica (los diferentes matices de intensidades) suponen un espacio próximo a lo inefable, lo que hace que una partitura suene diferente en manos diferentes. Esto ocurre al analizar el texto musical, sin embargo, el análisis de las interpretaciones se vuelve esclarecedor a este respecto. Para esto ha hecho falta repensar los métodos analíticos tradicionales, centrados en la partitura. Se podría decir que la partitura es el paso previo a la música en sí misma desde el punto de vista del intérprete, aunque esta música suene en un principio únicamente en la cabeza del ejecutante. Al analizar el texto musical siempre ocurren dos cosas, la primera de ellas es que logramos comprender mejor la música, cómo está construida y cuál creemos que fue el proceso creativo del compositor, coincida o no con lo que realmente hizo el compositor. Sin embargo, también ocurre que condicionamos nuestra escucha o interpretación, estableciendo segmentaciones y jerarquías, aunque la música se relacione perceptivamente mucho más con lo que se acaba de oír y lo inmediatamente posterior. Analizar la música desde una perspectiva sonora está bastante más cerca de la experiencia real y atañe a un concepto de música más amplio porque no es limitante con respecto a la escritura, es decir, caben todas las músicas del mundo de tradición oral. No solo pasa que hay músicas que no se han escrito y pueden (y deben) analizarse, sino que la música que está escrita contiene lagunas en cuanto a la relación de los símbolos con su realidad sonora.

Es probable que, en los músicos académicos, las interpretaciones favoritas de cada persona sean aquellas que están más cercanas a la idea preconcebida de la obra. Esto es inevitable puesto que un acercamiento a la partitura con la intención de interpretarla ya es un tipo de análisis. Más allá de este hecho, lo importante aquí es que existe una gran variabilidad en las diferentes interpretaciones y nuestras preferencias. Es lo que conforma lo que se ha llamado en un capítulo anterior el multitexto musical. Si preguntamos a cualquier oyente que no tenga formación musical, no podrá explicarnos con terminología musical el porqué de sus preferencias. Quizá un músico profesional se acercaría más a una explicación, pero quedaría sujeto a observaciones aproximadas. Esto no tiene por qué ser negativo, puesto que el gusto musical (el que atañe directamente a la interpretación) no está sujeto a reglas, no hay nada que esté mal o bien. Evidentemente sí que hay reglas en cuestiones académicas en relación con la interpretación, pero la preferencia del oyente por una u otra versión puede estar condicionada por el academicismo o puede no estarlo.

### En busca de lo invisible

Si se quiere hacer un acercamiento desde el punto de vista de la investigación al hecho musical y tratar de describir qué es lo que escuchamos (pero no se ve en la partitura) para poder «ver» lo esencial que en un principio se nos presenta como invisible, se necesita un análisis que nos acerque a registrar y establecer los hechos como son. Este planteamiento analítico está cercano a lo que se hace en cualquier disciplina científica. Separar la música del texto para analizarla es significativo puesto que en ocasiones la intención de la partitura es prescriptiva de lo que debe sonar y en otras es descriptiva, pero en ambas siempre es aproximada. Es tentador pensar que la música escrita que ha permanecido a lo largo de la historia de la música es la de mayor calidad y por lo tanto es la que se ha analizado desde diferentes perspectivas, sin embargo, su permanencia se debe a cuestiones relacionadas con la historiografía y sus decisiones que inevitablemente está cargadas de ideología. Es por esto que resultará siempre significativo el análisis sonoro de las interpretaciones, ya sea comparado con otras interpretaciones, con respecto a un texto musical o con respecto a la perspectiva del oyente. Aunque no exista partitura siempre se podrá analizar musicalmente desde nuevas perspectivas que ponen de manifiesto la importancia de un espacio interdisciplinar para lograrlo.

En esta búsqueda de lo esencial e invisible, hay que tener en cuenta que la partitura es un conjunto de instrucciones de las cuales algunas son principales y otras secundarias, siendo la interpretación la que las selecciona y transmite. Para hallar lo que no se ve, pero se oye, se debe habitar en ese espacio fronterizo entre la música, la ingeniería

informática y la física. Analizar lo que escuchamos y cómo lo escuchamos es realizar un acercamiento puramente descriptivo y empírico al hecho musical. Se han desarrollado aplicaciones informáticas
que posibilitan este acercamiento, donde poder analizar, por ejemplo,
la fluctuación temporal de determinados intérpretes con respecto al
tempo inalterable del metrónomo, en qué pasajes la desviación es
más acusada y las implicaciones que puede tener esto en la percepción del oyente y su impacto emocional. Éste es un claro ejemplo de
una variable que no se puede ver en la partitura pero que no solo se
escucha, sino que forma parte de una de las cosas más importantes e
impactantes a nivel perceptivo del hecho interpretativo. Esta variable
temporal es lo que hace que podamos diferenciar una interpretación
mecanizada (lo que hace un ordenador con estricta precisión al reproducir una obra musical) de una interpretación humana. Para poder
«ver» lo que escuchamos en una interpretación se pueden utilizar
espectrogramas. Esos espectrogramas son un diagrama cartesiano
donde la frecuencia (las diferentes alturas de los sonidos) está representada en el eje vertical y el tiempo en el eje horizontal. La intensidad también se representa con un color. De esta manera se obtienen
estos tres parámetros en una misma gráfica. Este espectro de audio no
es más que una representación de una señal de audio en el dominio
de la frecuencia (Hz).

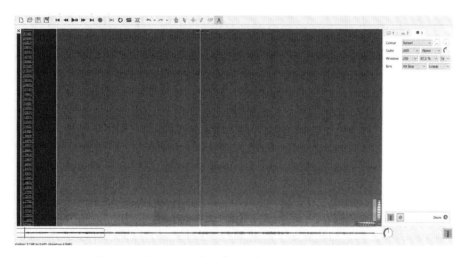

*Representación espectral mediante el software Sonic Visualiser*

La representación en el dominio de la frecuencia es significativa porque se aproxima al modelo de audición humano. La fisiología del oído interno permite analizar el sonido en función de sus componentes en frecuencia, gracias a la membrana basilar y el órgano de Corti. Por lo tanto, esta representación es lo más cercana a cómo escucha en realidad nuestro órgano auditivo. Se puede ver en la gráfica cómo a lo largo del tiempo (eje horizontal) se van dando muchas frecuencias simultáneas (indicadas con números en la parte izquierda), siendo las más abundantes las de colores más intensos, que en la imagen están en la parte inferior y a medida que el espectro se va desvaneciendo en las zonas superiores de la gráfica, esas frecuencias están presentes, pero con una intensidad menor. Esto no quiere decir que el oído perciba todas esas frecuencias como notas principales, sino que todas esas notas forman parte de los armónicos, es decir, lo que define el timbre característico de cada sonido. Lo que percibe el oído como sonidos con una frecuencia determinada son los colores de más intensidad, todo lo que está por encima son frecuencias que están pero que el oído humano no percibe como sonidos fundamentales sino como características tímbricas, es decir, lo que hace que un sonido suene a piano o violín. Como se puede comprobar, es un acercamiento totalmente empírico a la realidad de lo que está pasando en el hecho musical, aunque también es cierto que tiene sus limitaciones ya que esta representación necesita tomar fragmentos consecutivos como si de unos fotogramas para una película se tratase. Esto implica diferentes técnicas en función de lo que queramos observar más al detalle.

## El tiempo se dilata y se contrae

Volviendo al ejemplo de la fluctuación temporal, se puede establecer una comparación con respecto a la partitura si se señala cada tiempo de cada compás en la representación espectral. En la notación musical cada compás y cada tiempo de compás dura siempre lo mismo, es un sistema métrico totalmente equitativo pero la realidad musical es bien distinta puesto que los músicos no son máquinas precisas de ejecutar notas, es la fluctuación lo que nos hace humanos. La representación gráfica de los compases en una partitura se corresponde con casillas iguales y cada tiempo del compás tiene el mismo espacio:

La representación gráfica puede cambiar y otorgar más espacio a un determinado compás por la necesidad de introducir más notas de una duración más breve, pero eso no implica que la duración real de cada compás o tiempo de compás varíe:

El espacio del último compás es más grande por la necesidad de escritura, pero en realidad el espacio temporal es exactamente el mismo desde la perspectiva de la teoría musical. Sin embargo, esto no es real desde el punto de vista de la interpretación. De hecho, ni es real ni es deseable ya que normalmente valoramos a un intérprete porque se aleja de una ejecución mecanizada de la música, donde cada figura tiene una duración exacta. Si se utiliza una representación espectral de la música y se señalan los instantes temporales se puede comprobar fácilmente como cada compás e incluso cada tiempo de cada compás no tienen la misma duración. La manera de hacerlo es trazar una línea vertical en el espectrograma en cada tiempo del compás siguiendo la partitura para señalar el momento temporal en el que se toca la nota correspondiente a cada tiempo. Para ilustrar con un ejemplo esta explicación, se va a escoger el lied de F. Schubert titulado *An die Musik*, concretamente los cinco primeros compases:

En la partitura no se ven diferencias temporales, la teoría nos dice que todos los compases duran lo mismo, de hecho, visualmente el espacio entre cada línea divisoria de cada compás es el mismo. Lo que nos lleva a pensar que la partitura es una representación de la teoría musical, no de la música ni de lo que sucede. Si por el contrario se realiza una representación espectral de una versión de este lied, por ejemplo, la grabación de 1911 de Elena Gerhardt acompañada por Arthur Nikisch y se trazan líneas verticales en cada nota correspondiente a cada tiempo del compás, lo que se obtiene es precisamente una desigualdad notable en la duración de cada tiempo derivada de la interpretación:

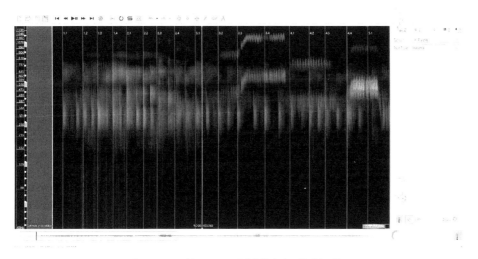

*Representación espectral del lied An die Musik.*

Cada columna vertical trazada por las líneas equivale al instante temporal de una negra, es decir, que la anchura de cada columna vertical representa la duración real de cada negra, puesto que el eje temporal es el horizontal. La música está representada por esas manchas que están en la mitad superior de la imagen. Se puede comprobar fácilmente que la anchura de las columnas no es igual, hay algunas más anchas que otras, lo que indica que no todas duran lo mismo. Sin embargo, no existe nada en la partitura que indique esta variabilidad temporal. Si se unen estos instantes temporales en una gráfica se puede calcular fácilmente la variabilidad con respecto al tempo exacto del metrónomo, así como averiguar si la expansión temporal de las notas tiene relación con otras variables como la armonía, el fraseo, los matices, etc.

Obtener estos datos puede parecer superfluo ya que cada interpretación es diferente y se puede disfrutar de cada una de ellas sin necesidad de saberlos. No obstante, estos datos pueden ser útiles para avanzar en el conocimiento de la inteligencia artificial e intentar llegar a una interpretación musical «humanizada» sin la intervención de personas que ejecuten la música, con todas las consecuencias que esto supone. Calcular las elongaciones y compresiones del tempo suponen un paso importante para la humanización de la reproducción de música mecanizada. Sobre esto el compositor Jorge Grundman (2011) ha intentado definir objetivamente los parámetros que caracterizan una interpretación considerada como artística, con un ejemplo de música de Chopin. Se mide el desfase temporal causado por los *accelerando* y *ritardandos* debidos a decisiones fundamentalmente estéticas. Son estas decisiones estéticas aquello que forma parte de lo esencial invisible pero audible. El espíritu interdisciplinar arroja luz sobre zonas indeterminadas del hecho musical, estirando las costuras que delimitan cada disciplina del conocimiento.

## Una simultaneidad imposible

La música y el acto de la interpretación tienen la complejidad de tener que mantener la atención en varios parámetros al mismo tiempo. Las personas que interpretan música están muy acostumbradas a realizar varias cosas a la vez. Tal es la costumbre que la mayoría de las veces esta simultaneidad obligatoria pasa desapercibida para estudiantes y profesionales. Un ejemplo muy sencillo y claro es la propia escritura musical. En cualquier idioma que tenga escritura, lo normal es leer en un eje, ya sea el horizontal o el vertical. Para descifrar la música de una partitura se necesitan los dos ejes a la vez y quizá sea esto una de las principales fuentes de la dificultad de la lectura musical. Tener esto presente es significativo para el diseño de técnicas de estudio del solfeo.

### Cuestión de tempo

La simultaneidad no solo afecta al primer estadio del estudio musical, a medida que se avanza en su conocimiento, en los instrumentos polifónicos (aquellos capaces de realizar acordes o sonidos simultáneos) como puede ser un piano, los intérpretes encuentran diferentes cosas que se dan al mismo tiempo como diferentes claves, diferentes notas, diferentes ritmos (polirritmia) e incluso diferentes tonalidades. Sin embargo, para las personas es prácticamente imposible realizar obras que tengan tempos diferentes. En el piano es casi imposible tocar en tempos distintos en cada mano. Cuando se realiza música de cámara, la situación cambia puesto que hay varios instrumentos implicados y por lo tanto varias personas, aunque no deja de ser complejo. La simultaneidad imposible se da cuando estos tempos simultáneos convergen en la misma persona. La música se ha desarrollado sobre un concepto de tempo único, donde quienes ejecutan y quienes escuchan lo hacen en referencia a esta unicidad. La sincronización, aunque el pulso de la música sea variable, es algo que buscan deliberadamente los intérpretes y por lo que la notación musical se desarrolló tanto. Sin embargo, la idea del tiempo divisible de la música occidental gira en torno a una temporalidad, un pulso centralizado. Este pulso es mensurable y puede ser dividido en subunidades iguales. Las bases de esta cualidad mensurable en torno a un tiempo unitario quedan asentadas en *Ars cantus mensurabilis* escrito por Franco de Colonia alrededor del año 1260. Curiosamente los primeros relojes mecánicos empiezan a aparecer en Europa a finales del s. XIII. Se podría decir que el tempo único (con todas las variaciones posibles dentro del discurso de la interpretación) es el centro del sistema solar que llamamos música.

## Jugar con el tiempo

El compositor Conlon Nancarrow quiso explorar el resultado sonoro de la politemporalidad, para lo que dio un paso más allá y evitó el factor humano para sus ideas compositivas. Lo consiguió creando música para el piano mecánico, también conocido como pianola. Los tempos simultáneos imposibles de llevar a cabo por un mismo intérprete se convierten en el centro de la identidad de esta música. Nancarrow trató el tempo como una variable más como si del sonido se tratase puesto que realiza canones politemporales mediante intervalos entre velocidades. También los usa como un sonido, estirándolos como si fueran *glis-*

*sandos* en un incremento o disminución progresiva a lo largo de toda la obra. Además de esto los entrecruza, como en su estudio nº 21 donde el proceso es precisamente cruzar la aceleración con la desaceleración. A nivel de distancias temporales resulta un canon en retrogradación y añade la complejidad de la continua transformación del tiempo. Crear obras sin temporalidad unificada transgrediendo el concepto del tiempo musical influyó notablemente en otros músicos como el compositor György Sándor Ligeti que intentó crear obras al límite, como el primero de sus 18 estudios para piano titulado *Désordre*.

## Temporización y percepción

Los componentes de lo sonoro, como pueden ser los intervalos o acordes, se llevan a otras variables musicales, en este caso el tempo. Estas ideas las toma Nancarrow de otro músico llamado Henry Cowell que realizaba analogías de las proporciones matemáticas de los sonidos y los intervalos con las proporciones métricas para crear nuevas formas. La música deja de tener un pulso único que se acelera o se frena según nuestra propia percepción del tiempo. La palabra *pulso* toma aquí una dimensión significativa puesto que el tempo es precisamente el latido de la música. Para los humanos es difícil asimilar varios pulsos puesto que nuestra especie tan solo tiene un corazón y por lo tanto un solo pulso. La no intervención humana en la música de Nancarrow le permite llevar la complejidad rítmica a otro nivel, evitando el carácter único del tempo. La percepción del tiempo y del ritmo en humanos se da incluso desde edades muy tempranas, desde los dos meses al menos (Baruch y Drake, 1997). Tenemos como especie gran facilidad para detectar un pulso o marco subyacente. Predecir los latidos de la música hace que sea más fácil averiguar, y por lo tanto actuar en consecuencia, lo próximo que sonará en una secuencia rítmica. Cuando existe un ritmo regular se activan los mecanismos de temporización relativa, donde el cerebro codifica el principio y final de los pequeños intervalos temporales que llamamos ritmo en relación con el tempo (Teki et al., 2011). Cuando no hay un pulso o tempo regular, como en los ritmos de nuestro entorno, como el motor de un coche o el ritmo de nuestra manera de hablar, hay otros mecanismos llamados de temporización absoluta, adaptándose el cerebro a cada situación. Pero ¿qué sucede cuando existe más de un pulso o latido? El mero hecho de escuchar dos pulsos diferentes es complejo incluso cuando los dos se desarrollan a velocidad constante. El profesor Ève Poudrier llevó a cabo varios experimentos (2012) relacionados con la percepción de diferentes pulsos y ritmos simultáneos de donde se extrajeron datos que alertaban de la dificultad de la mayoría de los oyentes para discernir estos dos pulsos y que además es necesario hacerlo mediante un ejercicio de concentración deliberado. Sentir el pulso de la música es algo natural, incluso para especies de animales alejadas del ser humano como las cacatúas o los leones marinos (los cuales pueden adaptarse a los cambios de tempo). Sentir dos pulsos simultáneos se aleja de lo intuitivo porque nuestra percepción temporal se ajusta a nuestro concepto de tempo único. El ser humano tiende a unificar en una sola línea temporal la música que se basa en diferentes pulsos. Pero la cuestión de esta simultaneidad imposible no queda relegada a lo perceptivo, sino que en este experimento que se menciona, músicos expertos con una formación musical occidental tocaron estos complejos ritmos (solo los ritmos, sin implicaciones de dificultad técnica de los instrumentos musicales) y casi nadie de los participantes pudo realizar los ritmos con precisión. Si a esta dificultad le añadimos la idea de que cada uno de los pulsos o tempos sufra una transformación constante, una aceleración y desaceleración progresiva y cruzada, se entenderá fácilmente por qué Conlon Nancarrow eligió para sus ideas musicales un piano mecánico, sin intérprete humano.

## Transformando el tiempo

A parte de todo esto, la percepción de un tempo único (en referencia con el tiempo físico) también es algo que fluctúa en según qué condiciones musicales. Ya Albert Einstein puso patas arriba el mundo de la física a principios del s. XX cuando formuló su teoría de la relatividad haciéndonos ver la dilatación del tiempo. Lo que nos dijo Einstein, *grosso modo*, es que el tiempo no es constante, simplemente es nuestra percepción. Más allá de todas las fórmulas matemáticas que se necesitan para comprender esto, todo el mundo ha experimentado alguna vez que un periodo de tiempo puede resultarnos demasiado corto o demasiado rápido. Esto no es más que una sensación subjetiva determinada por un contexto concreto porque todo el mundo sabe que el tiempo avanza «siempre» de la misma manera. Lo que hizo Einstein fue demostrar que ese «siempre» no es verdadero en según qué contexto. Sin embargo, en nuestro contexto de la vida diaria, el tiempo es constante porque siempre avanza de la misma manera, nuestra referencia es esa constancia medida en unidades iguales (llámense minutos, segundos o lo que sea). Tomando como referente el tiempo medido en partes iguales que usamos en nuestra sociedad, la percepción de este tiempo único se ve afectada por la música. David Hammerschmidt y Clemens Wöllner (2020), en la Universidad de Hamburgo realizaron algunos experimentos para comprobar si la percepción del tiempo cambia si prestamos atención a diferentes niveles métricos, es decir, si se focaliza en un nivel de blancas, negras, corcheas, etc. Conforme se subía de nivel métrico, como pueden ser los medios tiempos, la experiencia de los participantes reflejó que para ellos el tiempo pasaba más rápido cuando se toca y se escucha. Cuando únicamente se escucha, la percepción cambia ligeramente y el tiempo pasa un poco más lento. Dirigir la atención y la actividad motora a diferentes niveles métricos afecta a la percepción del tiempo.

La tendencia a la fluctuación en la percepción del tiempo como referencia del tempo musical, así como el innegable punto de atracción que supone para los seres humanos tratar de unificar y sincronizar la música en un único pulso (aunque éste no sea constante y cambie de velocidad), empuja a la música, a los compositores y a los investigadores a ir más allá de los límites humanos, como así ocurre en otros ámbitos del conocimiento.  Todo este avance que empieza a explosionar en la segunda mitad del siglo XX es debido en parte a esos paraísos interdisciplinares, como también a la inquietud de afrontar nuevos retos en la creación artística. Nancarrow solo cogió teorías de Cowell y una pianola para sobrepasar las limitaciones. Otros escogieron y siguen escogiendo la física, la matemática o las ciencias de la computación para crear nuevas obras o incluso corrientes artísticas que tienen otras nuevas limitaciones, mucho más alejadas del factor humano.

# La partitura tiene clave y la clave tiene música

La música escrita siempre ha tenido la necesidad de establecer la altura de los sonidos para poder perpetuar melodías mucho antes de que existiera la grabación sonora. A lo largo de todos los siglos en los que se ha ido desarrollando y evolucionando esta escritura, ha ido ganando en precisión, aunque como se ha visto en capítulos anteriores, dista mucho de representar una realidad exacta. El eje vertical, es decir, determinar en qué línea o espacio del pentagrama está ubicada una nota nos da el nombre de la nota. Sin embargo, debido a la amplia gama de frecuencias (la altura de los sonidos) obtenidas en diferentes instrumentos, la representación gráfica de estas notas en un lugar tan reducido de cinco líneas y cuatro espacios como es el pentagrama, necesita de otro elemento para determinar el nombre de las notas. Este elemento es la clave, símbolo que se coloca al principio de cada pentagrama y nos abre la puerta de la identificación de cada sonido en un lugar concreto.

**La esencia de la clave**

Si se revisa la etimología de la palabra *clave*, se comprueba que viene del latín clavis, que significa llave. También comparte raíz con palabras derivadas del verbo latino *claudere* (cerrar), como concluir, claustro o clausura. Sin la clave musical, sin ese símbolo del principio no se puede concretar la frecuencia (Hz) de una nota, es la llave que nos indica exactamente el sonido que representa el símbolo. Una nota musical sin clave precedente puede tener cualquiera de las siete etiquetas conocidas en la tradición occidental (Do, Re, Mi…). De ahí que algunas metodologías de aprendizaje musical utilicen la lectura relativa de las notas, evitando una memoria absoluta de la ubicación de cada símbolo en cada clave, descifrando el nombre de una nota en función de la distancia con la anterior. Esto permite leer en cualquier clave con mayor facilidad. Es significativo que en inglés la misma palabra *(key)* se use para clave, tecla, llave, interruptor o tonalidad y sin embargo la clave musical se designe con otra palabra diferente *(clef)*. Se establecen relaciones de semejanza entre la clave como cosa fundamental para tener acceso a algo (en este caso la música) con la tonalidad, es decir, las relaciones de jerarquías armónicas en función de las consonancias y disonancias. La llave que abre las puertas de un conocimiento tiene diferentes connotaciones, ya que en castellano está más relacionada con el símbolo y su nombre y en inglés la relación está más próxima a los sonidos. En castellano también se usa la palabra *tecla* como sinónimo de clave cuando se recurre a la expresión «dar con la tecla», en referencia a encontrar algún tipo de acción o información fundamental que nos da acceso a algo.

## Una puerta de entrada

Los diferentes símbolos que se usan al principio del pentagrama (también en tetragramas u otro tipo de pauta) son los que nos dan acceso a la información oculta o restringida. En este sentido, la clave musical está muy cerca del concepto de contraseña, que hoy en día se usa en infinidad de aplicaciones informáticas o páginas web. Una clave que nos da acceso a un contenido. Esta contraseña es una palabra a la que se le suele denominar password, la palabra que nos da paso. Esta palabra, como cualquier otra, es una combinación de símbolos que pueden formar una palabra con contenido semántico establecido o puede ser inventada. También puede tener algunos caracteres especiales y números, pues lo importante es la combinación compleja de estos símbolos para reducir al máximo la probabilidad de que se averigüe por azar o deducción lógica por parte de una persona no autorizada. Una buena combinación de símbolos, que no necesitan de contenido semántico y que tiende a quedarse almacenada en la memoria a lo largo plazo más que ninguna otra cosa es la música.

Investigaciones en este sentido ya se han hecho varias en los últimos años, siendo una de ellas las realizadas por Naveen Kuma (2012) en la universidad Indira Gandhi (IGNOU) de la India. Para los accesos con contraseña, este profesor idea una solución donde aparece de manera virtual un teclado donde poder tocar una melodía de acceso. Cada una de las notas posee un código secreto que se activa cuando se pulsa y que no conoce el usuario, simplemente el ordenador lo genera. Esto implica que cualquier sencilla melodía arroja un número considerable de caracteres ya que cada nota estaría arrojando cuatro de estos caracteres. Si por ejemplo a la nota RE le corresponde este código: Lg@8, es fácil imaginar la complejidad de la contraseña creada por una melodía, aunque ésta sea muy breve, ya que cada nota arrojaría uno de estos códigos, siempre diferentes. Si lo normal en cualquier contraseña es tener 8-10 caracteres, con este método se obtendrían contraseñas entre 80 y 100. Como el teclado virtual tiene una octava de extensión, esto genera trece códigos de cuatro caracteres correspondientes a cada una de las notas de esa octava. Lo bueno de este método para crear contraseñas es que no tiene por qué ser una melodía preexistente, se puede inventar. Otra de las claras ventajas que tiene es lo fácil que resulta para el usuario recordar la clave de acceso y lo difícil que resulta para cualquier intruso saltar esta barrera de seguridad. Las posibilidades se amplían cuando en vez de solamente un piano, se puede elegir entre varios instrumentos. Alguien podría pensar que se necesitan conocimientos musicales para poder crear este tipo de contraseñas, pero un teclado virtual de piano tiene únicamente 13 teclas, 8 blancas y 5 negras, lo que lo convierte en algo muy intuitivo. Además, ¿quién no ha sentido alguna vez la tentación de tocar las teclas de un piano cuando estamos delante de su teclado? Aunque sean dos o tres teclas o varias seguidas como si de un gato caminando se tratase, la fuerza de atracción de hundir estas teclas para obtener un resultado sonoro es realmente potente. Para generar la contraseña solo se necesita que el usuario realice una pequeña combinación y recuerde cómo suena. Esto es tarea simple si repetimos esa pequeña melodía hasta la saciedad o hasta convertirla en un gusano auditivo. De la variable rítmica se encarga un algoritmo que aprende el ritmo de la melodía para que no sea únicamente un código de sonidos.

## Acceso personal e intrasferible

La unión entre la ingeniería informática y la música genera nuevo conocimiento que tiene una usabilidad muy clara dentro de la vida diaria del mundo desarrollado. Este tipo de modalidad de clave o contraseña musical puede tener variantes mucho más sofisticadas si le añadimos la neurociencia para poder verificar que el usuario es realmente la persona que debe tener acceso a aquello que está detrás de esa contraseña. Existen controles de acceso alejados de lo musical pero que requieren que sea la persona interesada la única que pueda introducir el código o clave, como puede ser:

- la huella dactilar,
- el escaneo de retina,
- el reconocimiento de voz
- o la identificación a través de nuestro rostro..

Sin embargo, todos estos controles de acceso, aun teniendo un alto grado de seguridad, no resultan 100% seguros puesto que se puede dar el caso extremo de que la persona que quiere robar los datos haya podido dejar sin conciencia al usuario y se sirva de su cuerpo para el acceso. Existen casos donde alguien se quedó dormido y otra persona cogió su teléfono móvil y su mano (para la huella dactilar) realizando compras sin permiso. Ocurre lo mismo para el reconocimiento del rostro. El escaneo de la retina es más complicado, pero llevando el ejemplo al extremo también se podría.

La música conlleva una serie de reacciones cerebrales que han sido muy estudiadas desde muchos enfoques diferentes en las últimas décadas. Saber cómo reacciona el cerebro al estímulo sonoro de una música concreta puede resultar útil para restringir el acceso a cualquier información, es decir, se puede usar como clave que además corrobore la identidad de la persona. Una clave única, personal e intransferible. Una investigación (Sonawane et al., 2021) comprobó mediante electroencefalografía (EEG) que escuchar una canción crea patrones específicos en el cerebro y que estos patrones varían para cada persona. En el experimento, estos patrones están creados únicamente por la música ya que se intentaron eliminar otro tipo de estímulos que pudieran interferir en la respuesta cerebral. Posteriormente y gracias a la inteligencia artificial se pudo averiguar qué canción correspondía a cada patrón en cada uno de los participantes con un nivel de acierto del 84,96%. Sin embargo, estos patrones son diferentes para cada persona, aunque la música sea la misma. De hecho, la IA no fue capaz de acertar las canciones al cambiar de persona, donde su capacidad de acierto se redujo al 10%. La música crea respuestas cerebrales identificables mediante IA para cada canción pero que son inherentes a cada persona, una especie de huella dactilar cerebral creada por la música. Imaginemos una situación ficticia donde hacemos sonar una canción para que la respuesta cerebral nos identifique como usuarios para acceder a cualquier cosa. Aunque un posible intruso averiguara nuestra canción secreta, jamás tendría un acceso no autorizado puesto que la respuesta cerebral es única, aunque presente patrones identificables. Evidentemente esto es una situación ficticia puesto que tendría que tenerse el equipo necesario y el nivel de acierto de la IA debería ser mayor. Además, se tendrían que poder discriminar otro tipo de estímulos que puedan alterar esta respuesta cerebral, obviando que la música es una experiencia multisensorial la mayoría de las veces. Queda mucho para que este tipo de clave musical sea una realidad cotidiana pero no es nada descartable que un día lo sea.

## Mapeando el gusto musical

El gusto musical, las preferencias de las personas en cuanto a combinación de estilos y géneros, es un caleidoscopio de factores que acaban por definirlo. Esta definición es además algo dinámico, en movimiento, puesto que el gusto musical no es algo estático e inalterable. Las variables que ayudan a comprender por qué se prefiere una música a otra son tan complejas como la propia persona poseedora de ese gusto musical. La relación establecida con la música preferida no es algo externo, las personas no perfilan sus preferencias, su música más escuchada, desde afuera como si de un objeto de arte se tratase al cual nos acercamos desde un punto de vista superior con la intención del placer estético. El gusto musical tiene más de vínculo que de resultado de observación y análisis. Esto no quiere decir que la formación de los individuos y el conocimiento, sea musical o no, no influya. De hecho, es todo lo contrario puesto que la música es un acto cultural. El vínculo de la música va más allá de cuestiones identitarias, que son claves, también juegan un papel significativo la interacción social y con el medio de reproducción de esa música. La regulación del humor, la excitación, la estimulación intelectual o artística nos vincula a la propia música, pero también a sus oyentes. El acto de la escucha musical no es pasivo ni es una relación dual de la persona con el producto. Además, como se ha dicho en capítulos anteriores la música es una experiencia multisensorial.

## Neurociencia y música

A partir de este planteamiento, intentar averiguar la causa por la cual una música nos «llena» más que otra se convierte en una empresa realmente compleja. La neurociencia, muy desarrollada en las últimas décadas, también ha puesto su punto de mira en la música, en las emociones y toda la actividad cerebral que conlleva esta unión de lo musical y emocional. Si analizamos el gusto musical desde la perspectiva del instante de la escucha, nuestro placer musical está muy relacionado con la familiaridad y las expectativas del oyente. La repetición juega un papel clave en este nivel hedónico. La neurociencia se ha encargado en multitud de investigaciones de realizar una fotografía de este gusto musical, cartografiar la respuesta cerebral que nos causa la música, precisamente para así averiguar lo que hace que nos guste. Una de las cosas que ya aporta el poder ver la respuesta cerebral mediante encefalografía es el valor predictivo de ésta con respecto al éxito musical. La sincronía neuronal que se da en diferentes individuos al experimentar la escucha de una música en concreto tiene un alto valor predictivo en la futura popularidad de esa música (Leeuwis et al., 2021). Estos datos adquieren una gran importancia para empresas y plataformas a la hora de tomar decisiones e inversiones más eficientes. Es un uso de la unión de ciencia y música muy orientado al negocio, pero totalmente útil y lícito, aunque tenga otras implicaciones éticas y estéticas.

Dentro del campo de la neurociencia cognitiva de la música, los estudios se han centrado en la experiencia de la escucha para buscar especializaciones cerebrales diferentes al habla, identificar efectos en otras funciones cerebrales o determinar los fundamentos neuronales de la percepción. Esto deja poco margen al estudio de la apreciación y formación del gusto o procesos estéticos como juicios evaluativos. El contenido subjetivo de la experiencia individual no ha sido tenido en cuenta en los estudios empíricos donde se intenta representar las reacciones físicas al respecto. Sin embargo, existen estudios que han posibilitado el acercamiento de posturas entre enfoques más humanísticos con otros más empíricos. En ellos se pidió a los participantes que trajeran su propia música al laboratorio para analizar sus reacciones individuales a la música escuchada (Brattico et al., 2016). De esta manera se pueden asociar las reacciones cerebrales individuales sin someter a los participantes a música desconocida o elaborada expresamente para el experimento y así cruzar datos de correspondencia entre características musicales con reacciones cerebrales. Esto es significativo puesto que se analiza cada reacción individual independientemente del objeto que induce las reacciones, así como teniendo en cuenta la diversidad de estructuras en las músicas elegidas. El método científico aplicado a esta experiencia da como resultado una suerte de estética empírica o neuroestética (Brattico, 2019) si se utilizan principalmente técnicas de investigación del cerebro o métodos conductuales.  Una experiencia estética no es la reacción a un estímulo, sino que más bien es la intención y actitud del sujeto hacia el estímulo. He aquí la base de por qué la subjetividad es la seña de identidad de cualquier experiencia estética, es decir, por qué para algunas personas algo es estéticamente atractivo y para otras la misma cosa es estéticamente repulsiva. Por lo tanto, este campo de investigación intenta averiguar cómo el cerebro facilita la capacidad humana de experimentar algún fenómeno como estético, así como la creación de objetos que puedan evocar esta experiencia estética. Sin duda es algo complejo y poco explorado. Además, esto plantea enfrentamientos entre teorías basadas en que la experiencia estética depende de las propiedades formales de un estímulo (cómo está hecha la música) y su respuesta es independiente del control consciente, con otras teorías contextuales que defienden que la experiencia estética depende de las intenciones del compositor como del contexto donde se ha creado y expuesto la obra.

## Una codificación predictiva

Realizar un mapa o modelo para averiguar los mecanismos cerebrales por los que las personas pueden emitir un juicio de que una música es bella partiendo de respuestas sensoriales y procesos cognitivos, puede llegar a dar un atlas del «gusto» musical en su más amplio sentido. Un modelo de estas características (Brattico, 2015) elabora diferentes etapas de procesamiento de la información que genera una obra musical y conducen a respuestas estéticas. Estas etapas son tres:

- etapas de pre-atención,
- etapas perceptivas y emocionales de bajo nivel,
- y etapas que implican procesos reflexivos que involucran el control cognitivo.

Estas tres etapas corresponden con tres resultados principales que se dan en la experiencia estética: emoción, preferencia y juicio. Estas etapas atienden a un orden cronológico que apelan a diferentes conjuntos de estructuras cerebrales. Se reacciona a las características del sonido y se codifican las características sonoras con esquemas cognitivos ya aprendidos para atribuir connotaciones emocionales. Al completar esto, se emiten juicios de valor estéticos. Todo un recorrido cerebral para hallar lo que nos gusta o no de la música y su porqué. En este recorrido se puede comprobar que la respuesta cerebral cambia según la ruta sea rápida o lenta (Bogert et al., 2016). Una ruta rápida sería el placer inmediato causado por los sonidos, donde la atención se centra en aspectos descriptivos, mientras que una ruta lenta ocurre cuando los sujetos dirigen su atención consciente a las emociones a causa de la música. Elvira Brattico (2019) habla de la teoría de la codificación predictiva de la función cerebral, donde juegan un papel primordial las expectativas del oyente. En las regiones auditivas y frontales del cerebro se activan, y las predicciones previas se dirigen a la señal entrante, todo lo que el cerebro espera que ocurra en el transcurso de la obra (lo que depende del conocimiento y experiencia previa). Cuando la señal auditiva real y la prevista por el cerebro no coinciden, no suena lo que la persona esperaba escuchar, sucede una retroalimentación desde la señal al cerebro para minimizar la energía. Estos errores de coincidencia en la predicción es posible medirlos mediante ciertas técnicas, lo que nos sube un escalón más para llegar a una buena representación de las causas de las preferencias musicales.

Es de imaginar que en futuras investigaciones o en algunas actuales que ya se estarán realizando y de las cuales aún no tengamos noticia, intentarán llegar más allá para encontrar patrones. Una de las cosas que hace la ciencia es buscar lo común entre lo diverso y en este caso es probable que eso pase por superar la experimentación individual. Esto puede conseguirse mediante el hiperescaneo, es decir, la grabación cerebral sincronizada de dos o más personas. Buscar cómo un conjunto de personas reacciona ante la música desde esta perspectiva compleja de la estética, puede que arroje resultados significativos donde se pueda observar de manera palpable nuestra preferencia, qué es lo que la hace tan atractiva y cómo funciona nuestro juicio musical.

Si tenemos relaciones de simpatía por ciertas músicas y el veredicto de nuestro juicio estético es que una obra es bella, estaremos ante nuestro gusto musical, que podrá mapearse gracias al encuentro de diferentes disciplinas en busca de un nuevo conocimiento. Un mapa cerebral de nuestro propio concepto estético.

## Sobre la memoria y el tempo

Una de las cosas más importantes para el aprendizaje es la memoria. No todo lo aprendemos de memoria, pero sí con la memoria. La psicología cognitiva que nació a mediados del s. XX ha dado muchas vueltas a este asunto, ya que el cerebro es un órgano capaz de codificar y manipular información para almacenarla. En cualquier cosa que se aprende es esencial la memoria y la música no está exenta de esta necesidad. Cualquier estudiante de música sabe perfectamente cómo de importante es la memoria para desarrollar su destreza musical, no únicamente desde el punto de vista de ser capaces de tocar una obra sin tener la partitura delante, sino como el ingrediente necesario para interiorizar estilos, géneros, movimientos y posiciones habituales de las manos, posiciones estándar de notas, etc. Además de todo esto, se sabe que la música tiene la capacidad de ayudarnos a recordar ciertos episodios de nuestra vida, como por ejemplo las circunstancias en las que escuchamos una canción por primera vez o con qué época de nuestra biografía la asociamos. Tiene un fuerte poder evocador. Su componente sensorial y su desarrollo en el tiempo junto con su característica asemántica (no tiene significado denotativo) hace que muchas veces seamos capaces de recordar una melodía y no seamos capaces de averiguar su título o quien la canta, por lo menos con el primer esfuerzo mental. Desde mi propia experiencia puedo decir que a veces es más fácil recordar a un antiguo alumno por las piezas que tocaba más que por su nombre. Recordar la música que tocaba une lo que se guarda en la memoria con respecto a su aspecto físico y su personalidad.

## Tipos de memoria

La memoria nos permite aprender, pero la definición de memoria está lejos de ser algo único porque atiende a varios sistemas. Estos múltiples sistemas de memoria están aceptados como consenso científico a luz de las evidencias (Squire, 2004) entendiendo la palabra sistema como estructura y función. Aunque existen muchas distinciones de memoria y muchas subcategorías, la memoria humana se puede agrupar en:
- memoria sensorial,
- memoria a corto plazo
- y memoria a largo plazo.

La primera de ellas, la memoria sensorial capta la información a través de nuestros sentidos durante un periodo muy corto de tiempo y, por lo tanto, esa información va a un lugar de la mente diferente a una percepción consciente. Se puede decir que esta información no se codifica, ni se procesa (Jäncke, 2019). Dentro de la memoria a corto plazo, o más bien redefinida como ésta, se encuentra la memoria de trabajo. Esta memoria es fundamental porque no solo contiene información, sino que la manipula, es decir, es lo que ocurre cuando estamos atentos a algo concreto. Esta manipulación es el pilar de la cognición, por lo que es sumamente importante también para el aprendizaje musical. La memoria a largo plazo es aquella que permite recuperar información que tenemos almacenada en nuestro cerebro cuando no le estamos prestando atención.

## Las memorias musicales

El proceso mental de la música es una cascada de pasos, donde se van construyendo progresivamente, a través de las características acústicas y los esquemas mentales previos, experiencias emocionales. La música es un flujo continuo de cambios jerárquicos donde estructuras pequeñas o extractos se van integrando en otras estructuras cada vez más grandes. Toda esta información es necesariamente almacenada momentáneamente en la memoria de trabajo y continuamente manipulada en el transcurso de la escucha. Hay autores (Platel, 2005) que definen la memoria musical como memoria musical implícita o inconsciente, memoria semántica y memoria episódica. La memoria implícita implica una situación muy cotidiana hoy en día, cuando en el transcurso de la escucha, las personas se mueven con la música o tararean sin saber exactamente qué música se está escuchando. Esta situación se ha vuelto habitual puesto que la oferta, tanto de música como de dispositivos electrónicos que permiten la escucha en cualquier lugar, ha aumentado considerablemente en los últimos años. A todo esto hay que sumar las plataformas digitales, que no solo posibilitan la escucha de la música preferida, sugieren y ordenan la música en función de lo más escuchado, contribuyendo a esa inconsciencia musical. Si se oye una canción en cualquier plataforma y solo se elige esa única canción, la plataforma reproduce, cuando finaliza la elección del usuario, otra canción que el algoritmo clasifica como próxima a ésa. Sigue una lista de reproducción que no ha elegido el usuario, sino la plataforma. Se puede tararear y moverse al ritmo con un nivel de predicción alto y sin consciencia de lo que se está oyendo. La etiqueta de memoria semántica está en directa contradicción con lo que se explica en el capítulo de música y lenguaje, donde se resalta el hecho de que la música no tiene significado, el nivel semántico del lenguaje no está presente en la música. Esta clasificación de memoria semántica de la música hace referencia a la memoria del oyente de extractos musicales sin relación con el contexto donde fueron aprendidos, es decir, sin tener en cuenta ni donde ni cuando se aprendió. Es una memoria únicamente del «vocabulario» musical, es una perspectiva semiótica, donde se recuerda de una manera «neutral» únicamente el extracto musical, sin experiencias externas que modifiquen su significado connotativo. La tercera memoria, la episódica, no es más que añadir todo aquello que contextualiza la pieza, las circunstancias espacio temporales donde fue aprendida y a través de quién o quienes la aprendimos y compartimos.

## Recordar la música

Existen muchos factores que influyen en la memorización de la música y una de ellas es su propia estructura. Hay músicas cortas u otras más largas, música monótona en cuanto a contraste dinámico (intensidades) frente a otras que tienen más cambios, algunas usan temas o melodías recurrentes frente a otras que no las utilizan. En definitiva, un sinfín de variables que provocan estructuras muy diversas. Cuantos más cambios ocurran a diferentes niveles el índice de predictibilidad disminuirá por lo que habrá mucha más información para el cerebro y por lo tanto será más difícil de recordar que otras músicas más repetitivas. Otro de los factores que están implicados en la memorización de la música es la propia estructura mental de cada individuo y los esquemas disponibles que tiene para la percepción musical. Realizar estudios comparativos entre las estructuras mentales y las estructuras musicales puede arrojar resultados significativos para saber más sobre la memorización musical.

## Una característica esencial

Teniendo en cuenta que se podría definir y clasificar la memoria musical, cabría preguntarse qué característica de la música es la que más influye o tiene más correlación con la habilidad de recordarla. La música tiene melodía, ritmo, timbre y tempo, características que la hacen fácilmente reconocibles unas de otras. Es cierto que también posee amplitud (o intensidad), pero esta cualidad del sonido no es determinante para el reconocimiento de canciones u obras instrumentales como sí lo son todas las anteriores. Saber cuál característica musical influye más en nuestra capacidad de recordar es muy significativo para los estudiantes y profesionales de la música cuando abordan el trabajo de una partitura desde su instrumento. Recordar una música cualquiera es en esencia ser capaz de reproducir fielmente la melodía (las relaciones de altura de los diferentes sonidos que la componen) y su ritmo, es decir, la relación temporal entre los diferentes sonidos. Sin embargo, existe un factor determinante para poder realizar todo esto, y es la velocidad a la que se hace, es decir, el tempo. Se han realizado diversos experimentos para saber también si la memoria musical está relacionada con el timbre, si dificulta que se recuerde el hecho de cambiar el instrumento o instrumentos que emiten los sonidos. Uno de estos experimentos lo llevaron a cabo los profesores de psicología Andrea Halpern y Daniel Müllensiefen (2008), donde descubrieron que cuando cambiaban una misma melodía en timbre y tempo, los participantes tuvieron más dificultades para reconocer las mismas melodías a nivel de la memoria explícita o semántica. A nivel de memoria implícita, a un nivel más inconsciente, lo que dificultó el reconocimiento fue el tempo. No hay que olvidar que la música activa partes del cerebro implicadas en el movimiento, incluso en personas que no han recibido un entrenamiento instrumental, y para activar estas zonas cerebrales es necesario el ritmo a una determinada velocidad.

El tempo de una determinada melodía no solo influye en nuestra capacidad de memorizarla sino en nuestra capacidad de reconocerla cuando suena. Eso es algo que los compositores han tenido muy en cuenta a lo largo de la historia occidental de la música. Un recurso que se repite a lo largo de las diferentes épocas (con mayor frecuencia en unas que en otras) es utilizar una melodía preexistente como base para una composición nueva. Es común utilizar la melodía de base aplicándole una transformación temporal, normalmente aumentando cada uno de sus valores al doble o cuádruple, por ejemplo. De esta manera la relación temporal entre cada uno de sus sonidos se mantiene, pero sus valores son más largos, por lo que se convierte en la misma melodía ralentizada. Es una manera de reducir el tempo de la melodía original sin que eso afecte a la percepción temporal de la nueva obra que se va a construir. Además de esta transformación temporal, si se le añaden nuevos sonidos y ritmos superpuestos, la melodía preexistente queda totalmente camuflada en una especie de mensaje oculto solo reconocible mediante análisis. Esto se puede encontrar en la polifonía de finales de la Edad Media en una gran cantidad de obras, pero también en otras músicas más contemporáneas y más cercanas a nuestro ideario musical. Un ejemplo sencillo y sin demasiada transformación es la obra *El carnaval de los animales* del compositor Charles Camille Saint-Saëns que toma prestada música de otros compositores otorgándoles un contexto diferente. ¿Podría alguien reconocer en la primera escucha la famosa melodía del can-can (galop infernal) de la operetta *Orfeo en los infiernos* de Offenbach en el movimiento que se titula «Tortugas» del *El carnaval de los animales*? Es probable que esto ocurra porque hemos sido adver- tidos de ello, pero sin esta advertencia es más que probable que no se reconozca.  La famosa melodía originalmente tiene un tempo muy rápido y un carácter trepidante. El movimiento dedicado a las tortu- gas expone la misma melodía con una transformación temporal y un contexto armónico y tímbrico diferente. Invito a los lectores a escuchar «Tortugas» de Saint-Saëns y luego escuchar el original de Offenbach para después volver a la música de Saint-Saëns, sobre todo si no se conocían las obras previamente.

## Una estrategia de estudio

Constatar el hecho de que el tempo es un factor decisivo en la memo- rización de la música, es muy significativo para aquellas personas que estudian o enseñan a tocar un instrumento. Si alguien se dedica pro- fesionalmente a tocar, a ser intérprete, se va a encontrar más tarde o más temprano con el consejo de tener que estudiar muy lentamente las obras a interpretar, incluso a cámara lenta. Esto es así porque es nece- sario concentrarse en aspectos concretos como la calidad del sonido o practicar cambios de posición de manera que se eviten tensiones inne- cesarias y se gane en precisión. Sin embargo, también es fundamental para una mejor memorización puesto que eliminar o transformar el factor temporal de la música requiere una mayor concentración para la correcta concatenación de posiciones y notas. Esta mayor concen- tración no es más que poner a prueba nuestra memoria de trabajo, trabajarla a un nivel de exigencia alto, para lo que es necesario evitar ir leyendo la partitura. Realizar una interpretación de la totalidad de una obra sin partitura evitando el factor temporal pone en funciona- miento la memoria de trabajo, además de practicar la evocación, es decir, rescatar de la memoria a largo plazo todas las notas y posiciones, lo que es una práctica fundamental para que se produzca el aprendi- zaje. El único inconveniente de la música es que no podemos rescatar la información de la memoria a largo plazo y explicarla con nuestras palabras, sino que la recuperación de esa información debe ser exacta nota a nota, a menos que queramos practicar la improvisación. Tocar sin partitura y a cámara lenta es una de esas estrategias de estudio que basan su eficacia en la evidencia científica existente (hasta hoy) entre el tempo y la memoria.

## De lo prescriptivo a lo descriptivo

Una de las cosas que más controversia ha creado desde el punto de vista del análisis musical, es discernir si el análisis es algo artístico o científico. Para entender esta diferencia hay que apelar a dos adjetivos que podrían definirlo como un hecho objetivo o como un hecho subjetivo. Pero ¿qué es el análisis musical? Es una pregunta pertinente para saber si realmente lo que se hace es una constatación de un hecho mediante la observación o realmente es una (re)interpretación teórica de un texto musical. Uno de los objetivos del análisis musical que podríamos definir como tradicional, es decir, de teorías analíticas centradas en la partitura, es buscar la función o relación entre sus elementos. Esto se consigue mediante la segmentación y reducción. Este tipo de análisis se suele hacer para entender en una proporción mayor cómo está construida la obra musical, sin embargo, rara vez se podría demostrar el acierto o no de un análisis sin ambigüedades. Esto no quiere decir que no se puedan extraer datos objetivos de una partitura. Por ejemplo, en una obra dodecafónica se puede extraer la matriz serial elegida para la composición. Equivocarse en esto es igual a un error matemático en cualquier cálculo. También el análisis estadístico arroja datos incontestables, pero hay que tener en cuenta que la estadística es una mera herramienta en el análisis musical, no es un fin en sí misma (Igoa, 1999). Es el analista el que interpreta los datos para hacer una valoración musical del objeto, es decir, la obra. Esto último nos acerca a una idea más subjetiva del análisis, puesto que se necesita del criterio de una persona para clasificar una pieza. Segmentar una obra musical en función de una estructura no es algo que siempre se pueda demostrar como la intención real del compositor a la hora de realizarla (y acaso puede que ni siquiera importe). Por lo tanto, se convierte en una estrategia para que se entienda mejor la música cuando se escucha o se toca. Si el análisis musical no puede ser objetivo más allá de ciertos aspectos, entonces se convierte en un arte. Lo que sí puede ser objetivo es la idoneidad de un tipo de análisis u otro. Las metodologías analíticas nacen de la necesidad de adaptarse a diferentes músicas. No es adecuado analizar con el mismo método la música de Mozart y la de Schönberg, por lo que la pregunta significativa del análisis es saber qué se quiere obtener mediante este análisis. No es raro el caso de analizar la misma música con métodos diferentes y llegar a conclusiones distintas, a veces hasta contradictorias.

## Lo prescriptivo

Este acercamiento a un hecho artístico del análisis encuentra su concreción en las teorías de Heinrich Schenker. Su visión implica que el análisis musical necesita de unos conocimientos profundos de la música, luego no es algo para el oyente común, no todo el mundo puede apreciar la música desde el nivel analítico y no todas las músicas son susceptibles de análisis. Analizar es un arte y así lo hace ver constantemente Schenker, quien parece más preocupado por justificar la validez de su método que por demostrar que sea exactamente como él dice que se organiza la música. No es este un alegato contra Schenker pero lo cierto es que su metodología reduce la estructura de la música a lo que él llama Ursatz, una única estructura básica de la que parte toda la música a diferentes niveles de complejidad. El problema es que esto se aleja de la experiencia del oyente, no es así lo que los oyentes escuchan, es más bien lo que los oyentes deberían escuchar según el análisis schenkeriano. Incluso alejándonos de las teorías del analista polaco, cualquier análisis que se base en la segmentación y jerarquías de las partituras se estará alejando de la experiencia auditiva. Es cierto que habrá quien eleve la voz para decir que el objetivo no es describir la experiencia del oyente, pero ¿no debería aportar algo el análisis a nuestra propia experiencia con la música? La respuesta a esta pregunta es esencial para entender el título de este capítulo. Si nos alejamos de lo que el oyente escucha en realidad, el análisis aporta lo que el oyente debería escuchar, es decir, el análisis es una prescripición, mapa o manual de instrucciones de cómo debería escucharse la música. Esto no quiere decir que esto sea positivo o negativo, simplemente se trata de constatar un hecho: el analista mediante su búsqueda y su resultado (subjetivo a todas luces) influye directamente en la manera en la que se escuchará la obra. Esto además tiene otra consecuencia menos plausible, pero que ha pasado a lo largo de la historia de la música clásica. Es una visión etnocentrista que descarta otras músicas que no se someten a ciertos tipos de análisis. Si una música no es analizable o no se ajusta a ciertas formas o estructuras, se entiende que es de peor calidad. Afortunadamente, en la actualidad esto no sucede o sucede en un menor grado puesto que la diversidad de tipos de análisis hace que todas las músicas sean analizables en según qué perspectivas.

Los patrones o jerarquías que se buscan en los análisis de partituras con clasificaciones armónicas y formales deberían aportar algo de luz sobre cómo se experimenta la música, pero difícilmente un oyente medio pueda escuchar la música según estas clasificaciones. Una de las razones por las que esto sucede es porque el elemento temporal se desvirtúa mediante el análisis. La música es un continuo proceso de transformación que se desarrolla en el tiempo. El análisis musical debe ser capaz de aportar información para explicar aspectos más relacionados con la cultura (la música es un acto puramente cultural) y la escucha cotidiana que con el gozo intelectual que representa la resolución abstracta de una estructura.  Esto último es necesario puesto que ese anclaje en las estructuras y jerarquías obtenidas mediante análisis concienzudo ayudan a la experiencia estética de la música y nos ayudan a emitir juicios de valor. Sin embargo, hay que estar muy atentos a que los juicios de valor no los delimite únicamente el ajuste a lo abstracto analizado o de lo contrario se puede caer en una ortodoxia donde el valor real de la obra lo defina cómo de bien se acopla a nuestros propios conceptos preestablecidos (o los conceptos preestablecidos de la teoría del análisis musical). Existe un determinismo estético donde este análisis infiere cualidades a partir de la partitura o la estructura.

En el análisis surgido en la primera mitad del s. XX se intenta completar la experiencia del oyente, aportándole contextos y estructuras más profundas. Un ejemplo de ello es el análisis sintagmático-paradigmático, como una rama del análisis semiótico. Este análisis trata de poner de manifiesto las semejanzas de los motivos melódicos, algo que en el transcurso de la música podría pasarnos desapercibido. Lo que hace este análisis es identificar unidades de significado musical (más bien unidades con sentido musical) haciendo un listado de tipo paradigmático. Una vez hecho esto se analiza cómo se distribuyen estas unidades paradigmáticas en el tiempo. Es un tipo de análisis muy influenciado por el pensamiento complejo del filósofo francés Edgar Morin, donde la comprensión de una realidad es multirreferencial y multidisciplinar. Esto pasa por comprender la complejidad de las muchas partes que forma un conjunto intrincado, en este caso una obra musical. El análisis nos descubre una realidad que no escuchamos, que no podemos percibir con una simple escucha, pero ¿no es esto una forma de indicarnos cómo deberíamos escuchar la música? Este análisis tan sofisticado no explica cómo se percibe la obra, lo que sucede, y es por esto que no se puede considerar como ciencia a no ser que se cambie la manera de mirar hacia el fenómeno musical, de ahí corrientes tan ligadas de nuevo a la filosofía como la fenomenología musical. Hasta ahora el análisis siempre ha sido prescriptivo, por más que la intención sea revelar una realidad oculta, el resultado es una indicación de cómo deberíamos escuchar música para apreciarla en toda su plenitud. Para que un análisis sea científico tiene que cumplir un principio básico de la ciencia, que sea descriptivo de una realidad. La investigación científica debe ser sistemática, rigurosa, que tenga poder explicativo, pero también que tenga poder descriptivo. La ciencia busca la inteligibilidad causada por el hallazgo de lo común entre lo diverso, cosa que también se obtiene del análisis musical. Sin embargo, el principio de objetividad de la ciencia se tambalea debido a que es poco probable que en un análisis de una partitura el observador no influya en el fenómeno observado, pues es el analista el que toma las decisiones. Lo que más aleja al análisis del carácter científico es el principio dialéctico por el que la ciencia avanza: es contrastable con la realidad. El análisis de cualquier texto musical no representa una descripción de lo que sucede y de lo que se percibe, no describe esa realidad, no es el análisis de un hecho concreto y falsable, es una interpretación de ese hecho (lo que nos acerca al concepto arte).

## Lo descriptivo

En un capítulo anterior se ha visto como la partitura es una aproximación o simplificación de la realidad sonora, no solo en aspectos temporales sino también en cuestiones relacionadas con el propio sonido.

Existen más categorías de intervalos (distancias entre sonidos) de los que normalmente se usan en el análisis tradicional. Los instrumentos que no están sometidos a una afinación sujeta a un temperamento igual donde todas las distancias están claramente definidas, como pueden ser la voz o el violín, adaptan las alturas al contexto musical. Esto es algo que en la partitura tampoco se ve reflejado habitualmente. La clasificación de las distancias en intervalos mayores, menores aumentados o disminuidos es un producto artificial de la notación, creado por los analistas, por lo que no es posible usar el análisis para la investigación científica en la descripción del fenómeno musical. Además, los modelos formales que se usan en el análisis son una suerte de ficciones pedagógicas que buscan la mejor comprensión, o una simplificación para buscar patrones y comparaciones entre distintas obras. El tan estudiado término *sonata* en los conservatorios fue acuñado por primera vez para definir una forma musical por el músico Adolf Bernhard Marx. No obstante, el término se usa para clasificar música anterior a Marx, como puede ser la de Mozart.

Se puede pensar en los analistas como científicos, en tanto en cuanto nos desvelan el funcionamiento interno de una realidad que al común de los mortales se le escapa, sin embargo, no permite explicar la experiencia de la escucha, lo que realmente oímos y cómo lo oímos. Para esto es necesario utilizar disciplinas de conocimiento en un principio alejadas de la música como la neurociencia, la psicología, la física o la ingeniería informática, ya que para describir como se percibe la música y las diferentes interpretaciones de una misma obra se necesita hacer uso de las nuevas tecnologías. Estudiar cómo se anticipan y se perciben aspectos tales como la forma, el timbre o la densidad sonora se acerca mucho más a una realidad que acontece y, por lo tanto, al poder descriptivo de la ciencia. La tendencia a la agrupación estudiada por la psicología de la música, la teoría de la información desarrollada por Claude Schannon o incluso la inteligencia artificial para «ver» cómo se experimenta la gramática musical son claros ejemplos de análisis musicales que precisan de conocimientos circunscritos a otras disciplinas. Estudiar la capacidad humana de procesar la información musical en términos lingüísticos es algo de lo que también se encarga (o debería) el análisis.

Es probable que, como dice Yizhak Sadai (1998), el análisis no sea ni algo científico ni algo artístico, sino un territorio fronterizo entre ciencia y arte, un vínculo o nexo de unión. Permite, por un lado, contribuir a la creación o demostración de teorías musicales generales y, por otro, se presenta como algo muy relacionado con la interpretación y la composición. Una senda que abarca desde lo prescriptivo a lo descriptivo. Y viceversa.

## El timbre absoluto

El oído ha sido muy estudiado a lo largo de la historia por ser uno de los sentidos básicos por los que percibimos el mundo, hay mucha información de nuestro entorno que nos llega por esa vía. En la formación musical se fomentan las capacidades perceptivas de la música mediante el oído, es algo elemental y existen multitud de ejercicios y métodos para mejorar estas capacidades. Esta importancia también está presente en la sociedad en general, donde hay un pensamiento muy extendido basado en una creencia popular donde el músico debe tener «oído» como una capacidad innata e inamovible. Si se tiene te puedes dedicar a la música y si no se tiene, mejor dedicarse a otra cosa. Esta última afirmación es muy popular, pero tanto en el mundo profesional como en la ciencia se sabe que no es cierta.

No hay duda de que la música es una experiencia acústica compleja, así como también es cierto que no todo el mundo tiene las mismas capacidades, pero la música es un acto puramente cultural. La genética puede ser condicionante en la formación musical si tiene como consecuencia alguna alteración que sea incapacitante, de lo contrario su influencia es mucho menor. Lo cierto es que el oído es parte fundamental de la percepción musical, aunque no es la única. Los sonidos también evocan resonancias en nuestros receptores de vibraciones (koelsch, 2019), lo que se conoce como corpúsculos de Pacini, mecanorreceptores de la piel que responden a vibraciones rápidas (lo que implica un ámbito de frecuencia). Estos receptores se encuentran en manos y pies, pero también en membranas interóseas o los órganos sexuales. La experiencia sensorial de la música va más allá del canal auditivo, aunque este sea su principal vía de entrada.

## Oído absoluto

Una de las habilidades que gozan de mucha admiración, tanto en músicos profesionales como en personas aficionadas, es la conocida como «oído absoluto». Hay una cantidad ingente de literatura científica respecto a este fenómeno, y, por lo tanto, una cantidad ingente de debate respecto a su origen, ventajas y desventajas. Esta habilidad tan laureada en el ser humano es bastante común en los animales (Honing, 2019). Son capaces de reconocer la frecuencia exacta de las notas que emiten, sin embargo, son incapaces de reconocer las mismas melodías en tonos diferentes. Justo lo contrario de lo que sucede normalmente en los seres humanos, donde somos capaces de saber reconocer una melodía independientemente de quien la tararee, siempre y cuando la persona que canta lo haga ajustándose grosso modo al ritmo y distancias sonoras del original. Las frecuencias medidas en Hz que determinan la altura de los sonidos pasan por la membrana basilar hasta llegar al córtex auditivo donde está el mapa tonotópico, que no es más que ese lugar que se activa de diferente manera si suenan sonidos con diferentes frecuencias. Sería una especie de dictado musical que realiza nuestro cerebro, los patrones cerebrales se corresponden con distintas frecuencias. Sin embargo, cualquier melodía no solo se compone de diferentes frecuencias que se corresponden con las notas, sino que existe el factor temporal y el tímbrico. Intentar reconocer el contorno melódico en detrimento de «olvidar» la frecuencia absoluta de cada sonido hace que seamos capaces de reconocer una misma música en diferentes tonos y con diferentes emisores. El oído absoluto es una habilidad que puede resultar fascinante por ser infrecuente. En mi experiencia personal me he encontrado alumnos con TEA capaces de identificar cualquier sonido de cualquier fuente emisora como, por ejemplo, recordar que las ruedas de su coche al pisar las líneas estriadas del arcén de la carretera sonaban en si bemol. A este nivel de concreción pueden llegar. Durante mucho tiempo se ha creído que este oído absoluto es consecuencia de composición genética rara junto con una formación musical temprana, sin embargo, existen evidencias de que los adultos pueden aprender esta habilidad y llegar a niveles parecidos a los que la poseen de manera «natural» (Wong et al., 2020). Es probable que este aprendizaje sea un reaprendizaje o una recuperación de las capacidades innatas puesto que existen investigaciones que apuntan a que esta habilidad esté presente en los bebés y vaya perdiéndose con el tiempo en favor del oído relativo (Saffran et al., 2001). Además, no existen evidencias de que esta capacidad tenga un impacto positivo o significativo ni para una mejor formación musical ni para una mejora en los cambios sólidos en las redes cerebrales derivadas del entrenamiento musical (Leipold et al., 2021).

**El timbre**

El oído absoluto no tiene demasiada utilidad, aparte de obtener buenas calificaciones en ejercicios concretos dentro de la formación musical, como pueden ser los dictados. Existe más música en las relaciones entre las frecuencias absolutas que en las propias frecuencias, de ahí que nuestro oído relativo se haya desarrollado mucho más. La evolución humana ha requerido otras habilidades más útiles para la supervivencia, como la de poder adivinar de dónde proviene un sonido, cómo de lejos puede estar el emisor o saber identificar qué o quién es la fuente sonora. Si alguien va caminando por la sabana y oye un rugido, será de vital importancia saber de dónde viene, cómo de lejos estará el animal que ruge, así como identificar qué animal es. Es probable que esto último sea lo más importante puesto que si el animal no supone un riesgo para la vida, puede que importe menos dónde se encuentra el animal o si está cerca o lejos. Saber distinguir la fuente sonora es una de esas habilidades que nunca deja de desarrollarse y esto también ocurre en la música. El timbre es tan significativo que cualquier persona, con formación musical o sin ella, es capaz de distinguir diferentes emisores. Se puede saber fácilmente si la conocida melodía del cumpleaños feliz es tocada por una flauta o un violín, al igual que se puede saber si la canta nuestro hijo o nuestro sobrino, independientemente de lo buena o mala que sea la afinación de cada uno. La base de datos de los timbres que se es capaz de distinguir va aumentando a medida que avanza nuestro conocimiento y aún más si ponemos especial hincapié en la música. Esta cualidad sonora se queda almacenada con cierta facilidad en nuestra memoria y es relativamente fácil recrearla. Propongo un breve ejercicio al lector o lectora: silbe o tararee una melodía cualquiera. Después imagine la misma melodía, sin cantarla, tocada por un piano. No todo el mundo puede recrear con la misma facilidad ni puede hacerlo con cualquier instrumento musical, pero la mayoría podrá hacerlo con alguno. En la memoria del timbre no se recuerda lo que se dice ni cómo se dice, lo que se recuerda es cómo suena, lo que implica una categorización absoluta del sonido.

Lo curioso es que la memoria de frecuencias absolutas atiende a un etiquetado relativamente sencillo, puesto que es asignar un nombre a una frecuencia concreta, que en nuestra escala temperada (artificialmente temperada) únicamente tiene doce nombres correspondiente a los doce sonidos divididos en semitonos iguales. Desde una perspectiva racional no es más que poder memorizar doce sonidos. No son tantos si se piensa de esta manera, sin embargo, ya se ha descrito que el oído absoluto, la capacidad de reconocer estas frecuencias (o sus múltiplos) sin necesidad de ninguna referencia, es bastante inusual. Lo contradictorio de este asunto es que el timbre tiene una complejidad mucho mayor y aunque es irreal poder distinguir todos los timbres, cosa imposible porque la música siempre está creando timbres nuevos que incluso no existen en la naturaleza, tenemos una facilidad innata para distinguirlos y almacenarlos en nuestra memoria. Todo el mundo es un experto hasta cierto punto.

## Cuestión de percepción

El funcionamiento de la percepción tímbrica también ha sido estudiado por la ciencia puesto que es una cualidad del sonido tan humana como usada por los compositores, ya sea como recurso o como materia prima fundamental de la obra. Un sonido no es una frecuencia única, al menos un sonido no creado en un laboratorio, sino que es la suma de diferentes frecuencias que dan como resultado una frecuencia fundamental, que es la que se oye como principal, lo que llega a nuestros oídos. Lo que caracteriza ese sonido es la cantidad de esas frecuencias (armónicos) y las diferentes intensidades de cada uno de esos armónicos. Si la música se adentra un poco más en territorio científico, se puede comprobar que la complejidad de la percepción del timbre musical aumenta. Existen multitud de estudios con diversas finalidades que ahondan en los sonidos producidos por instrumentos musicales. La investigación del timbre se afronta desde diferentes flancos que posteriormente se unen para averiguar cómo se perciben las diferentes dimensiones del estímulo sonoro. Estas diferentes dimensiones del timbre son:

- el centroide espectral: los diferentes pesos de las frecuencias altas y bajas que corresponden al brillo tímbrico,
- el logaritmo de tiempo de ataque de un sonido: no es lo mismo en los instrumentos de viento o de arco que en otros donde el sonido se obtiene golpeando • punteando
- el flujo espectral: el grado de evolución de la forma espectral en la duración del tono,
- y la irregularidad de la forma espectral (McAdams y Giordano, 2009).

Para el ser humano es más «fácil» etiquetar un timbre, con toda la complejidad que conlleva, que etiquetar una frecuencia con uno de los doce nombres de notas que se tiene en la escala temperada occidental. El proceso del etiquetado de los doce sonidos que requiere el oído absoluto es más artificial que el timbre, por el mero hecho de que la división temperada es algo cultural y la historia de la afinación es variable, no existía una estandarización de las frecuencias exactas o ésta ha cambiado a lo largo del tiempo. El reconocimiento del timbre (aunque sí el propio timbre) no ha sufrido ninguna alteración artificial. Cabe preguntarse al menos si lo complejo, pero más cercano a la percepción «natural» del cerebro tiene menos dificultades para que ocurra o nos supone menos esfuerzo y por lo tanto es más habitual que lo artificiosamente simple.

**Un timbre único**
El único timbre que no encaja en nuestra base de datos cerebral es el de la propia voz. Es habitual sentirse extrañado cuando se oye la voz propia grabada por primera vez o no se está habituado a escucharse en grabaciones. Pasar de ser el emisor y el receptor de manera simul-

tánea a ser únicamente el receptor produce una serie de cambios en el timbre. Cuando se habla o se canta, al ser emisor y receptor al mismo tiempo, el sonido llega por dos vías distintas, a través del aire, es decir, por fuera de nuestro cuerpo y también llega por dentro. Esto implica que el medio por donde se propaga el sonido cambia. Las personas que nos oyen y las grabadoras solo reciben el sonido que se propaga por el aire, sin embargo, la persona que emite el sonido también escucha el sonido por la vibración de los huesos de la cabeza que transmiten las frecuencias más bajas del espectro armónico. Estas frecuencias viajan directamente a la cóclea, por lo que sólo las oye quien emite el sonido. Nuestra identidad tímbrica es solo nuestra y de nadie más. Podemos saber cómo nos percibe la gente (grabándonos), pero la gente no puede saber cómo sonamos en nuestro propio cerebro. Al transmitirse por nuestro interior las frecuencias más bajas nos percibimos a nosotros mismos con la voz más grave. Este intervalo tímbrico que nos puede causar cierto desasosiego es fácilmente solucionable puesto que el oído se acostumbra al timbre externo si nos exponemos mucho a nuestra propia voz grabada. La distancia entre las dos realidades sonoras se difumina en la mayoría de los casos.

El timbre en la música, y fuera de ella, desempeña un papel significativo en los movimientos de tensión y distensión, lo que contribuye de manera inherente a la expresividad. Por ejemplo, la aspereza es un componente importante en la tensión musical. La estrecha relación entre lo tímbrico y lo expresivo quizá sea una de las razones por las cuales los humanos tendemos a tener una capacidad absoluta en el reconocimiento de timbres. Somos seres emocionales, al fin y al cabo.

## Ni un segundo de música

La percepción musical es un mundo lleno de complejidades, como se ha podido comprobar a lo largo de toda esta primera parte del libro. La música tiene muchas variables que son susceptibles de estudiar aisladamente pero que irremediablemente necesitan de todo el contexto musical subyacente para obtener resultados acordes con la realidad. Esto implica que aislar variables musicales para estudiar cómo son percibidas por el cerebro sea algo muy complejo que requiere de mucha información y disciplinas del conocimiento. Una de las habilidades que ha merecido el estudio de investigadores de toda índole ha sido la habilidad del oído absoluto, como se ha visto en capítulos anteriores. También existen otras habilidades de carácter auditivo que han estado en el punto de mira de los investigadores durante mucho tiempo y que han traspasado el laboratorio para adentrarse en el mundo de la farándula o el espectáculo. Durante un tiempo, la televisión fue la principal vía de entretenimiento que se podía disfrutar desde una pantalla, donde jóvenes y mayores consumían diferentes programas, concursos o películas. Todo el mundo podrá recordar algún concurso televisivo donde el principal objetivo es mostrar las habilidades más curiosas de los participantes y demostrar si son capaces de conseguir los retos que se proponen. Uno de estos retos recurrentes es adivinar canciones u obras musicales con una exposición muy breve, normalmente un segundo o dos. Sin embargo, la ciencia arroja luz sobre este asunto y advierte de que esta habilidad no es tan infrecuente como se vende y además ni siquiera se necesita un solo segundo para reconocer la música.

En un primer momento estas investigaciones pueden parecer absurdas o sin ninguna utilidad aparente, pero realizar estudios rigurosos y sistemáticos sobre esta habilidad humana amplia el conocimiento de las respuestas cerebrales, de cómo funciona la memoria en general y la memoria musical. Ya que la base del conocimiento y el aprendizaje es la memoria, es muy significativo saber el porqué de esta habilidad y qué nos hace capaces de ello.

## Los plinks

En la ciencia de la percepción, a los extractos musicales que duran menos de un segundo se les llama *plink*. Es un término acuñado por la profesora e investigadora Carol Lynne Krumhansl (2010) con origen onomatopéyico. Estos pequeños clips musicales se pueden escuchar cuando se hace la sintonización manual de la radio buscando la emisora favorita (aunque esta actividad está en serio peligro de extinción) o en aquellas aplicaciones para móviles que consisten en un juego de adivinar canciones. Analizar cómo se percibe este tipo de extractos tan breves puede esclarecer qué variables musicales usa el cerebro para el reconocimiento y la memoria musical, como pueden ser el tono o frecuencia absoluta o el timbre entre otras. La capacidad de reconocimiento del ser humano es realmente sorprendente, ya que los oyentes pueden distinguir sonidos instrumentales o vocales que duran tan solo entre 10 y 50 milisegundos y puede ser que se tarde en identificarlos 250 ms (Faubion-Trejo y Mantell, 2022). ¿Qué es lo que hace que este reconocimiento sea tan rápido? Es una pregunta que se hacen muchos investigadores puesto que en un periodo tan corto de tiempo resulta casi imposible acudir a la habilidad del oído relativo tan común en los humanos. Normalmente no se dan las condiciones temporales para que sucedan intervalos melódicos, es decir, una sucesión de dos o más sonidos. Es posible que la habilidad que se cree olvidada del oído absoluto, esa capacidad de recordar frecuencias exactas, esté relacionada con este rápido reconocimiento. Para lo cual se han realizado varios experimentos a fin de poder descifrar si eso es así. En la investigación de Faubion-Trejo y Mantell (2022), expusieron a los participantes a diferentes extractos para comprobar si el tono absoluto es la causa del rápido reconocimiento y si eso se guarda en la memoria. Para llevar a cabo su investigación, los diferentes *plinks* fueron sacados de una lista de éxitos de los años en los que los participantes estuvieron más expuestos a la música, usando los hits del momento que más se escuchaban. Se eligieron las canciones a través de un riguroso análisis de características de reconocimiento, creando una lista de 50 canciones. Estas canciones ya estaban en la memoria de los participantes, era música muy ligada a sus experiencias vitales. Para comprobar que el tono absoluto era una característica determinante en el reconocimiento, manipularon los plinks de diferentes formas. Cada participante pudo escuchar el *plink* original, uno invertido, es decir, reproducido de atrás hacia delante, uno desafinado y otro tratado para que cambiara los diferentes eventos acústicos de manera aleatoria, es decir, «manchando» el timbre, pero conservando las propiedades acústicas globales, el espectro acústico general es el mismo. Todo esto se hizo con el mismo *plink* perteneciente a cada canción. En estudios anteriores con estos extractos musicales, se les pidió a los participantes que unieran cada *plink* con su canción, para comprobar si eran capaces de reconocerlos, sin embargo, en este último estudio se midió también la actividad cerebral en el reconocimiento de estos *plinks*.

## Recuperando la información

Los resultados de la investigación han confirmado que las personas reconocen mejor los *plinks* originales, en sus tonos, como era de esperar. Lo significativo es que también pueden reconocer los *plinks* desafinados, aunque con menor porcentaje de éxito. La capacidad de recordar el tono absoluto puede ser determinante en este rápido reconocimiento. Curiosamente los extractos que se manipularon para manchar el timbre también fueron reconocidos, es decir, que el espectro global de estos *plinks* fue reconocido. Este experimento demuestra, con sus limitaciones, que no es necesario el tono absoluto, la afinación, ni el orden de los eventos acústicos dentro del espectro temporal para el reconocimiento de *plinks*. Sin embargo, la mejor respuesta a los extractos originales pone de manifiesto que este reconocimiento mejora cuando se apela a características que se encuentran alojadas en la memoria a largo plazo. Las características acústicas y de tono originales se encuentran en esta memoria porque las canciones originales a las que pertenecen ya estaban en la memoria de los participantes, es decir, en nuestra base de datos se almacenan los datos originales de tono y timbre. Esto es significativo porque demuestra que nuestra memoria no solo es musical (la capacidad de almacenar la combinación de ritmo y secuencias de sonidos) sino que almacenamos la frecuencia y el timbre. En este tipo de experimentos, con un extracto tan breve de tiempo, es difícil usar la habilidad que se aprende en la infancia del oído relativo, aunque puede ser que contribuya en el reconocimiento sin ser imprescindible. La frecuencia, el tono absoluto, tampoco es imprescindible puesto que las personas pueden reconocer *plinks* con alteraciones de afinación, por lo tanto, el timbre es la variable más poderosa para este reconocimiento. Tanto es así que a la hora de recuperar la información de la música a la que pertenece el *plink*, hay mayor éxito en el reconocimiento del mismo álbum que del mismo autor, puesto que las características tímbricas de un mismo disco suelen ser parecidas. En otras palabras, la identidad tímbrica está más unida al álbum que al autor, que suele cambiarla en otros álbumes.

El conocimiento de cómo se reconoce y se recupera la información musical desde esta perspectiva casi molecular es muy significativo no solo para mejorar todo lo que se sabe sobre la música y el cerebro, sino también para el desarrollo de tecnologías. En esta era digital que vivimos, es habitual encontrarse con aplicaciones que nos ayudan a saber información sobre la música que suena. Captar una música mediante el teléfono móvil para averiguar cuál es el título o el intérprete de alguna canción se ha convertido en algo frecuente. Aunque este tipo de aplicaciones ha mejorado mucho desde que aparecieron en el mercado, todavía están en clara desventaja en comparación con nuestro cerebro. Las aplicaciones necesitan varios segundos de escucha, no pueden reconocer música que dure bastante menos de un segundo. Es cierto que la base de datos de estas aplicaciones tiene almacenadas infinitamente más canciones u obras musicales que nuestra memoria a largo plazo y eso hace el proceso más complejo, sin embargo, el software encuentra serias dificultades con extractos donde se altera el timbre, la afinación o la velocidad. Es uno de esos casos donde la mente humana es más eficiente y rápida que una máquina, de momento. Donde la tecnología necesita de varios segundos para identificar y varios segundos de exposición, nuestro cerebro no necesita ni un segundo de música.

## Una batuta invisible

Siempre se dice que la tecnología ha venido a nuestras vidas para hacerla más fácil. Hay mucho de cierto en esta afirmación, como también es cierto que la tecnología, o gracias a ella, se han conseguido cosas con alto poder destructivo. Ya sea para facilitar la vida o para acabar con ella, la tecnología ha conseguido cosas que sin ella eran imposibles o ni tan siquiera impensables. La música no es una excepción, pero no solo porque se haya conseguido mejorar la eficiencia de la escritura, crear nuevas maneras de componer o abrir nuevos horizontes en el análisis, sino porque también ha ayudado a personas con algún tipo de dificultad para el desarrollo de su aprendizaje. La tecnología como ayuda para que personas con discapacidades físicas puedan superar esa primera barrera que les impide todo aquello que quisieran realizar en la música, es lo que hacen organizaciones como *Human Instruments*. Esta organización es una zona fronteriza de las disciplinas, donde se crean instrumentos musicales tecnológicos mediante los conocimientos de música y las necesidades de las personas que tienen algún tipo de barrera física para la música. Esto permite no solo el bienestar y pleno desarrollo de estas personas, sino que permite que la sociedad pueda disfrutar y beneficiarse de un talento musical que de otra manera estaría vedado o latente sin que se llegara a conocer.

## Sentir el movimiento

Una de las barreras físicas que se encuentran muchos músicos son déficits visuales. Existen multitud de casos de personas invidentes que son o han sido excelentes músicos, como Antonio Jiménez Manjón (guitarrista jienense del s. XIX que tocaba con una guitarra de once cuerdas), el polifacético Francesco Landini, Antonio de Cabezón, Miguel de Fuenllana, Francisco de Salinas, la pianista y compositora del s. XVIII Maria Theresia von Paradis, Marianne Kirchgessner (virtuosa de la armónica de cristal en el s. XVIII) o el compositor barroco Pablo Nasarre. También hay ejemplos más actuales como Ray Charles, Tete Montoliu o Stevie Wonder. Todo el mundo tiene en su imaginario algún músico invidente, puesto que no es una barrera incapacitante para la música. De hecho, las personas que nacen ciegas o pierden la visión a una edad temprana a menudo tienen el sentido del oído más matizado, especialmente en la música (Huber et al., 2019). Estas habilidades se quedan intactas incluso después de recuperar la visión después de una cirugía. Incluso hay estudios (Hamilton et al., 2004 y Gaab et al., 2006) donde se evidencia una mayor prevalencia de la habilidad de oído absoluto en músicos ciegos, estableciendo diferentes patrones de activación cerebral. Sin embargo, la mayoría de estos músicos tienen algo en común, fueron intérpretes solistas o formaron parte de pequeñas agrupaciones musicales. Las grandes orquestas eran territorio únicamente transitado por músicos videntes ya que resultaba imposible seguir las indicaciones visuales del director con su batuta. Para solventar esto, la música se ha tenido que aliar con la háptica, la ciencia del tacto. Este territorio fronterizo con esta ciencia y la ingeniería informática no solo ha valido para superar barreras hasta ahora infranqueables, sino que también ha servido para mejorar el aprendizaje de los músicos que tienen su capacidad visual intacta. Hay estudios pilotos donde se mejora el aprendizaje de los directores de orquesta mediante la realidad virtual añadiendo experiencias táctiles a objetos como la batuta o el atril (Barmpoutis et al., 2020). La investigación para que personas ciegas pudieran participar en orquestas pasa por crear batutas eléctricas que transmitan vibraciones. Esto es algo que se ha venido estudiando desde hace algún tiempo (Asakawa y Kawarazaki, 2012) y que permite sentir los movimientos del director a los músicos que no pueden verlos. Un caso que saltó a la prensa internacional fue el del músico Kyungho Jeon, un solista de la marimba que siempre quiso tocar en una orquesta y que vio su sueño cumplido gracias a la organización *Human Instruments*, que implementan todas las investigaciones entre las discapacidades físicas y la música gracias al feedback de los intérpretes. La colaboración, ese espacio interdisciplinar o multidisciplinar es de primera necesidad para implementar dispositivos que desintegren las desigualdades iniciales en los músicos. En el caso de Jeon, se desarrolló una batuta convencional solo que en su interior albergaba diferentes sensores capaces de detectar varios tipos de movimiento, incluyendo la dirección y aceleración de la música, y los transformaba en vibraciones. Estas vibraciones se transmiten de manera inalámbrica a unos receptores que lleva el intérprete en las muñecas y los tobillos. De esta manera, uno de los pilares básicos de la interpretación en grupo, la sincronización, queda parcialmente resuelta para las personas invidentes.

## La perspectiva invidente

Para que toda esta tecnología sea eficiente y cumpla con su objetivo es necesario un cambio de perspectiva e implementar soluciones desde el enfoque de las personas invidentes, es decir, comenzando por sus necesidades específicas y no por lo que el director necesite que haga el músico que no puede verlo. Estudios sobre el análisis del gesto para poder codificar su significado ponen de manifiesto esta necesidad

(Baker et al., 2019), evitando la perspectiva del vidente. Si únicamente se analizan mediante software secuencias de vídeo de directores para obtener un modelo gestual, la información se queda en el lado de las personas que pueden ver y de nada serviría a aquellas personas que son ciegas de nacimiento y no tienen una referencia visual del gesto. La investigación ha de basarse en el significado del gesto, qué es lo que la persona que dirige quiere transmitir con su gesto e implementarlo en las señales hápticas que las personas invidentes consideren adecuadas para transmitir ese significado. Esto eleva considerablemente la complejidad de los estudios. Además, esto produce nuevas preguntas de carácter ético, que Baker y sus colegas se hacen al final de su estudio, como aquellas que cuestionan si es necesario que las personas invidentes aprendan lo que significan gestos para las personas videntes y que para los invidentes no lo tienen o directamente son inadecuados. De ahí que se planteen reenfocar este tipo de estudios a partir de las necesidades de los invidentes, desde la codificación de las señales más simples. También retóricamente se plantean si el enfoque «vidente» del desarrollo de estas tecnologías no es una discriminación más hacia personas invidentes.

Posteriormente han aparecido estudios que parten de la retroalimentación de las necesidades de músicos con discapacidad visual que quieren realizar algún tipo de actividad de conjunto, ya sea el canto coral o la participación en una orquesta o agrupación (Turchet et al., 2021). Lo primero a tener en cuenta es la investigación desde un enfoque eminentemente práctico donde la metodología se basa en realizar tres tipos de talleres con músicos invidentes de una duración de tres meses. El primero de los talleres es a todas luces el más significativo para cambiar el enfoque «vidente» que criticaba Baker. Este primer taller se enfoca en investigar e identificar las necesidades de los participantes a la hora de tocar en grupo. La presentación de la tecnología disponible y el intercambio de ideas es esencial para partir hacia una implementación útil y eficaz. Los otros dos talleres se basaron en el diseño de dispositivos para el canto coral y para la interpretación de instrumentos en grupo. Este diseño es en realidad un co-diseño, puesto que se hace en continua colaboración con los participantes, que se convierten en muestra y a la vez en investigadores. Este tipo de investigación da un paso más que las investigaciones anteriores, puesto que se estudian agrupaciones (coro y pequeña orquesta) donde todos los integrantes tienen discapacidad visual. Aunque este tipo de estudios son muy limi-tados, ya que tienen una variabilidad de instrumentos baja, un número reducido de la muestra y un limitado número de patrones de vibración, suponen una vía prometedora para atender las necesidades de los ar-tistas mediante una red de comunicación táctil inalámbrica.

El desarrollo de interfaces hápticas portátiles para que se puedan sentir mediante el tacto cosas como el gesto no solo está presente en la implementación de tecnologías que ayuden a personas que tienen barreras visuales, sino que también se usa este tipo de investigación para la mejora de instrumentos musicales digitales (en lo que al tacto se refiere), sistemas de notificación táctil o simplemente dispositivos portátiles para ampliar la experiencia del oyente. La ciencia del tacto es una rama de estudio muy recurrente en los últimos años, desarrollán-dose la háptica musical casi como una especialidad. Es en estos casos donde la investigación aporta nuevas maneras de entender y sentir la música gracias al estudio de las discapacidades visuales.

Se puede sentir el gesto de una batuta invisible, a la vez que se re-troalimenta y aumenta la experiencia multisensorial de la escucha de aquellos que sí ven la batuta, pero no la sienten.

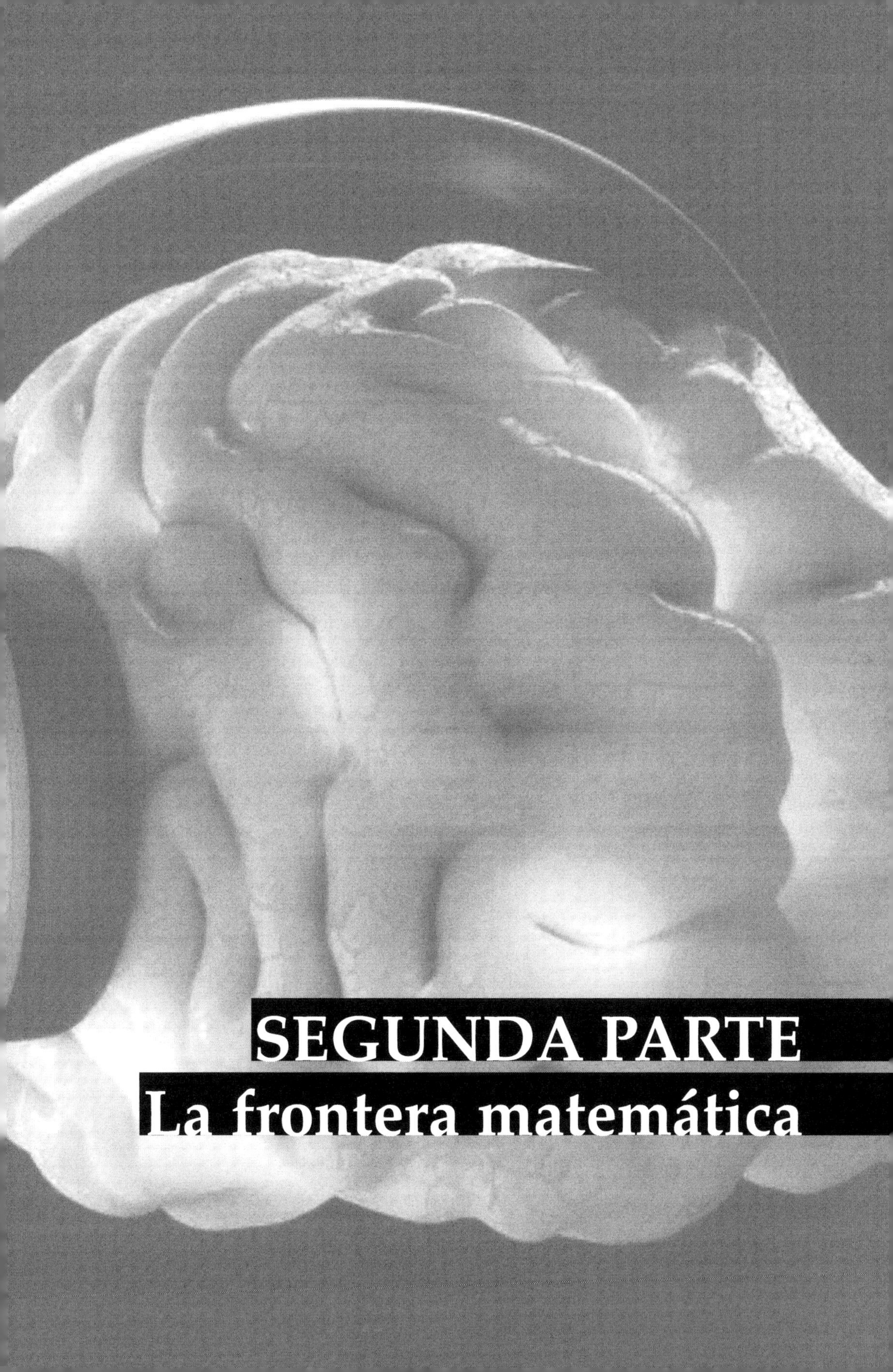

# SEGUNDA PARTE
## La frontera matemática

# El viaje histórico del algoritmo

La historia de la música siempre ha aportado ideas, composiciones o nombres ilustres con grandes biografías. Esto es esencial para comprender en su totalidad el desarrollo de nuestra historia. En definitiva, saber el cómo hemos llegado hasta aquí y entender mejor su porqué. Es necesario advertir que la historiografía no está exenta de sesgos ideológicos, aunque es cierto que a día de hoy es un ejemplo de lo sistemático y riguroso. Esta advertencia nace para señalar el hecho de que no siempre pasan a la posteridad las «mejores» composiciones ni los autores que merecen su puesto en el primer plano de nuestro ideario cultural. Las músicas más estudiadas, elegidas como paradigma de una época, las más recordadas o las más programadas en la actualidad tienen su pedestal gracias a circunstancias de muy diversa índole. Decir que las obras maestras y los grandes compositores tienen esta etiqueta por la absoluta calidad de su arte y que otras obras de la misma época no se recuerdan porque su nivel artístico es inferior, es pecar de ingenuidad.

### Reglas y pasos sucesivos

Mi advertencia no sólo está dirigida a lectores o futuros lectores de la historia de la música, sino que también sirve como excusa para evitar trazar un relato histórico-musical desde esa perspectiva en este capítulo. La intención es empezar a pisar el territorio fronterizo con la matemática explicando una breve historia de la música con unos pocos ejemplos y usando un elemento transversal y recurrente en todas las épocas. Este elemento es el «algoritmo», una palabra que, hasta hace relativamente poco, solo usaban matemáticos o informáticos y que ahora redescubrimos y la leemos con frecuencia gracias a cosas como las redes sociales. Suena a pura innovación científica y tecnológica, sin embargo, la unión entre algoritmo y música es antigua y su relación ha ido evolucionando, ganando en profundidad y repertorio. Antes de continuar es necesario definir de manera parca pero inteligible lo que es un algoritmo. En esencia es un conjunto prescrito de instrucciones. Estas instrucciones son reglas bien definidas, ordenadas y finitas que hacen posible llevar a cabo una actividad mediante pasos sucesivos.

Esta forma de pensar algorítmica es bastante antigua y ya la podemos localizar en los trabajos del astrónomo persa conocido como al-Juarismi, nombre del que deriva la propia palabra actual «algoritmo». Pero no solo los persas tenían mentes privilegiadas, ya que, en la Europa más cercana, en Italia concretamente, tenemos al monje benedictino Guido D'Arezzo (ca.991-1033). Los músicos profesionales lo conocen por su aportación a la escritura musical y el famosísimo nombre de nuestras notas musicales. Sin embargo, Guido también es una referencia fundamental en la creación del viejo matrimonio entre música y algoritmo. Diseñó un sistema de generación automática de melodías a partir de textos. Se mapeaban las vocales a diferentes notas de la escala, creando un método de composición melódica (Sethre, 2020).

## Edad Media y Renacimiento

Si avanzamos un poco más en la historia, nos encontramos a dos compositores del s. XIV, Philippe de Vitry y Guillaume de Machaut, dos reconocidos autores franceses. Ellos practicaron un tipo de composición llamada motete isorrítmico, basado en dos ideas básicas: el color y la talea (Hoppin, 2000). El color es el conjunto de los sonidos (únicamente las alturas) que van a intervenir en la pieza. La talea es un patrón rítmico que no coincide en extensión con el color. La pauta rítmica solía ser más corta que la melódica, interfiriendo una con otra. El resultado es azaroso, pero dentro de un entorno controlado. No está nada mal para los años en torno a 1300. Un par de siglos hacia adelante, nos encontramos al autor Ghiselin Danckerts (c. 1510-1567), que usó para la composición los movimientos de las piezas del tablero de ajedrez (Schiltz, 2012). Como se puede ver en la imagen, cada casilla poseía un motivo melódico y una letra para cantarlo.

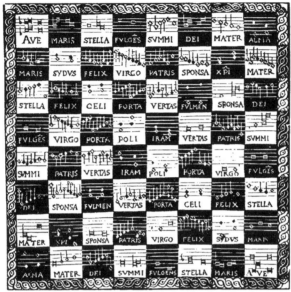

*Ajedrez musical. Ghiselin Danckerts*

El propio autor dejó escrito que eran posibles 20 cánones a cuatro voces, pero al morir la información para descifrarlos no se conservó y no fueron descubiertas todas las soluciones hasta 1986.

## Un ejemplo barroco

Ya en el siglo XVII hace acto de aparición el sacerdote jesuita Athanasius Kircher, quien inventó una máquina fascinante capaz de crear canciones sin que fueran necesarios conocimientos musicales. Todo un invento revolucionario para ayudar a los misioneros a inventar canciones en función de la ocasión y las necesidades del momento. La máquina tenía diez parámetros, como el ritmo, número de sílabas, sonidos, etc. Mediante tablas se programaba para satisfacer la carga emocional adecuada para el texto. Todo un artilugio de ingeniería, como se puede apreciar en la imagen, que funcionaba de manera parecida a un ordenador.

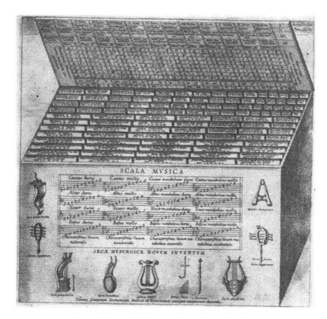

*Arca Musarithmica. Athanasius Kircher.*

Los resultados del algoritmo de Kircher tienen muchísimas similitudes a lo que se obtiene modernamente con los modelos matemáticos de Markov (Dean y McLean, 2018).

## Los dados del Clasicismo

A medida que la historia sigue avanzando y nos adentramos en el s. XVIII nos damos de lleno con el conocido compositor W. A. Mozart. El gran compositor austriaco, junto con otros compositores, se sumaron a una especie de moda que surgió, creando un juego para crear música con unos dados sin necesidad de tener conocimientos musicales. Este juego editado como partitura y con unas instrucciones para poder realizar la composición se titula *Instrucciones para componer tantos valses como desee mediante dos dados sin entender nada de música o composición*. Tanto Mozart como sus colegas sabían que en las tiradas de los dados todos los resultados no eran igualmente probables. Resulta llamativo el hecho de que no fue hasta años después que Poisson formuló su teoría de la distribución de la probabilidad. El juego consistía en escribir compases sueltos, en el caso de Mozart 176, y asignarlos a los resultados de las tiradas mediante una tabla, tal como se ve en la imagen.

| | Premiere Partie. Erster Theil. | | | | | | | |
|---|---|---|---|---|---|---|---|---|
| | A | B | C | D | E | F | G | H |
| 2 | 96 | 22 | 141 | 41 | 105 | 122 | 11 | 30 |
| 3 | 32 | 6 | 128 | 63 | 146 | 46 | 134 | 81 |
| 4 | 69 | 95 | 158 | 13 | 153 | 55 | 110 | 24 |
| 5 | 40 | 17 | 113 | 85 | 161 | 2 | 159 | 100 |
| 6 | 148 | 74 | 163 | 45 | 80 | 97 | 36 | 107 |
| 7 | 104 | 157 | 27 | 167 | 154 | 68 | 118 | 91 |
| 8 | 152 | 60 | 171 | 53 | 99 | 133 | 21 | 127 |
| 9 | 119 | 84 | 114 | 50 | 140 | 86 | 169 | 94 |
| 10 | 98 | 142 | 42 | 156 | 75 | 129 | 62 | 123 |
| 11 | 3 | 87 | 165 | 61 | 135 | 47 | 147 | 33 |
| 12 | 54 | 130 | 10 | 103 | 28 | 37 | 106 | 5 |

| | Seconde Partie. Zweiter Theil. | | | | | | | |
|---|---|---|---|---|---|---|---|---|
| | A | B | C | D | E | F | G | H |
| 2 | 70 | 121 | 26 | 9 | 112 | 49 | 109 | 14 |
| 3 | 117 | 39 | 126 | 56 | 174 | 18 | 116 | 83 |
| 4 | 66 | 139 | 15 | 132 | 73 | 58 | 145 | 79 |
| 5 | 90 | 176 | 7 | 34 | 67 | 160 | 52 | 170 |
| 6 | 25 | 143 | 64 | 125 | 76 | 136 | 1 | 93 |
| 7 | 138 | 71 | 150 | 29 | 101 | 162 | 23 | 151 |
| 8 | 16 | 155 | 57 | 175 | 43 | 168 | 89 | 172 |
| 9 | 120 | 88 | 48 | 166 | 51 | 115 | 72 | 111 |
| 10 | 65 | 77 | 19 | 82 | 137 | 38 | 149 | 8 |
| 11 | 102 | 4 | 31 | 164 | 144 | 59 | 173 | 78 |
| 12 | 35 | 20 | 108 | 92 | 12 | 124 | 44 | 131 |

*Op. 516f. Wolfgang Amadeus Mozart.*

Todos los posibles valses (214.358.881 combinaciones posibles tan solo en el primer cuadro) se parecen, pero todos son diferentes, lo cual era la intención de Mozart porque así lo que estaba creando era el estilo, es decir, se podían componer valses al estilo de Mozart sin tener conocimientos, solo tirando dos dados.

## Música programable

A medida que el tiempo transcurre y llegamos a la Revolución Industrial el concepto «máquina» y su necesidad para la sociedad se hace patente. Una de las consecuencias de este momento histórico es la creación de la máquina analítica, que también tuvo su aplicación teórica en la música. Esta máquina analítica fue creada por Charles Babbage (1791-1871), y pretendía que fuese programable para realizar cualquier tipo de cálculo. La idea está basada en un telar programable de un comerciante francés conocido como el telar de Jacquard. La relación de todo esto con la música proviene de las sinergias entre Charles Babbage y la matemática y escritora Ada Lovelace (1815-1852). Esta ilustre matemática hizo un estudio teórico sobre la máquina llegando a mencionar una aplicación en la música del algoritmo creado. Pensó que si se sometían las relaciones de los sonidos y sus reglas a las normas prescritas del algoritmo podrían crearse obras musicales con una extensión y complejidad programables. Además, se crearían de manera automática.

## La era de las máquinas

En el s. XX se empezaron a estudiar los procesos de funcionamiento de la inteligencia humana para poder elaborar sistemas que la imitasen. De esta manera se establecerían modelos de aprendizaje. Este hecho también tuvo su relación con la música, haciendo que los ordenadores se emplearan en la ardua tarea de componer música a partir de algoritmos. En 1957 encontramos la primera obra compuesta íntegramente por un ordenador titulada *Illiac Suite,* un cuarteto de cuerda con cuatro movimientos (Sandred et al., 2009). Dos profesores de la universidad de Illinois (Lejaren Hiller y Leonard Issacson) desarrollaron varios algoritmos para que el ordenador fuera capaz de semejante empresa. Por estos años, ya había empezado también el compositor e ingeniero Iannis Xenakis a desarrollar programas de cálculo probabilístico para aplicar en sus obras musicales. En 1977 terminó de crear UPIC, que en esencia era una mesa de arquitecto convertida en tablet. Mediante un bolígrafo electrónico convertía el dibujo en música mediante algoritmos. Toda esta época vivió un auge de la relación entre música y algoritmos o bien de la sinergia entre matemáticas y música. A esto también contribuyó el matemático polaco Benoît Mandelbrot con el concepto de fractal. Las dos propiedades básicas de este concepto matemático son la autorreferencia y la autosimilitud, que han sido fundamentales para la creación de obras más recientes, como por ejemplo *Liturgia fractal,* del compositor Alberto Posadas.

Los algoritmos empleados en la música son de diferente índole, llegando incluso a la biomimética, imitando modelos de la naturaleza. Tal es el caso de los algoritmos genéticos, que fueron empleados en la universidad de Málaga para que el ordenador *Iamus* compusiera música sin intervención humana. Se denominó el proyecto Melomics. Existen otros algoritmos que no están relacionados con la composición de música, sino con su análisis. Con esto se pueden obtener una cantidad ingente de datos de un gran número de partituras a la vez. Es posible obtener la matriz serial de obras dodecafónicas (que utilizan una serie de doce sonidos como materia prima musical) o bien análisis armónicos de grandes corpus de obras. Además, estos análisis se pueden usar para saber la autoría de alguna obra anónima de la que se tengan dudas de quién es el compositor. Estos algoritmos identifican multitud de variables relacionadas con cada compositor, calculando estadísticamente cual sería la probabilidad de que fuera un autor u otro. Huelga decir que aciertan casi en el 100% de los casos. Sin embargo, el territorio fronterizo entre ingenieros, matemáticos, físicos, etc. y músicos no se limita a la composición y el análisis, sino que la relación con los algoritmos va más allá, llegando al mundo de la interpretación.

## El límite humano

¿Es posible que una máquina pueda interpretar la música de manera expresiva y «humana»? Se pueden determinar los criterios que distinguen una interpretación expresiva de una automatizada (Cancino-Chacón et al., 2018), mediante software que analiza interpretaciones de concertistas. Hay criterios interpretativos que no aparecen en las partituras de forma exacta, como se ha visto en capítulos anteriores. Los simuladores informáticos optimizan y definen códigos emocionales. El ordenador no copia lo que hace un intérprete, sino que realiza su propia interpretación a partir de algoritmos. Esto puede causar revuelo o controversia en el mundo de los músicos profesionales, pero si se escucha una interpretación de esta índole, es muy difícil saber si es un humano o una máquina la que interpreta y el concepto de ejecución mecánica queda bastante lejos.

Los algoritmos y la música son inseparables si queremos entender en profundidad la historia de la música occidental. La inteligencia artificial desarrollada en los últimos años hace que se replanteen nuevos paradigmas en el entendimiento filosófico del arte, traspasando los límites de lo humano. Esto crea un terreno pantanoso en lo ético, una zona fronteriza que bien pudiera desembocar en una distopía artística sin precedentes o en el trazado de los albores de una verdadera revolución artística. En cualquier caso, los años venideros nos darán una respuesta.

(Este texto es una reelaboración del artículo original: *Un viejo matrimonio: música y algoritmo Cuaderno de Cultura Científica*, 20 de diciembre de 2021 ISSN 2529-8984.)

# La probabilidad, una fuente inagotable de inspiración

La música es un flujo sonoro que se desarrolla en el tiempo, creando expectativas y asociaciones en tiempo real. Es un partido de tenis entre la certidumbre y la incertidumbre, y este constante ir y venir crea un fuerte vínculo hacia ella. Una de las cosas que se encargan de medir la certidumbre es la probabilidad. Esta teoría, en las matemáticas, estudia los fenómenos aleatorios. Se podría decir que la probabilidad es ese espacio común usado por la estadística o la física pero que también está presente en las ciencias sociales, la investigación médica, la economía o la filosofía. Era poco probable que la música quedara fuera de este espacio común. Como se ha visto en el capítulo anterior, los algoritmos han estado presentes en la historia de la música de muy numerosas formas y una de ellas ha sido el uso de la probabilidad como herramienta compositiva. Por ejemplo, en el juego de los dados de Mozart, el compositor crea una gran batería de compases posibles sabiendo que no todos los resultados eran igualmente probables, ya que con dos dados el resultado más probable es el 7 (1-6, 2-5, 3-4, 4-3, 5-2 o 6-1) y los menos el 2 o el 12 (que solo tienen una posibilidad). Este es un ejemplo muy sencillo donde se puede ver claramente que no todos los números tienen la misma probabilidad de salir, cosa que cambiaría radicalmente si en las tiradas se usara un solo dado.

## La probabilidad y su distribución

El poder saber lo que ocurrirá, lo que se conoce en la teoría de la probabilidad como espacio de la muestra, pero sin posibilidad de predicción, ha sido muy usado en el mundo de la composición para transgredir ciertas constricciones de la teoría musical. Por ejemplo, en el caso de los dos dados se sabe que saldrá un resultado comprendido entre dos y doce, eso sería el espacio muestral, sin embargo, no se puede predecir cuál de estos números saldrá en una tirada. Este planteamiento de saber lo que ocurrirá, pero no poder predecir exactamente lo que ocurrirá ha sido acogido ampliamente por la música, sobre todo en las últimas décadas, más concretamente con el boom de la música aleatoria a partir de 1950. A pesar de esto, la probabilidad no se circunscribe únicamente a esta época, como se puede comprobar con el ejemplo de Mozart. Pero no es el famoso compositor austriaco una excepción ni un adelantado a su tiempo, este juego de probabilidades musicales para poder componer sin tener conocimientos específicos ya lo usaron otros conocidos compositores como Joseph Haydn y Johann Kirnberger (alumno de J. S Bach), aunque también otros muchos y menos conocidos como Maximilian Stadler, Johann Kade o Herman-François Delange (Syroyid, 2012).

## Una técnica compositiva

Una de las consecuencias de usar la probabilidad como herramienta compositiva es la creación de composiciones de composiciones, es decir, meta-composiciones capaces de crear nuevas obras cada vez que se interpretan. Esto implica romper con los límites de la forma tal y como se había conocido y estudiado. En la teoría matemática se estudian varias posibilidades con respecto a la distribución de la probabilidad, puesto que no siempre se trata de lanzar un solo dado, donde los seis números son igualmente probables. Ya se ha visto que, con el simple hecho de añadir un dado a las tiradas, esta distribución cambia y no todos los resultados tienen la misma probabilidad de salir. Conocer esto ha generado obras musicales que intentan llevar las teorías matemáticas de la distribución de la probabilidad hasta el final, con todas sus consecuencias, aunque es cierto que los compositores siempre cometen ciertas licencias en favor del resultado final, que suele ser una decisión puramente estética. Aunque existe mucha música aleatoria donde el intérprete es el gran protagonista porque decide en el transcurso de la ejecución qué fragmentos toca, el orden y la duración de estos fragmentos, la probabilidad no está fielmente representada en la manera de «fabricar» la obra musical. Hay mucha música aleatoria en compositores como Stockhausen, Pierre Boulez, Luis de Pablo, Bruno Maderna o Morton Feldman donde se le otorga mayor autonomía al intérprete y el concepto «azar» toma mayor relevancia. Pero esto no significa que se use la teoría de la probabilidad matemática como herramienta para componer. Si la idea de lo probable y su cálculo matemático aplicado a eventos sonoros es usada para la creación de una sola obra musical, una forma cerrada, no sujeta a transformaciones en el trascurso de la interpretación, podríamos estar hablando de la probabilidad como técnica compositiva. No es esto lo que ocurre con el ejemplo de Mozart, ya que lo que crea son unas instrucciones que hacen posible crear un elevado número de composiciones diferentes. Sin embargo, sí que hay compositores que han tomado decisiones compositivas basadas en un cálculo probabilístico. Es una manera de elegir y superponer el material sonoro, pero podríamos preguntarnos si la composición final es la más óptima o por el contrario es una de las muchas posibles, si esto tiene implicaciones perceptivas y si somos capaces de percibir de alguna manera ese orden matemático superior subyacente por el que se rige la música.

El compositor Iannis Xenakis, con su doble perfil de ingeniero y músico, ha usado esta teoría matemática (entre otras) con la distribución de probabilidad de Poisson, por ejemplo, en su obra *Achorripsis*. Sin entrar demasiado en profundidad en su análisis, lo que hace Xenakis grosso modo es crear una matriz de 28 columnas y 7 filas, donde las columnas son bloques temporales de 15 segundos y cada fila equivale a un timbre característico usando diferentes instrumentos. Esta matriz da como resultado 196 celdas (28 x 7) y los eventos sonoros (establece 5 categorías diferentes) de cada celda se calculan mediante la distribución de Poisson. Todo esto implica un cálculo matemático importante, que además el compositor hace a mano. Como establece cinco categorías de eventos o unidades de densidad (Arsenault, 2002) (1. Sin evento, 2. Evento simple, 3. Evento doble, 4. Evento triple y 5. Evento cuádruple), la fórmula de Poisson habría que realizarla cinco veces, siendo la fórmula:

$$P_k = \frac{\lambda^k}{k!} \, e^{-\lambda}$$

*K* sería el número de eventos, *e* es una constante matemática con un valor determinado (e= 2.71828…) y el símbolo *k!* significa factorial del valor de K, es decir, la multiplicación de todos los números enteros positivos entre 1 y el valor de K. El símbolo $\lambda$ es la densidad media de eventos en cada unidad temporal (las columnas). Todas estas probabilidades hay que multiplicarlas posteriormente por el número de celdas (196) para calcular cuantas celdas le corresponde a cada evento. Todo un galimatías matemático sin todavía haber escrito ni una sola nota en un pentagrama. Además, el cálculo no acabaría aquí, puesto que estas operaciones son para las columnas, pero habría que hacer lo propio para cada una de las 7 filas. La obra es de 1956, con lo que este cálculo previo a la elaboración de la partitura fue a mano, la expansión de las ciencias de la computación llegó posteriormente. De hecho, Xenakis fue uno de esos compositores importante que contribuyeron a desarrollar estas ciencias de la computación en su relación con la música.

## El proceso estocástico

Otro concepto que aparece en la música de este mismo compositor (por seguir con el ejemplo) son las cadenas de Markov, donde la probabilidad de que ocurra un evento depende únicamente del evento inmediatamente anterior. Esto delega las decisiones compositivas y su desarrollo a un modelo matemático basado en la probabilidad. Este tipo de música se conoce como música estocástica y surgió como contraposición al determinismo de otra corriente compositiva llamada serialismo. Un ejemplo de música estocástica puede ser *Analogiques A & B*, donde el compositor (Xenakis) compone la obra calculándola (Sarudiansky, 2013). Toma como premisas tres variables: altura, dinámica y densidad. Nada aquí es sencillo puesto que las alturas las agrupa en seis categorías y a su vez también las clasifica en dos grupos. En las dinámicas sólo usa tres valores pero que clasifica en dos grupos y la densidad la define en eventos por unidad de tiempo, donde propone tres valores. A partir de aquí construye diferentes matrices de cambio de estado que expresan la probabilidad de que ocurra una secuencia determinada. Desde todas estas matrices calcula una matriz general con todas las probabilidades cruzadas. Cada sección de la pieza comienza con una combinación elegida al azar de altura, dinámica y densidad. Esto implica, según decisiones del compositor, 1.2 segundos de música y a partir de aquí se sortea lo que viene a continuación ponderando las probabilidades con la matriz general. Es un proceso complejo que hoy en día puede realizarse mediante recursos informáticos (de los que no se disponían en la época en la cual se compuso la obra) de una manera sencilla. La tarea del compositor actual en este tipo de música no es tanto el cálculo como la decisión de las instrucciones precisas que determinen el desarrollo de la obra, junto con otras decisiones de carácter más «artístico». De hecho, en el ejemplo de *Analogiques A & B*, la obra no se ajusta al mecanismo de composición porque seguramente el autor transgredió su propio sistema en pro de que la obra resultara interesante desde un punto de vista más intuitivo musicalmente hablando.

Se podrían reseñar muchas otras obras de otros compositores para ilustrar la fuente de inagotable inspiración que resulta ser la probabilidad, como puede ser la música indeterminada de John Cage. Aunque en esta música las decisiones de los parámetros de los sonidos puedan recaer en la aleatoriedad del intérprete, se pueden hacer cálculos de probabilidad con las estructuras de las interpretaciones, dado que la obra original es una meta estructura que tiene todas las posibilidades y cada ejecución no está sujeta únicamente al azar.

### Materia prima matemática

La probabilidad es inagotable en tanto en cuanto las posibilidades de crear obras diferentes son numerosísimas, cualquier compositor podría estar durante toda su vida creando obras mediante este proceso. A diferencia de lo que se pueda pensar a priori, la aplicación de teorías matemáticas no constriñe el resultado, la matemática no es concebida como algo rígido, sino como la mejor manera de plasmar una idea. Si existe conflicto entre la regla matemática y la intuición, suele ganar la intuición puesto que la matemática es concebida como la herramienta más idónea para llegar a esa idea y no una ley que se debe cumplir a rajatabla. Es un ir y venir entre los dos roles necesarios para la certeza y la invención, como diría Henri Poincaré en su Valor de la ciencia, la lógica matemática demuestra y la intuición inventa.

La utilización de teorías matemáticas en la composición musical, ya sea la probabilidad o cualquier otra, no solo atiende al hecho de conseguir una herramienta que permita llegar a resultados sonoros óptimos o inimaginables, sino que tiene un halo filosófico mucho más elevado heredado de siglos anteriores.

## Si se puede calcular, se puede imitar

A lo largo de toda la historia de la música, en cualquier cultura, existe un objetivo y/o procedimiento al que se le ha prestado mucha atención: la imitación. Ha habido incluso teorías científicas que han atribuido el origen de la música a este hecho. La imitación es algo transversal de la música, hay cantidades ingentes de ejemplos a lo largo de toda la historia donde se puede comprobar tanto el deseo de imitar sonidos extra musicales como la imitación de estilos compositivos de otros autores o usarla como norma para crear una obra musical. Este último uso desemboca en piezas llamadas de estilo imitativo, donde la manera de componer es imitar en cualquiera de las variables musicales, habitualmente la melódica.

## Imitar como objetivo

Algo muy recurrente en la música es intentar imitar los sonidos de la naturaleza, como pueden ser el canto de los pájaros, aunque no es el único. De hecho, a un adorno recurrente en música se le denomina trino.  En el capítulo dedicado a la repetición se menciona al compositor inglés William Gardiner que incluso tiene un libro titulado *The Music of Nature*. La imitación se puede observar desde prácticamente toda la música que se conserva y es analizable, por dos razones: una por la imperiosa necesidad de la repetición (como se ha visto en un capítulo anterior) y otra por la necesidad de los compositores de comunicar algo a través de su música, de hacerla más inteligible. La imitación no es solo territorio de lo «natural» puesto que también se han intentado imitar otro tipo de cosas como locomotoras. Un ejemplo de ello es la obra titulada *Pacific 231* del compositor Arthur Honegger que intenta imitar el arranque de este modelo de máquina de tren. La imitación también ha alcanzado conceptos poco transitados, que, si bien están en el mundo natural, no son visibles. Uno de ellos es la teoría de la evolución de las especies de Darwin para idear un procedimiento compositivo, así como también hay obras que imitan (o tratan de imitar) conceptos científicos como la ionización. Tal es el caso de la obra de Edgar Varèse titulada precisamente *Ionización*, todo un ejemplo de complejidad rítmica.

A veces, la imitación se transfigura puesto que se recurre a la simbología, es decir, a convenciones de lo que significa o puede significar una disposición específica del ritmo, la melodía, la dinámica, la armonía o la textura dentro de una obra. Esto está íntimamente relacionado con el concepto de tópico musical, donde este tópico activa en el oyente marcos cognitivos. Estos tópicos musicales están correlacionados con un significado y esta correlación pertenece más a una especie de acuerdo social que a una imitación. Por ejemplo, en un pasaje instrumental una línea melódica descendente y cromática podría evocar el llanto, pero en realidad no es ninguna imitación. De hecho, en ocasiones la línea que separa la evocación de la imitación es difusa musicalmente hablando.

## Calcular para imitar

Una manera de conseguir imitar (en el sentido más estricto de la palabra) en la música es a través de la física y la matemática. Un ejemplo muy claro se encuentra en una cualidad del sonido de la cual se ha hablado en un capítulo anterior: el timbre. Hoy en día se puede tocar con un teclado una simple melodía que parezca que en realidad la toca un violín o una flauta con un simple clic. Que esto sea posible tiene un largo recorrido gracias a la investigación física y matemática de ciertos fenómenos. El timbre es una cualidad del sonido que en el mundo real está influida por cuestiones como el material, tamaño y forma del emisor de este sonido, entre otras variables como puede ser el medio en el que se propaga el sonido. ¿Y cómo se ha llegado a que un teclado o un ordenador pueda ejecutar música que suena a diferentes instrumentos, siendo el objeto físico que lo provoca el mismo teclado? La respuesta es palmaria: calculando el timbre. A un nivel «microscópico» un sonido es vibración periódica, pero esta vibración no es única, sino que es un resultado de muchas vibraciones complementarias, es el resultado de una suma. Esto implica que, si se cambia alguna de esas vibraciones complementarias en intensidad (incluso eliminando alguna), se escuchará la misma nota (la misma frecuencia en Hz) pero con un timbre diferente. Uno de los primeros en darse cuenta de esto fue el físico francés Joseph Sauveur, como así quedó reflejado en su *Traité de la Théorie de la Musique* en 1697. En el caso de Sauveur tiene mucho mérito, puesto que desde su nacimiento tuvo problemas de sordera. Someter las ondas a tratamiento físicomatemático fue un acierto posterior de Jean-Baptiste Joseph Fourier. Lo que nos dice el teorema de Fourier es que la frecuencia de un sonido en cualquier instrumento musical es el resultado de la suma de infinitas frecuencias que son múltiplos de la frecuencia fundamental. Esto permite calcular el espectro de frecuencias que no es más que lo que define el timbre. Al calcular este espectro armónico del mundo real, se puede reproducir (imitar) en el mundo virtual. La digitalización de la música fue un hito en la historia, una verdadera revolución que permitió que la música avanzara a muchos niveles. La informática ha llegado en este aspecto a cotas insospechadas con la creación de instrumentos virtuales que se usan en las *DAW* (Digital Audio Workstation), estaciones de trabajo digital donde se graba y edita música. Pulir el timbre de un sonido no solo implica un cálculo del espectro armónico, sino que también es necesario calcular el tiempo de ataque y de caída del sonido. No es lo mismo de inmediato un sonido reproducido por un piano que por un violín. Este cálculo del timbre se ha pulido tanto que para un oído no lo suficientemente entrenado es casi imposible distinguir si se trata de la grabación de un instrumento real o virtual. Esto además ha permitido transgredir las limitaciones físicas de los instrumentos musicales. A cada sonido se le pueden añadir efectos mediante cálculos matemáticos aplicables a la onda sonora. Uno de estos efectos es el vibrato, muy extendido en los instrumentistas de cuerda, que consiste en intensificar la vibración con finalidades expresivas mediante la oscilación del dedo. Realizar esto, por ejemplo, en un piano es imposible desde la perspectiva de una técnica convencional, pero en el mundo digital nos bastaría con calcular el timbre del piano y añadir este efecto. Con este simple ejemplo se puede comprobar que se abre un abanico de posibilidades para los creadores, aunque también es cierto que tiene su parte contraproducente. Las grandes superproducciones de cine no necesitan grandes orquestas para grabar sus bandas sonoras, la mayoría de las veces es música que ni siquiera toca una persona.

## Cálculo estadístico

Una de las cosas que también se puede emular mediante el cálculo matemático es el estilo musical. Hay que tomar aquí una de las definiciones de estilo que recoge la RAE, que aun siendo muy genérica es muy ilustrativa: «conjunto de características que identifican la tendencia artística de una época, de un género o de un autor». Estas características que definen una tendencia, ya sean rítmicas, melódicas, armónicas, tímbricas o una mezcla de todas, desembocan en patrones susceptibles de ser detectados, analizados y, por lo tanto, reproducidos o imitados. Si estos patrones se transforman en cadenas de valores de atributos, mediante algoritmos como los árboles de decisión o las cadenas de Markov se puede crear música en determinados estilos. Es algo parecido a lo que planeta Noam Chomsky en su gramática generativa, donde la extracción de una serie de reglas finitas produce un conjunto ilimitado de oraciones. A través del cálculo estadístico de muchos parámetros se pueden establecer conclusiones de ciertos perfiles melódicos, por ejemplo. La estadística tiene aquí dos aplicaciones, una en los atributos unitarios como son la tonalidad, la altura de la nota y la clase de altura (el nombre de la nota, sin tener en cuenta la frecuencia real), la duración o los intervalos. Por ejemplo, se hace un cálculo de cuántas notas RE hay en una pieza o un corpus de piezas. Este dato por sí solo no significa nada, pero en relación con todos los demás atributos su importancia aumenta. El timbre no se ha usado como parámetro hasta años recientes, por el simple hecho de que estas implementaciones informáticas empezaron a realizarse con secuencias MIDI y no con sonido real. La otra aplicación estadística se basa en atributos que necesitan de un evento previo para adquirir un valor determinado, como puede ser el contorno o la orientación melódica, la distribución métrica y la transformación[1] armónica. Esto, además, no solo se ha circunscrito a la música académica o comúnmente conocida como música clásica, sino que se ha aplicado a repertorios populares. Tal es el caso de la música del cantautor francés Georges Brassens, que fue sometido a un detallado análisis informático musical para extraer patrones de su música (Conklin y Bergeron, 2008). Bastaría reproducir estos patrones para componer en el estilo de Brassens.

**Patrones genéricos**
Como nos decía la RAE, el estilo no es cosa exclusiva de autores sino también de género (musical) o épocas. Ha habido intentos muy loables de imitación de estilos extrayendo la gramática de músicas ya compuestas para después recrear el estilo y componer de manera

---

1. Se utiliza aquí el término «transformación» aludiendo a la teoría transformacional neo-riemanniana, donde se adapta la noción matemática de este término al campo musical. Las funciones de los acordes dejan de verse como una propiedad estática de un acorde y pasan a ser el mecanismo de transformación entre dos acordes distintos.

automatizada conforme a esa tendencia estilística. En 1979 el profesor e investigador Steven R. Holtzman (1980) ideó un programa para generar música desde el ordenador mediante las reglas analizadas en la música previa. Es un trabajo hoy en día obsoleto, pero muy significativo desde el punto de vista histórico, puesto que nos da una idea de cómo influyeron las teorías de Chomsky y de cómo el intento de universalizar el supuesto lenguaje de la música fue una preocupación creciente, y en aquel tiempo palpable gracias al crecimiento exponencial que experimentó la ingeniería informática. Emular diferentes estilos, por ejemplo, de acompañamiento para una melodía dada, también implica introducirse en viejas teorías matemáticas de Leonhard Euler y el musicólogo Hugo Riemann (Chuan y Chew, 2011) y transformarlas con cálculos estadísticos y medidas de la entropía. Todo esto se hace usando diagramas que representan el espacio tonal, llamado *Tonnetz*. De hecho, también se han desarrollado más recientemente herramientas informáticas que permiten la improvisación, donde a partir de patrones e improvisaciones de un intérprete, el software aprende y contesta (musicalmente hablando) en el transcurso de la performance. La imitación y desarrollo en tiempo real.

El principal problema de estos cálculos y definiciones de algoritmos es la imposibilidad de deshacerse del factor humano. Determinar qué parámetros son definitorios de un determinado estilo es una decisión que atañe al criterio del analista. Es cierto que hoy en idea los sistemas informáticos trabajan con un número muy elevado de variables y son capaces de aprender patrones nuevos mediante grandes bases de datos que los informan estadísticamente, sin embargo, determinar etiquetas de estos patrones que corresponden a diferentes estilos no es decisión de la máquina, por lo menos a priori.

Imitar es algo inherente a la música, porque le otorga un sustituto del significado y satisface esa necesidad que tiene la música (y los humanos) de la repetición. Emular, evocar o transformar son verbos comunes en las intenciones de los compositores a la hora de elegir criterios para crear música. Sin embargo, con sonidos aislados o con estilos, la imitación requiere y/o tiene la posibilidad de hacerlo mediante cálculo matemático.

# Música encadenada

El concepto de creación desde una perspectiva científica nos retrotrae a la idea de génesis, desde unas premisas o condiciones ideales para que ocurra. Incluso la propia vida puede ser explicada en su origen como un resultado termodinámico en un medio que propició la aparición de moléculas más complejas. Es decir, siempre hay una premisa a partir de la cual se crea o se decide crear, como es el caso de la música. Es probable que uno de los objetivos que más se repite en el análisis musical sea la búsqueda del origen de la creación, circunscrito, eso sí, a la obra musical. Desde la perspectiva de un tipo de análisis musical conocido como tripartición semiológica, existen tres dimensiones que se deben analizar en una obra musical:

- dimensión poiética: proceso creativo,
- dimensión neutra: partitura
- y dimensión estésica: proceso receptivo.

La primera de ellas busca borradores, correspondencia, etc., algo que indique claramente el origen, de donde parte la música que es objeto de estudio. A partir de este esbozo, de esta célula musical[2] entendida como extracto mínimo de donde parte todo lo demás, se construyen grandes obras musicales o simples canciones. La premisa cambia de importancia cuando el análisis se centra en cómo se lleva a cabo la transformación de este primer postulado para fabricar una obra. Solo se trata de cambiar de premisa, poner el foco en el procedimiento. Sería entonces una premisa procedimental o compositiva, lo que elige el compositor para transformar su idea inicial. Tendremos entonces la idea inicial y el procedimiento inicial elegido para transformarla. Evidentemente no es suficiente tener la idea y tener la manera de transformarla, pero sí necesario. En muchas ocasiones, en la composición algorítmica, basta con una idea musical inicial y una serie de iteraciones finitas para llegar al resultado que se desea.

## Lo anterior condiciona lo posterior

En la música, todo lo que suena (excepto el primer compás de cualquier obra, aunque en esencia también existe un nexo con obras ante-

---

2. Esta expresión no tiene aquí las connotaciones adscritas a teorías del análisis musical.

riores) tiene relación con lo inmediatamente anterior y condiciona lo inmediatamente posterior, ya sea por contraste o desarrollo. La música es un flujo o bien una sucesión de eventos encadenados que nacen de un evento sonoro anterior. Este encadenamiento alcanza su máxima cota cuando el procedimiento aboga por una regla que condicione exhaustivamente lo posterior. Además, si la decisión del compositor no es una de esas reglas, entonces el procedimiento se convierte en dueño de lo procesado. Para explicarlo mejor, un ejemplo claro de este planteamiento ya se ha visto en un capítulo anterior, son las conocidas cadenas de Markov. Estos procedimientos dan como resultado la música estocástica, ya que se usan variables aleatorias que evolucionan habitualmente en función del tiempo.  Aunque Xenakis fue un compositor icónico de esta música, no ha sido el único en usar estos procesos matemáticos de estas características. La observación de la naturaleza y su orden es una de las señas de identidad de este compositor, que entendía que la naturaleza tiene un orden complejo. Una de las maneras para explicar este orden complejo, según el compositor, es la probabilidad que tiende a la estabilidad. La variación continua y la transformación es un paralelismo con el mundo natural. En estos procesos estocásticos que son las cadenas de Markov, se mezclan cálculos de probabilidad con la estadística. En esencia son una secuencia de elementos aleatorios comprendida en un rango de tiempo. Esto último es una característica fundamental y sugerente para que los compositores fijen aquí su atención. Si esto fuera un juego de adivinanzas y la única pista fuera «procesos que su naturaleza misma los engloba necesariamente dentro de un espacio temporal», las respuestas bien podrían ser tanto la música como las cadenas de Markov.

El matemático ruso Andréi Andréyevich Márkov, origen del nombre de estas cadenas, realizó muchas investigaciones significativas en el campo de la estadística y la probabilidad. La búsqueda de racionalización de estructuras que en apariencia eran caóticas, fue algo que le ocupó muchas líneas de sus escritos. Intentó desentrañar procesos de organización muy complejos. En otras palabras, le obsesionaba el orden y trataba de encontrarlo. Pero centrándonos en las cadenas, el propio autor pone un claro y sencillo ejemplo con la poesía del escritor y compatriota Aleksandr Serguéyevich Pushkin (que también había servido de inspiración para el compositor Piotr Ilich Chaikovski, aunque no desde una perspectiva matemática). Halla la probabilidad de aparición de una vocal, de que a una vocal le siga una consonante o bien la probabilidad de que le siga otra vocal. Este mecanismo probabilístico depende exclusivamente de lo anterior y se van encadenando probabilidades en función del resultado anterior. Una de las opciones de aplicación actual es, sin duda, la creación automática de música, la música que puede crearse por ordenador, ya que adquieren mayor protagonismo las operaciones recursivas en detrimento de las decisiones de la persona que compone la música. Esto es lo que ocurre cuando anteriormente se hablaba de que el procedimiento se convierte en dueño casi exclusivo de lo procesado. Es un tipo de composición algorítmica, donde la norma son las cadenas de Markov. Un ejercicio relativamente simple es tomar una melodía preexistente y definirla como una cadena donde cada nota depende de la nota anterior. Si se tienen en cuenta que la nota va a depender de dos variables como son altura y duración, se pueden crear melodías dentro de un entorno de música tonal, donde las notas están jerarquizadas. Siendo esto así se pueden calcular sus probabilidades de aparición en torno a la tónica, es decir, la nota que da nombre al entorno tonal donde se desarrolla la música. Si se quisiera emular algún estilo concreto, pongamos como ejemplo la música de Johann Sebastian Bach, se estiman las probabilidades de aparición de cada nota a partir del análisis de todo el corpus de obras que se quiera emular. Aunque este procedimiento es algo muy básico, se necesitan conocimientos matemáticos para diseñar el tipo de cadenas que sean idóneas para la creación de melodías.

## Usos de la estadística

En el momento actual existen infinidad de procedimientos que pueden ser útiles para crear obras de manera automática y que los ordenadores pueden realizar de manera muy eficiente. Sin embargo, más allá de este tipo de composición o del planteamiento de Iannis Xenakis, que hay que recordar que componía haciendo los cálculos a mano, las estadísticas y los porcentajes no son significativos. Para la música estocástica, encadenar la música mediante el proceso matemático ideado por Markov es su razón de ser y es en esta música donde el análisis estadístico funciona mejor. Pero ¿y en cualquier otra música que no ha utilizado los procesos estocásticos? La importancia de un acorde no radica en el recuento de las notas que los constituyen sino en su función. La música que no está creada por ordenador y no consiste en un conjunto de iteraciones de alguna norma u operación matemática puede analizarse mediante estadística, así se puede comprobar qué notas o figuras rítmicas son las más habituales en un conjunto de obras, entre otras cosas. Pero este tipo de análisis no resuelve el origen de la obra ni el mecanismo por el cual el compositor se ha guiado. Dicho en otras palabras, este análisis estadístico no es un fin en sí mismo, pero puede ayudar a investigaciones de otra índole. Tal es el caso del investigador Derek Klinge, sobre medicina en las artes escénicas, quien se valió del análisis estadístico para saber un poco más sobre cómo afectó la pérdida auditiva de Beethoven en sus composiciones. Se analizaron las sonatas para piano para averiguar el número de notas altas, el rango, la nota promedio, la frecuencia promedio, número de compases con notas altas, etc. Analizar todas las sonatas suponía 103 movimientos de sonata. Comparar el uso de las notas altas y su rango general con lo que se sabe de la pérdida auditiva de este compositor, arroja datos sobre cómo le afectó al compositor esta afección y cómo desarrolló estrategias para solventar este problema.

A pesar de todo lo que implicó la visión de Xenakis y las cadenas de Markov en la música posterior que se creó mediante software y operaciones recursivas, hay que señalar que la estadística se basa en resaltar las características comunes de la música. Los rasgos más comunes, desde el punto de vista de cada una de las obras, tienen menor interés que las características particulares, donde radica la importancia de cada una de ellas. Es precisamente la cantidad de rasgos particulares los que escapan a la estadística. Es probable que esta sea una de las razones por las que la música estocástica no se desarrolló tanto en un principio como se le auguraba.

## La teoría de conjuntos

Mirar a la música con el cristal de las matemáticas no solo es útil, sino que puede llegar a ser revelador en cuanto a la transformación de corrientes estéticas que surgen ni más ni menos que desde investigaciones realizadas en este ámbito del conocimiento. Aplicaciones de la geometría o la probabilidad en la concepción de una obra musical están presentes en muchas obras musicales. No obstante, no hay que olvidar que la música es un fenómeno cultural y no simplemente sonido organizado. Hay una frase de Gottfried Leibniz que intenta describir cómo las matemáticas están presentes en cualquier manifestación musical: «La música es el placer que experimenta la mente humana al contar sin darse cuenta de que está contando». Por más grandilocuente que nos parezca la frase del filósofo alemán, hay que entenderla en su contexto, que vivió a caballo entre el s. XVII y s. XVIII, donde la música tenía unas características concretas y unas implicaciones perceptivas diferentes.

## Componer desde las matemáticas

La perspectiva matemática de la música ha estado presente en diferentes épocas, con altibajos en su presencia y estudio. El siglo XX experimentó un resurgimiento de esta perspectiva, basándose mucha música compuesta en esta época en algún principio matemático. Valga como ejemplo la música de Béla Bartók, donde el principio formal de muchas de sus obras es la sección áurea. Además de tener connotaciones místicas, lo que hace es dividir una distancia de tal manera que la proporción entre la parte más larga y la más corta se corresponde geométricamente con la proporción entre la longitud total y la parte más larga. Esta proporción se busca en la delimitación de las secciones o partes de una obra. También se puede encontrar la serie de Fibonacci en la elección de los compases donde se repite cualquier material rítmico-melódico (por ejemplo, en los compases 3, 5, 8, 13) o en la distribución de las notas para fabricar un acorde, como es el caso del famoso acorde mayor-menor, donde los semitonos de cada intervalo responden a la proporción 3:5:8. Esto implica que el acorde se convierta en una entidad simétrica, es decir, que pueda ser leído igual de arriba a abajo que de abajo a arriba.

Este tipo de características matemáticas se puede decir que son «añadidas» por lo que en esta música no hay cualidades numéricas inherentes, es más la voluntad del compositor de construir matemáticamente una obra musical. Quizá la motivación para esto sea la posibilidad de dotar a la música de un orden oculto susceptible de ser descubierto, que otorga una organización de orden mental para aquello que el oyente no puede o no sabe escuchar. Este planteamiento es especialmente significativo cuando se quiere transgredir la jerarquía de la música tonal. Intentar acabar con la jerarquía de la tonalidad implica buscar el orden y la organización en otras dimensiones menos perceptivas y más abstractas como puede ser el orden matemático. Este orden puede hallarse en la intención del compositor como origen de la creación de la forma, pero también es susceptible de ser usado por los analistas de la música independientemente de la intención de la persona que la crea.

## Los conjuntos

En la música compuesta en el s. XX que intenta romper con las reglas armónicas de la música tonal, el concepto de sintaxis musical y la funcionalidad de los acordes se desvirtúa, no existe el concepto de *tónica* o *dominante*. Para poder entender y analizar mejor toda esta música surgen aplicaciones de teorías matemáticas centradas en la morfología de los acordes y su recurrencia o transformación a lo largo de una obra musical. Esta recurrencia o transformación es significativa desde un punto de vista estadístico. Quizá esta música sea una de las que más necesidad tiene de la repetición, pues la percepción de un centro de gravedad tonal, donde se siente la atracción de una nota o acorde con necesidad de resolución de una tensión, se desvanece y la forma no está supeditada a este tipo de tensión-distensión. Una de estas teorías matemáticas es la teoría de conjuntos, que aplicada a música pasa a llamarse teoría de conjuntos de clase de altura. Esta herramienta tan básica en matemáticas define a los conjuntos como entes abstractos que contienen elementos (también abstractos). Estos elementos pertenecen al conjunto, que a su vez puede ser un subconjunto de un conjunto más amplio. Esto que puede llegar a ser realmente enrevesado admite una analogía en la música atonal precisamente por la ausencia de relaciones jerarquizadas. En esta teoría se define un acorde como un agregado de alturas que se puede transformar o repetir en el transcurso de la obra musical. Cualquier combinación de las doce notas es válida por lo que la música se convierte en una red de agrupaciones significativas que atiende a operaciones de transformación que sacan a la luz las relaciones estructurales. Es necesario advertir que otorgar un carácter altamente numérico al análisis musical no lo convierte de repente en algo objetivo y científico, pues una misma partitura soporta resultados diferentes, aun sometiéndola a la misma teoría analítica. Esto ocurre porque la decisión de tomar como un conjunto un número determinado de notas depende del criterio del analista. El conjunto no siempre se presenta en la partitura como un acorde, entendido como notas que se ejecutan simultáneamente, también aparecen como notas sucesivas, lo que puede hacer variar su definición como conjunto.

## Sustitución de notas por números

La individualización de un determinado grupo de notas con las mismas propiedades fundamentales es el principal objetivo de este análisis y para lograrlo se sustituyen las notas por números, es decir, do = 0, do# = 1, re = 2, re# = 3 hasta llegar a si = 11, donde empezaría a repetirse los nombres de las notas y por lo tanto los valores numéricos.

*Correspondencia de la clase de altura con un número.*

Esto implica el concepto de clase de altura, donde todas las notas que aparecen se reducen al espacio de una octava, como puede verse en la imagen. Cualquier nota que se llame Do tiene una correspondencia con el número 0, da igual qué altura real tenga o si la canta una soprano o la toca un contrabajo, si se llama do siempre será 0. Otra premisa básica de esta teoría es la equivalencia enarmónica, es decir, tanto a Do# como a Reb les corresponden el mismo valor numérico. Todo esto implica que el sistema solo tenga doce valores y que cualquier nota que se salga de estos doce valores puede reducirse a uno de estos valores, que además se contabilizan por semitonos. Si se transporta una nota la (9) 5 semitonos hacia arriba, se obtiene 9 + 5, lo que da el número 14. Para saber qué nota es se resta 12 al resultado, es decir, 14 − 12 = 2. El número 2 corresponde a la nota re.

Este sistema tiene limitaciones, pero simplifica y acelera el proceso analítico. Una de sus limitaciones es, paradójicamente, las enormes posibilidades de combinación de los 12 sonidos. Aunque solo se consideraran como acordes significativos aquellos conjuntos que se componen entre tres y nueve alturas, esto hace un total de 181.440 combinaciones posibles. Para evitar esto, Allen Forte (1973) ideó una reducción ingeniosa mediante dos operaciones que permiten un número de posibles conjuntos mucho más manejable. Estas operaciones para reducir el número y poder trabajar con modelos generales son el *orden normal* y la *forma primaria*. Forte define entre corchetes el conjunto de manera que, por ejemplo, un conjunto definido así: [2, 3, 4] sería un conjunto de tres sonidos formado por las alturas re, re# y mi. El primer criterio, el orden normal, que reduce los conjuntos a formas más genéricas, realiza una serie de operaciones de la siguiente forma: coloca las alturas en orden numérico ascendente, por ejemplo [0, 4, 7, 8], y calcula todas las permutaciones circulares del conjunto lo que implica poner el primer número al final sumándole 12. Si el conjunto era [0, 4, 7, 8], entonces las permutaciones posibles son [4, 7, 8, 12], [7, 8, 12, 16] y [8, 12, 16, 19]. Se escoge como orden normal el conjunto con la menor diferencia entre el primer y último número. Si se da el caso de que coinciden dos, entonces se escoge el de menor diferencia entre el primer y segundo número. En el ejemplo que se ha puesto el orden normal sería [4, 7, 8, 12] porque el original y la primera permutación coinciden, por lo que la primera permutación es la elegida al haber una diferencia de 3 entre el primer y segundo número. Al reescribirlo en módulo 12 (restando 12 a todo número que pasa de 11 para saber la nota) se queda [4, 7, 8, 0], que es el orden normal del conjunto.

Para averiguar la forma primaria se transporta a nivel 0, lo que quiere decir que se empieza por la nota Do. Si se transporta nuestro ejemplo el conjunto quedaría así [0, 3, 4, 8]. Con esto se consigue no identificar un único conjunto sino determinar la clase de conjunto al que pertenece. Un conjunto concreto de tres notas, por ejemplo, tiene doce posibles conjuntos que pueden ser reconducidos al orden normal y forma primaria. Esto agiliza mucho el análisis puesto que se reducen el número de conjuntos posibles. Forte codificó 208 formas primarias distintas, con lo que se pueden hallar relaciones estructurales entre grupos diferentes de notas, es decir, se puede estar ante agrupaciones de notas diferentes pero que en su morfología responden a un único conjunto. Esta teoría también reduce el número de intervalos a seis posibilidades (gracias a las inversiones) que se cuantifican con un número al contar semitonos (una 2ª mayor equivaldría a un 2) para definir otra herramienta analítica denominada vector interválico, que es el cálculo de las distancias entre todas y cada una de las alturas del conjunto. Con esta herramienta se puede comprobar cuál intervalo es el más significativo al repetirse más veces. Por otro lado, al comparar conjuntos, esta teoría tiene en cuenta una serie de propiedades que relacionan unos conjuntos con otros, como son la equivalencia, complementariedad, similitud e inclusión (que no se explican aquí para evitar aumentar la complejidad de este capítulo). Este tipo de análisis puede llegar a ser tedioso y muy complejo por lo que, gracias a la traducción de las notas e intervalos a características numéricas, se usan habitualmente calculadoras[3] creadas para tal fin. Un espacio común entre las matemáticas, la informática y la música.

Pido perdón al lector no habituado al cálculo matemático o la música, por si se han usado términos difíciles de comprender y el laberinto teórico ha resultado farragoso.

Toda esta teoría analítica con un marcado carácter matemático (donde se hace necesario el uso de una calculadora específica) se estudia a medida que se profundiza en el análisis musical de obras atonales, que carecen de jerarquía tonal. Resulta, cuando menos, sorpresivo que el estudio profesional de la música se clasifique únicamente como estudios humanísticos. Es cierto que la especialización de los músicos profesionales puede ir encaminada a aspectos más humanísticos, así

---

3. Existen dos calculadoras muy usadas para estos análisis. Una se puede usar online llamada PC Set Calculator ideada por David Walters en 2001 en este enlace: https://www.mta.ca/pc-set/calculator/pc_calculate.html La otra calculadora requiere la instalación de la aplicación, se llama JDubiel y fue ideada por Akira Takaoka en 2009 que permite realizar operaciones más complejas. Se puede descargar en este enlace: http://sites.music.columbia.edu/akira/JDubiel/

como a otros más científicos, entendiendo esto como un acercamiento a espacios comunes con la ciencia experimental. Quizá sea por esto que la música, muy a menudo, comparte fronteras con diferentes parcelas del conocimiento.

## Si calculo la incertidumbre, obtengo el estilo

A lo largo de esta parte dedicada al intrusismo de la música en zonas tipificadas como conocimiento matemático, se ha hablado de estadística, probabilidad, algoritmos, etc. que implican un proceso creativo y/o analítico. Partir de una teoría matemática a veces revela y otras genera. El concepto de estilo abordado en un capítulo anterior ha sido tratado como una cuestión estadística para poder calcularlo y así imitarlo de manera automática por ordenador, ya sea en la composición a partir de un motivo melódico dado o bien para generar un acompañamiento de una melodía preexistente en un estilo determinado. También se ha visto que la probabilidad de que algo pase es el porcentaje de certidumbre de que ocurra un evento, es decir, cómo de seguros estamos de que algo pasará. Aunque un porcentaje sea bajo siempre se estará midiendo la probabilidad de que ocurra. Una cuestión que ya se plantearon algunos matemáticos como Claude Shannon fue darle la vuelta a esta probabilidad, es decir, medir la incertidumbre. Si un evento o mensaje causa sorpresa por no ser esperado, este nivel de sorpresa puede ser calculado. Es lo que se conoce como entropía.

### Predecir eventos sonoros

La teoría de la información fue una propuesta de Shannon y de W. Weaver, un trabajo conjunto entre un biólogo y un matemático. Estos dos investigadores se encargaron de las leyes matemáticas que rigen el procesamiento y la transmisión de información, así como de medir esta información y su manera de representarla. Lo significativo aquí para la música es el cálculo matemático de la sorpresa al recibir un mensaje. Si se entiende que el mensaje es la música, entonces se puede calcular el nivel de entropía de ese mensaje ayudando a encontrar estadísticamente, dentro de un determinado corpus de obras, un patrón estilístico. En la música, esta teoría de la información tiene una doble realidad, por un lado, es el grado de incertidumbre con el que el oyente responde a las elecciones del compositor, y por otro lado se entiende como la libertad de elección de los compositores para trabajar su obra. Estructuralmente esta entropía no es más que medir la dispersión con la que se organizan los parámetros de cualquier obra. Para calcular el grado de incertidumbre con el que se recibe el mensaje musical, existe lo que se llama *perfil de anticipación del oyente*, definido por Shlomo Dubnov (2006). La representación espectral de la música sinfónica o polifónica es muy parecida a la representación del ruido blanco (algo parecido al ruido del mar), donde ninguna frecuencia tiene preponderancia sobre las demás, debido a su densidad. Esto hace más complejo predecir lo que va a suceder pues dificulta la inteligibilidad de los eventos sonoros periódicos, desde un punto de vista de análisis espectral mediante software. Lo que hizo Dubnov fue diseñar un método que fuera capaz de discriminar estadísticamente el ruido con respecto a la estructura. Esto lo hizo midiendo la incertidumbre y su reducción en la señal de audio cuando el oyente forma alguna anticipación. Para conseguirlo se sirvió de la teoría de la información de Shannon, involucrando tanto al oyente como a las características acústicas de la música. En definitiva, la capacidad de percibir un evento sonoro como una estructura, y por lo tanto que se pueda anticipar, dependerá de la reducción de incertidumbre (que es medible) desarrollada en el tiempo.

Esto que puede parecer muy complejo, ofrece un abanico de posibilidades a la hora de profundizar en las relaciones entre la medida objetiva de la música (como señal sonora analizando su espectro) y los juicios cognitivos que pueden realizarse sobre ella. La cantidad de información musical que se puede percibir va a depender del grado de sorpresa que produce la señal sonora junto con la habilidad de la persona que escucha para predecir esta sorpresa. Es decir, grado de sorpresa de la señal frente a capacidad de predicción del oyente. Esta transmisión de información en el transcurso del tiempo se puede medir con un indicador definido por el profesor Dubnov conocido como coeficiente IR *(information rate)*. Este coeficiente lo único que hace es medir en el momento presente la reducción de incertidumbre con respecto a la evolución anterior. Como esto es un proceso informático, se mide el número de bits que se necesitan para describir el evento posterior una vez que se ha hecho el proceso de predicción. Un coeficiente IR bajo implica un evento poco predecible, por ejemplo, un ruido, mientras que los sonidos (frecuencias con armónicos) lo tienen más alto porque se pueden anticipar.

Existe una correlación directa entre el perfil de anticipación y la estructura de una obra musical. Para representar el contenido espectral de una señal de audio se usa lo que se llama coeficiente cepstral, que elimina la información menos valiosa, como puede ser el ruido de fondo, anulando ciertas frecuencias. Con estos coeficientes se obtiene una gráfica que se superpone a la representación espectral y de ahí también se obtiene la evolución de la tasa de información a lo largo del tiempo. Esta evolución de la tasa de información se puede comparar directamente con el desarrollo de la forma musical, es decir, como se estructura y evoluciona la figuración, la armonía o la melodía. Esto permite emitir juicios de valor en cuanto al contenido emocional de una obra en función de la respuesta del oyente. La estructura de una obra musical es un indicador del estilo, pero no es una característica que lo defina por sí misma. El estilo de una obra no solo atiende a su estructura, sino que ésta lo condiciona. El estilo de una época o autor también puede presentar cierta recurrencia hacia determinadas estructuras o formas.

## Fluctuación de entropía y cambio de estilo

Todo este cálculo es útil desde el momento en el que se quiere analizar un número elevado de obras para obtener indicadores de cambio de estilo. Las operaciones matemáticas y la aplicación de la informática incrementan la eficiencia del análisis musical cuando la cantidad de obras musicales es alta, puesto que la estadística en los cambios de la medida de la entropía indica un cambio de estilo hacia determinados parámetros. Estos datos se obtienen comparando unas obras con otras y no con valores absolutos. De hecho, cuando se quiere analizar el estilo, o mejor dicho un cambio en el estilo, desde el punto de vista de la teoría de la información, los parámetros hay que analizarlos por parejas, como por ejemplo duración y altura. Este modelo de análisis estilístico usando la entropía fue desarrollado por Elizabeth Margulis y Andrew Beatty (2008). Estos dos investigadores de la Universidad de Princeton y la Universidad Brunel de Londres respectivamente, se basaron en dos premisas para generar su modelo analítico. Se entiende la entropía como el potencial de expectación del oyente y se tiene en cuenta que la atención se dirige a diferentes parámetros cuando se analizan estilos diferentes. Si por ejemplo el grado de entropía desciende desde un punto de vista tonal, seguramente ascienda en el plano rítmico. Esto se considera un marcador de cambio de estilo. Este análisis estadístico que se sirve de la teoría de Shannon y de las investigaciones de Dubnov, permite reflejar la desviación de la entropía en diferentes parámetros (altura, textura, direccionalidad de los intervalos, duración, clase de intervalo, contorno melódico…) que es consecuencia de un cambio estilístico significativo o bien niveles de entropía comunes que se podrán acotar dentro de un mismo estilo musical. Esta acumulación de entropía también se puede relacionar con los niveles óptimos de complejidad que prefiere el oyente, aunque esto no es tan sencillo puesto que esta complejidad óptima no es una característica de un parámetro musical concreto. Existen diferentes cantidades de esta complejidad en diversos parámetros dentro de una misma pieza y la atención del oyente fluctúa conforme a estos cambios.

Un aspecto muy significativo del cálculo de la entropía es adentrarnos en la perspectiva histórica de la música, volver a estar en territorios fronterizos entre las matemáticas y la historia. Solo habría que averiguar si existe correlación entre la acumulación de entropía y el avance histórico de la música, es decir, a medida que se avanza en la historia de la música calcular si la entropía se reduce o pasa justo al revés. Esto se puede realizar bien a lo largo de la biografía de un compositor concreto o bien analizando grandes corpus de obras pertenecientes a distintas épocas. Este cálculo se puede hacer únicamente para hallar el nivel de dispersión de los parámetros de las obras musicales, no se puede calcular el nivel de sorpresa de los oyentes que fueron testigos del estreno de estas obras. El problema fundamental es que la perspectiva del oyente se realizaría desde un enfoque actual, donde el bagaje cultural e intelectual del público que percibe la música es totalmente distinto al público de la época en la cual se compusieron las obras. Cada época está expuesta a una realidad sonora diferente.

### Entropía, percepción y composición

Relacionar toda clase de análisis musical informatizado desde el cálculo de la entropía y enfrentarlo a los estudios sobre percepción musical puede aportar ventajas no solo desde el punto de vista del entendimiento de cómo funcionan determinados estilos y su impacto en el oyente, sino que también ayuda a predecir y construir nuevas obras musicales en función de estos cálculos a través de la teoría de la información. El único problema de la percepción del oyente viene de la gran dependencia de la experiencia previa y del conocimiento estilístico previo. Es complejo saber si los oyentes evalúan las decisiones de los compositores en función del género de la obra, en función de todas las obras de ese compositor que conocen o en función de todas las obras que conocen de la misma época.

La medida de la incertidumbre no solo es una herramienta analítica, también puede ser el punto de partida, el origen, el objetivo a conseguir cuando cualquier compositor o compositora se plantea una nueva creación. Desde la perspectiva de la composición existen dos puntos de partida que pueden llegar a confluir: la necesidad de expresar o describir algo perteneciente al mundo interior de la persona que compone y la necesidad de provocar una reacción a nivel perceptivo en el oyente. Calcular la entropía puede ayudar a entender lo primero y a conseguir lo segundo.

## Desenmascarando el anonimato

A lo largo de toda la historia de la música de cualquier cultura o país siempre han existido composiciones musicales, ya sean de gran envergadura o simples canciones, de las que ignoramos el nombre de la persona que las compuso. La palabra *anónimo* es muy común en partituras que los músicos profesionales interpretan habitualmente. En el acervo popular existen multitud de canciones que son anónimas precisamente por ser populares. En este tipo de música, el anonimato puede tener el origen en el deseo expreso del autor o autora de no revelar su identidad o bien ser una consecuencia natural de antiguas concepciones sobre la figura del autor musical y la música, donde la idea de trascendencia y la universalidad no era tan común o ni siquiera existía. No hay que descartar el hecho de que obras anónimas pertenezcan a compositoras y que por el simple hecho de ser mujeres tuvieron que ocultar su identidad para que se interpretaran. Otras veces el anonimato se va creando con el tiempo, ya que en su origen se conocía perfectamente el nombre y apellidos de los autores, pero que al popularizarse ciertas melodías acabaron diluyendo el nombre de los músicos por etiquetas como «popular» o «anónimo». Uno de estos ejemplos clásicos es la conocida melodía que habitualmente se canta cuando alguien cumple años. El famoso *Cumpleaños Feliz* que todo el mundo podría cantar (la mayoría de las veces muy desafinado) se ha popularizado tanto que hay un tanto por ciento de la población muy elevado (incluso músicos profesionales) que creen que su origen es popular o no se sabe quién es el autor o autora. Sin embargo, la melodía tiene autoras que además eran hermanas y una fecha concreta de composición. La canción fue escrita por las dos profesoras norteamericanas Patty y Milderd J. Hill en 1893 y el origen de la canción no era felicitar a nadie sino más bien que el alumnado que llegaba a clase por las mañanas diera los buenos días.

Como se puede comprobar con el ejemplo anterior, el anonimato puede ser deliberado o una consecuencia del paso del tiempo. En este caso es fácil averiguar el verdadero origen con una investigación musicológica rigurosa. Es un claro ejemplo de que nuestras creencias pueden ser muy fuertes pero una investigación puede contradecirlas de manera palmaria. Sin embargo, no siempre es posible desenmascarar el anonimato, a pesar de que la investigación sea rigurosa y requiera una compleja labor de recuperación. Hasta hace pocos años la musicología histórica podía únicamente realizar conjeturas cuando se encontraba una partitura antigua de la cual solo se podía saber la fecha aproximada de la composición. Gracias a que la música se ha adentrado en zonas pertenecientes a otras disciplinas del conocimiento, se ha podido saber quién fue el autor o autora de alguna partitura de la que solo se conservaba la música. Para este proceso es necesario el cálculo matemático estadístico, la creación de ciertos algoritmos y su realización mediante ingeniería informática. El software dirigido especialmente a la música no solo ha hecho más eficiente la escucha o la escritura musical mediante procesadores de partituras, sino también el análisis en muchas de sus ramificaciones, lo cual ha permitido la rápida comparativa de grandes corpus de obras musicales.

## Análisis musical informatizado

Para realizar labores analíticas que puedan desembocar en averiguar quién escribió una partitura, es necesario convertir las partituras en formatos analizables por las máquinas. Para ello se crean bases de datos que se comparten entre investigadores pertenecientes a diferentes instituciones, como pueden ser las universidades. Existen muchos tipos de software de código abierto, es decir, totalmente gratuitos, para promover la investigación e ir aumentado el número de partituras que pertenecen a estas bases de datos. Hay que tener en cuenta que habitualmente es necesario analizar miles de partituras a la vez, labor que realizada por humanos requeriría mucho tiempo y consumo de recursos económicos. Cientos de investigadores e investigadoras aumentando las bases de datos diariamente a lo largo y ancho de todo el planeta hace que los datos que se manejan sean cada vez más fiables para este tipo de análisis, puesto que se basan en cálculos estadísticos de multitud de variables.

Los datos musicales se codifican en formato MIDI o en otros menos conocidos como el formato MEI para que el software pueda realizar todo tipo de cálculos estadísticos. El formato MIDI no es algo especialmente nuevo ya que se empezó a desarrollar en los años ochenta del siglo pasado y programas de análisis musical ha habido muchos desde entonces. Existen algunos que han ido evolucionando y mejorando sus posibilidades. Un ejemplo paradigmático de esto es el software conocido como *jSymbolic* que es capaz de analizar hasta 160 características musicales diferentes (altura, clase de altura, direccionalidad interválica, recuento de intervalos, ámbito melódico, variabilidad rítmica, etc.) de una obra, siendo capaz de analizar cientos de obras a la vez (McKay y Fujinaga, 2006). Esto significa que podría analizar 1600 parámetros en un solo clic si se tuvieran que analizar cien partituras. Huelga decir que cada una de las obras puede estar compuesta de muchas páginas de música. El análisis musical informatizado puede incluso realizar análisis contrapuntísticos, es decir, encontrar donde se producen imitaciones en las distintas partes, melismas, disonancias, etc. El trabajo de convertir manuscritos en formato MIDI puede llegar ser tedioso, es por eso que los investigadores usan programas de código abierto y se comparten las bases de datos donde se almacenan. Es este un buen ejemplo de buenas prácticas científicas que beneficia a todos por igual.

## El software que aprende

El punto fuerte de *jSymbolic* es el análisis comparativo, es decir, que es un instrumento eficaz cuando el número de partituras es dos o más. En función de las características que puedan interesar en algún tipo de repertorio, se pueden trazar gráficas que identifiquen patrones y similitudes. Comparar miles de piezas es muy significativo cuando éstas se pueden dividir en grupos contrastables de forma colectiva, como pueden ser el género, periodos de tiempo, países o zonas geográficas, etc. Las grandes bases de datos antes mencionadas ayudan en búsquedas más específicas, como por ejemplo encontrar piezas con un número concreto de cromatismos. Algunas de estas bases de datos son *SIMSSA* (Single Interface for Music Score Searching and Analysis), *The Anatomy of Late 15th- and Early 16th-Century Iberian Polyphonic Music* o *JRP* (The Josquin Research Project), aunque existen muchas otras pertenecientes a universidades extranjeras. Gracias a estas grandes bases de datos se puede utilizar lo que se conoce como el *Machine Learning* que no es más que el aprendizaje del ordenador a partir de patrones establecidos. Es decir, el software puede analizar toda la música de por ejemplo dos compositores de la misma época aprendiendo todas sus características al detalle, lo que implica que si existe una pieza de la cual hay dudas de quién es su autor (entre los dos compositores elegidos), el ordenador es capaz de saber a quién pertenece la pieza con una fiabilidad de casi el 100%. Cuanto más se parezcan los compositores en su manera de crear las obras, este porcentaje disminuirá, puesto que sería más difícil distinguirlos. Esto supone ventajas que de otra manera no serían posibles como puede ser realizar muy rápidamente estudios empíricos que involucran grandes cantidades de música, pero también otras como evitar suposiciones o sesgos muy arraigados en la historiografía musical. Esta rapidez y eficacia viene determinada por la posibilidad de considerar miles de características y sus interrelaciones de manera simultánea. Estos estudios computacionales junto con los históricos y los teóricos de diferentes expertos se pueden complementar, con lo que aumentan las posibilidades de obtener nuevos conocimientos sobre la música. Un caso conocido donde este tipo de investigación se da, es en los manuscritos musicales de la biblioteca general de la Universidad de Coimbra, pertenecientes al monasterio de Santa Cruz de esta misma ciudad. Los manuscritos contienen muchas obras que son anónimas (38 movimientos de misa) o han sido atribuidas de manera dudosa a algunos compositores (Cuenca-Rodríguez y McKey, 2021) y a través del análisis estadístico de ciertas características musicales se llegó a la conclusión de cuál podría ser su procedencia. Esto puede parecer algo no demasiado significativo, sin embargo, en misas atribuidas a compositores procedentes de alguna escuela compositiva, el análisis computacional arroja datos empíricos en contra de esta atribución. Para conseguirlo se tuvieron que introducir (previa transcripción) en el programa 245 movimientos de misa y 151 motetes (composición polifónica con temas bíblicos) franco-flamencos más 78 movimientos de misa y 91 motetes de procedencia ibérica. De esta manera la aplicación informática que se utiliza para el análisis aprende a diferenciar entre músicas de diferente procedencia en cuanto al estilo compositivo. Estas procedencias son las dos principales en cuanto a este tipo de música y época. Además, el proceso analítico no es nada sencillo puesto que las características musicales que se han de elegir pueden dar lugar a inconsistencias, puesto que los datos se extraen de diferentes fuentes con criterios editoriales distintos, como pueden ser los relacionados con la música ficta (alteraciones no escritas) o las equivalencias rítmicas. Otro repertorio donde se ha usado el *Machine Learnig* es en la música de Josquin des Près, para precisamente averiguar más datos que confirmen su autoría en obras donde este dato no se conoce con total seguridad.

### Acabar lo inacabado

Por otro lado, este análisis estadístico y tan complejo llevado a cabo por los ordenadores para esclarecer datos referentes a la procedencia o autor/autora de las partituras también ha sido usado para poder finalizar partituras que, o bien se perdió un fragmento o bien el compositor nunca llegó a finalizarlas por diferentes motivos, como puede ser una muerte prematura. El procedimiento para finalizar una obra inacabada es el mismo, se utilizan muchos modelos para el aprendizaje estadístico y a partir de ahí se crean nuevos modelos basados en todos los datos que posee el ordenador, por ejemplo, toda la música del compositor del cual se quiere acabar la obra. Ejemplos de ello podemos encontrar en la noticia que saltó hace algunos años, donde la sinfonía inacabada de Schubert fue terminada gracias a un entrenamiento de la inteligencia artificial presentada por la compañía tecnológica Huawei y supervisada por el músico Lucas Cantor, el cual goza de un apellido bastante premonitorio en cuanto a algoritmos se refiere. Otro ejemplo más reciente se encuentra en Beethoven, donde la inteligencia artificial fue debidamente entrenada para que, a partir de manuscritos y esbozos del compositor, el ordenador fuera capaz de realizar lo que pretendía ser la décima sinfonía del compositor de Bonn. El proyecto fue impulsado por la compañía telefónica Telekom y dirigido por Matthias Röder del Karajan Institut de Salzburgo. La complejidad de estos procesos es muy alta, puesto que además del enfrentamiento y la oposición que provoca por razones éticas e historiográficas, el aprendizaje estadístico del software puede arrojar entre 20 y 100 versiones diferentes de un mismo compás.

Habrá muchas ocasiones en que la música no pueda salir del anonimato, de hecho, existe una cantidad ingente de partituras a nivel mundial de las que nada se conoce de su autor o autora y probablemente así seguirá siendo. Sin embargo, el trabajo conjunto de distintas disciplinas del conocimiento hará posible cada vez más que la identidad de la persona que está detrás del pentagrama salga a la luz. La motivación para que esto ocurra atiende a muy diversas razones y no todas de peso. Es por esto que queda mucho camino por recorrer.

## Un espacio musical

El idioma castellano puede llegar a ser un laberinto de palabras polisémicas, lo cual incrementa su dificultad a la hora de comprenderlo. El significado denotativo de las palabras con la añadidura del connotativo puede llegar a introducirnos en rincones casi hechos a medida del interlocutor. Una palabra que soporta diferentes acepciones y connotaciones es *espacio*, utilizada tanto en el ámbito coloquial como en el académico en diferentes disciplinas. Una teoría etimológica lo relaciona con la palabra *spatium*, que en un principio hacía alusión al tiempo de espera entre dos momentos temporales y que posteriormente se aplicó a la distancia (¿vacía?) entre dos puntos. Estos enfoques más concretos de la palabra casan muy bien con la teoría musical, por ser la música un arte principalmente temporal y porque el concepto de distancia se aplica a los intervalos. El pentagrama o cualquiera de sus ampliaciones o reducciones también se basa en líneas y espacios. Una nota colocada en un espacio (como sinónimo de lugar) concreto podrá identificarse con un nombre, siempre y cuando exista una clave al principio del pentagrama. La palabra espacio también tiene cabida desde su concepción arquitectónica puesto que el sonido se propaga en el espacio que alberga una habitación o edificio. Esto, además, ha sido tenido muy en cuenta no solo a la hora de idear una sala por sus condiciones acústicas, sino que también se ha pensado desde la perspectiva de la composición, tanto en el s. XVI con el estilo policoral veneciano como en pleno s. XX con las composiciones de Iannis Xenakis.

**Teorías geométricas**

Una de las ramas de las matemáticas que se ocupa de las propiedades de las figuras en el espacio es la geometría, donde la música también ha acabado introduciéndose. La analogía geométrica es necesaria si se quieren representar sistemas musicales en un ordenador. Existen tres dimensiones en los ejes X, Y, Z correspondientes al tiempo (X), altura (Y) e intensidad (Z) como ejemplo de representación del espacio musical. Los conceptos geométricos han sido utilizados por diferentes compositores a lo largo de la historia. Sin embargo, usar la geometría en la música implica algo más que el uso de los términos para explicarla mejor o evocar ciertas connotaciones. Las transformaciones de un plano espacial como traslación, rotación y reflexión tienen sus operaciones análogas en la música, como son la transposición, inversión y retrogradación. Pero más allá del marco conceptual de estas operaciones, se han desarrollado teorías para el entendimiento musical mucho más allá de la correspondencia de términos. Una de esas teorías salió a la luz en 2008 donde se hacía un atisbo de una teoría geométrica de la música (Callender et al., 2008) con la intención de profundizar en conceptos teóricos como similitud de acordes, contornos melódicos o relaciones armónicas.

Una de las teorías analíticas musicales con una gran carga matemática era la ya descrita teoría de conjuntos, que se ocupaba de la morfología de los conjuntos de notas, evitando así abordar la función de los acordes en un contexto de música donde no existen las jerarquías tonales y por lo tanto esta función no tiene sentido. Esta morfología tenía como premisa una abstracción en la equivalencia de clase de altura, es decir, que la nota do atiende a una etiqueta más que a una frecuencia concreta, ya que era lo mismo un do muy agudo que un do muy grave, esta nota siempre se correspondía con el número cero. En el enfoque geométrico, las relaciones simétricas se aplican tanto a los acordes individuales como a las progresiones armónicas. La conducción de voces se entiende como vectores que conectan a un acorde origen con un acorde destino. Todo este modelo teórico permite traducir términos musicales a lenguaje geométrico preciso, lo cual podría tener consecuencias en la pedagogía y la composición, por ejemplo.

### Vectores armónicos

La idea de vectores que conectan, o más bien transforman, acordes ya se planteó a finales de los ochenta del siglo pasado. La teoría de los vectores armónicos de Nicolas Meeùs va en esta línea, aunque no desde una perspectiva geométrica. El planteamiento del musicólogo y analista belga plantea dos vectores (dominante y subdominante[4]) que no son más que dos grupos de tres progresiones clasificadas según su frecuencia de aparición en la música tonal (jerarquizada). Cada una de estas progresiones es simplemente la relación de distancia (en intervalos musicales) entre la nota fundamental de los acordes. Por lo tanto, se codifican todas las relaciones de la música tonal en vector dominante (VD) y vector subdominante (VSD). Por ejemplo, el VD se compone de los intervalos 4ª ascendente (cuatro notas hacia arriba en la escala), 3ª descendente y 2ª ascendente. Esto quiere decir que las relaciones más

---

4. No hay que entender estos términos como en la armonía tonal, donde describen la función de los acordes.

habituales entre acordes implican estas distancias y direccionalidad entre las notas fundamentales de los acordes, es decir, entre un acorde de do mayor y un acorde de fa mayor se tiene en cuenta la nota que da nombre al acorde y no su disposición en la partitura. Desde do hasta fa hay una distancia de cuarta ascendente, por lo que sería una transformación dentro del vector dominante. Aunque a priori pueda parecer un planteamiento complejo, en realidad esta teoría simplifica mucho el análisis. Además, se evita pensar en una concepción estática de un acorde donde su función depende de la nota sobre la cual se construye, y se focaliza el análisis en la transformación, concepto mucho más cercano al inevitable carácter temporal de la música y a teorías cercanas a planteamientos matemáticos de Euler. Este enfoque transformacional no implica conceptos puramente geométricos, pero son la base donde se sustentan los nuevos modelos teóricos que plantea Callender y sus colaboradores.

## El algoritmo de Euclides

El enfoque geométrico implica inevitablemente al matemático griego Euclides, aunque no únicamente, porque, como se verá en próximos capítulos, la geometría fractal también ocupará un papel significativo en el análisis y composición de la música. Uno de los algoritmos ideados precisamente por Euclides usado para realizar el cálculo de algo que se aprende normalmente en secundaria como es el máximo común divisor, tiene aplicaciones en la música para entender mejor los ritmos de la música tradicional. Existe algo que tienen en común, por ejemplo, los ritmos africanos, las fuentes de espalación en física nuclear, la teoría de cuerdas en informática y el algoritmo de Euclides: la distribución de patrones de la manera más uniformemente posible (Toussaint, 2005). Relacionar los sistemas de temporización en aceleradores de neutrones con ritmos africanos puede parecer sorprendente en un principio, pero es algo que las matemáticas hacen muy bien. Centrándonos en la música, el algoritmo tiene aplicación en la distribución de acentos dentro de un ritmo, siendo el resultado un ritmo euclídeo. Distribuyendo patrones de forma uniforme se puede llegar a ritmos muy usados en la historia de la música. Si se toman como premisa rítmica un número total de pulsos y un número total de acentos que se distribuyen en ese ritmo, entonces se puede usar el algoritmo de Euclides para hallar la distribución más uniforme. Si por ejemplo se quisieran distribuir 3 acentos en 8 pulsos una de las maneras más uniformes es creando un ritmo de 3 + 3+ 2 tan popularizado en la milonga, quedando entonces representado geométricamente así:

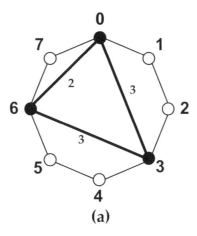

**(a)**

*El ritmo euclídeo también representa el tresillo desigual característico de la música cubana.*
*Fuente: Touissant, G. (2005). «The Euclidean Algorithm generates traditional musical rhythms».*
*Ranaissnace Banff: Mathematics, Music, Art, Culture, 51.*

Si se quisieran distribuir en esos mismos 8 pulsos 5 acentos, entonces el reparto sería alternando el 2 con el 1 en los pulsos y su representación quedaría de la siguiente manera:

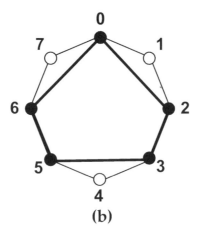

**(b)**

*Esta figura representa el cinquillo cubano. Fuente: Touissant, G. (2005). «The Euclidean Algorithm gene-*
*rates traditional musical rhythms». Ranaissnace Banff: Mathematics, Music, Art, Culture, 51.*

Se pude comprobar fácilmente que la geometría a un nivel mucho más simple que teorías como las de Callender puede llegar a ser una herramienta muy útil que implica un enfoque mucho más visual y asociativo que teorías más abstractas del análisis musical.

## Postulados geométricos

Aunque toda esta carga geométrica de la música pueda parecer muy novedosa, la concepción de la música desde esta rama de la matemática viene de lejos. Para no retroceder demasiados años, es necesario pararse en las teorías de un músico desconocido como es Joseph Schillinger. Ideó todo un sistema de composición basado en principios científicos, aunque eso no le libró de polémicas ni de que lo acusaran de pseudocientífico. Tuvo mucha influencia en ciertos músicos a pesar de su temprana muerte, sobre todo en el entorno del jazz. Tanto es así que uno de sus estudiantes fundó en 1945 en Boston la *Schillinger House of Music* para continuar con el sistema creado por el músico ruso-ucraniano. Hoy esta escuela es mundialmente conocida como la *Berklee College of Music*, donde se usó el sistema Schillinger hasta la década de los sesenta. La geometría tuvo un papel crucial en su visión de la música, sintetizada en su libro tercero de su sistema de composición titulado *Variaciones de la música por medio de proyecciones geométricas*. Identificaba las mismas variaciones posibles en un plano con las posibilidades musicales, tal y como se puede ver en la imagen:

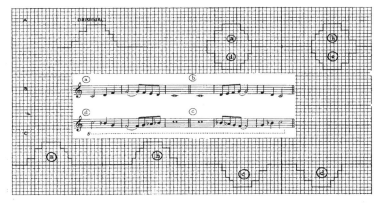

*Figure 4. Evolving the Four Geometrical Inversions of a Given Melody.*

*Gráfico perteneciente a la página 188 del libro III del sistema Schillinger.*

Aunque pueda parecer algo rudimentario, no hay que olvidar que Schillinger desarrolló su sistema en la primera mitad del siglo pasado, ya que murió muy joven en 1947. El lenguaje matemático usado en todos sus postulados es muy avanzado, lo que implicó su poca acogida entre los músicos de su época, ya que requería grandes conocimientos de esta disciplina. Los libros, que posteriormente fueron publicados por su esposa, son muy densos desde un punto de vista teórico y matemático lo cual ha provocado que no haya muchos expertos en su sistema desde un punto de vista historicista. Muchos años después ha habido varias propuestas de análisis musical informatizado para comparar melodías y encontrar similitudes mediante algoritmos que hallan el área de estas melodías. Para conseguir esto las melodías se pueden representar, por ejemplo, como cadenas poligonales ortogonales (Aloupis et al., 2006). Las soluciones geométricas también alcanzaron a la manera de afinar los instrumentos. En la actualidad, la música occidental tiene un sistema temperado que divide una octava en 12 partes iguales (semitonos), pero esto no siempre fue así. En afinaciones pitagóricas o con temperamentos mesotónicos los tonos se dividían en *commas* o partes de éstas lo cual daba sutiles diferencias con los intervalos musicales que se escuchan habitualmente hoy en día. Por ejemplo, hallar un séptimo de una *comma* podría implicar la raíz cuadrada, cúbica, cuarta o séptima de 81/80 dando cantidades irracionales (Gaínza, 1998). La solución geométrica pasó por usar el *mesolabio*, un aparato creado por Eratóstenes de Cirene para establecer proporciones, y que fue usado muchos años después por teóricos como Zarlino, Lemme Rossi o Marin Mersenne.

Tanto si se quieren diseñar nuevos métodos para representar la música, como crear nuevas formas de analizarla para entenderla mejor, la geometría y la concepción del espacio geométrico ha sido y sigue siendo un territorio lleno de posibilidades para que las costuras del conocimiento musical sigan ensanchándose, estirando las disciplinas gracias precisamente a su mezcla.

## Una colmena armónica

Una de las cosas sobre la que más se ha insistido a lo largo de los diferentes capítulos de este libro es el carácter temporal de la música, algo innegable a todas luces. Se ha hablado de certidumbre, incertidumbre, expectativa del oyente y transformación. Esta última idea es inherente a la música, la cuestión es cómo se entienda esta transformación o cambio. En el mundo académico, el análisis de la armonía ha jugado un papel fundamental, creando grandes cantidades de literatura al respecto. La armonía y sus leyes son fundamentales en el conocimiento musical profundo. Sin embargo, a lo largo de toda la historia de la música occidental ha habido muchos esfuerzos en la creación de normas y etiquetados para entender, por ejemplo, la función de un determinado acorde. El análisis tradicional armónico otorga un conocimiento muy válido para saber qué acordes intervienen en la música y por qué están donde están y no en otro lugar, pero no ha sido hasta el s. XX que los analistas han tenido la necesidad de centrarse en las funciones de transformación de la música y la armonía. Esta necesidad es consecuencia de la evolución misma de la música, ya que, a partir de ciertos compositores como Wagner, la música supera los modelos analíticos aplicables a sistemas tonales diatónicos (Pablo Basurto, 2014). Esto implica nuevos retos de nomenclatura para designar a este tipo de música, tales como música postonal o armonía cromática, entre otras. El problema está en la visión de los acordes como objetos musicales estáticos, que tienen una morfología y una función enlazados unos con otros mediante ciertas normas. Cuando se desvirtúan la función y los enlaces, entonces el sistema tonal entra en crisis. Poner el foco en la función de transformación y en nuevas representaciones más cercanas a la geometría resuelve este problema. Si se tiene un acorde «A» y un acorde «B», no tiene mucho sentido preguntarse qué función tiene cada uno cuando el contexto deja de ser jerárquico y las normas de esa jerarquía se desvanecen. Es mucho más significativo preguntarse cómo hay que transformar A para obtener B. Por lo tanto, la función de un acorde deja de ser una propiedad estática que depende del grado de la escala sobre el que se construye y pasa a ser algo que actúa sobre un acorde para convertirlo en otro. Es algo muy relacionado con la teoría vectorial de Nicolas Meeùs comentada en páginas anteriores. Las funciones armónicas dejan de ser propiedades de los acordes y se convierten en la manera de transformar un acorde en otro, por lo que se hace necesario definir y nombrar las diferentes funciones. Una teoría que llega hasta este punto es la conocida como teoría neoriemanniana, que debe su nombre a que parte de teorías del musicólogo alemán Hugo Riemann.

## Diagrama de tonos

Este teórico fue uno de esos músicos preocupados por establecer modelos analíticos para las composiciones de su época que se iban alejando de postulados tradicionales, con una armonía empeñada en encontrar nuevas sonoridades. A esto hay que sumarle que, en la época de Riemann, en el s. XIX, había una preocupación por renovar teorías para poder considerar la música como disciplina científica. La idea original era buscar una explicación, un modelo científico capaz de ilustrar cómo se percibe la música. Para ello, crea una tabla de relaciones tonales para representar visualmente las armonías y las tonalidades. Esta representación visual parecida a una red, organiza los tonos de tal manera que en las líneas horizontales hay distancias de 5ª. Por ejemplo, desde «g» (Sol) hasta «d» (Re) se pueden contar 5 notas ascendentemente (sol, la, si, do y re). En sentido diagonal ascendente de la red, la relación de las notas es de 3ª mayores, tres notas donde hay dos tonos, por ejemplo «f» (Fa) hasta «a» (La). Hay tres notas, fa-sol-la, pero solo dos tonos, uno entre fa y sol, y otro entre sol y la. En el sentido diagonal descendente la distancia es de 3ª menor, es decir, también tres notas, pero con un semitono menos.

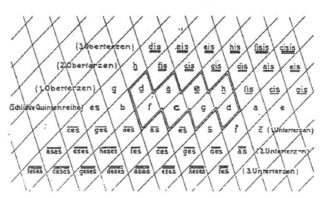

Hugo Riemann, "Ideen zu einer 'Lehre von den Tonvorstellungen,'" *Jahrbuch der Bibliothek Peters* 21–22 (1914–1915): 20.

Esta red permite pasar de un acorde de do mayor (c-e-g) a un acorde de sol mayor (g-h-d) con un desplazamiento lateral de la misma figura geométrica que forman esas tres notas. También puede pasar de do mayor a la menor (a-c-e), la tonalidad relativa en las leyes de la armonía, con un movimiento hacia la izquierda de la nota que queda arriba en la figura de do mayor, lo que resulta la misma figura geométrica pero invertida. Para Riemann todo esto era una abstracción de la experiencia musical, una construcción mental imaginaria. Esta concepción de los cambios armónicos se acerca a la idea de que, a partir de unos datos auditivos, éstos se transforman en una visión de cambios espaciales (Pablo Basurto, 2014). Por más revolucionario que pueda parecer esta concepción y el uso de tonnetz, que es como se conoce a esta red o diagrama de tonos, Riemann no inventas nada. Se basa en trabajos de relaciones acústicas del físico Artur von Oettingen, que como no podía ser de otra manera, a su vez se basó en las teorías musicales y de afinación del matemático Leonhard Euler. La primera representación de un tonnetz aparece en su obra *Tentamen novae theoriae musicae ex certissismis harmoniae principiis dilucide expositae* para indicar la manera de afinar un instrumento de oído. Posteriormente también explicó diferentes formas de llegar a intervalos menos usuales mediante varios caminos posibles en sus diagramas.

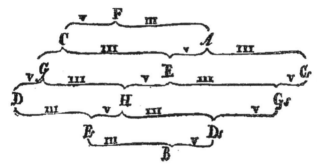

*Tonnetz de Euler. Tentamen novae theoriae musicae ex certissismis harmoniae principiis dilucide expositae, 1739.*

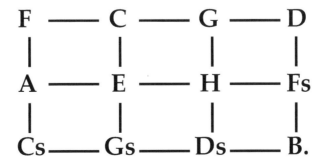

*Tonnetz de Euler. De harmoniae veris principiis, 1774.*

Como se puede apreciar, las teorías matemáticas y la geometría no sólo han valido para perspectivas filosóficas desde la antigüedad, sino que también han tenido un fundamento práctico. Volviendo al diagrama de Riemann, es necesario resaltar que en su origen fue concebido como infinito. El musicólogo alemán usó la justa afinación, esto quiere decir que la enarmonía como tal no se contempla, es decir, que do sostenido no es igual a re bemol, por lo que la afinación no es la temperada que hoy escuchamos en la mayor parte de la música. Hay diferencias sutiles en la percepción auditiva, que conlleva un potencial expresivo distinto. De todas formas, esto atiende más a un deseo del propio Riemann que a una realidad, porque en la práctica llevar a cabo toda la música de Wagner, por ejemplo, sin afinación temperada es imposible.

**Operaciones de transformación**

A finales del s. XX surgió un interés precisamente por las operaciones de transformaciones para convertir acordes, qué notas se han de cambiar para transformar un acorde en otro. Uno de los teóricos que dio pie a estas teorías fue el profesor de la Universidad de Yale Richard Cohn, con su interés por algo conocido hoy en día por todos los estudiantes de armonía: cambiar de un acorde a otro por el camino más corto, es decir, manteniendo en lo posible las notas comunes entre dos acordes para enlazarlos. Centró su atención en los acordes que se formaban al cambiar sólo una de sus notas. El objetivo no era llegar a un acorde predeterminado intentando mantener todas las notas posibles, sino centrarse en averiguar a qué acordes se llega manteniendo todas las notas posibles. Cohn, junto a otros teóricos donde destaca David Lewin, formó un grupo de trabajo de donde parte la teoría neoriemanniana. Lo único que se hizo fue aplicar la teoría musical transformacional de Lewin (1987) a los acordes tríadas (con tres sonidos) y categorizando las transformaciones de los acordes, que se han reducido a tres funciones que son L, R y P definidas así por la inicial de su nombre. La operación L transforma una nota de un acorde en otra para convertir el acorde en otro totalmente distinto. La operación R cambia una nota y convierte un acorde en su relativo menor y la función P lo único que hace es convertir un acorde mayor en menor.

Ejemplo 1a. Las operaciones L, R y P consideradas como inversiones.

*Hascher, X. (2007). Nuevas perspectivas para un formalismo musical. El neoriemannismo americano.*
Doce Notas Preliminares, 19-29. *p. 112.*

Reducir a tres las operaciones de transformación de los acordes tiene varias ventajas, como puede ser generar enlaces armónicos automatizados. Los cambios de acordes vienen determinados únicamente por estas tres operaciones, lo cual no quiere decir que únicamente se pueda realizar una operación para cambiar de acorde. Pasar de un acorde a otro puede requerir rotaciones sucesivas, pero siempre se usarán una de estas tres transformaciones. Esto implica que según se aplique alguna operación de transformación, podemos representar geométricamente un movimiento hacia la derecha, izquierda, arriba o abajo. Los tonnetz más actuales son usados por herramientas informáticas para evaluar empíricamente los análisis armónicos.

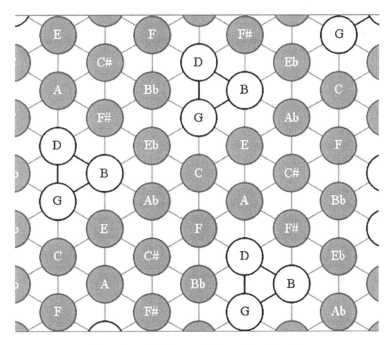

*Tonnetz realizado con el software HexaChord.*

Esto facilita las estimaciones de similitud en grandes corpus de obras musicales, creando formas geométricas e incluso analizando la trayectoria armónica de forma mucho más visual.

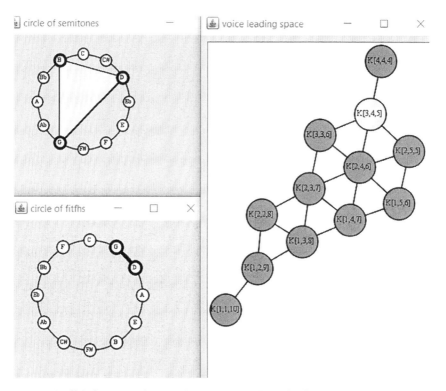

*Análisis de trayectoria armónica en tiempo real con el software HexaChord.*

Todos estos cálculos permiten también poder aportar datos para la recreación de estilos musicales, así como para la composición automática de acompañamientos a melodías. Usar herramientas informáticas para analizar aumenta la eficacia del análisis cuando hay grandes cantidades de música y queremos obtener resultados a través de la comparación de diversos parámetros. Pero hay que tener en cuenta que la eficiencia no es sinónimo de objetividad, es decir, por muy empírico que sea el análisis, sólo son datos que posteriormente los analistas tendrán que interpretar y aplicar. Esta especie de colmenas armónicas nos ofrecen nuevas (y viejas) representaciones de la música como algo que se mueve en el espacio geométrico y que desencadenan nuevas perspectivas del arte musical.

# La música de Mandelbrot

El arte musical siempre ha estado influenciado de alguna manera por grandes matemáticos de la historia. Quizá la figura de Pitágoras es la más universal y recurrente cuando se quiere disolver el espacio que separan los números y las notas musicales, pero evidentemente no es la única. La importancia de algunos nombres ya ha quedado expuesta en los capítulos precedentes, aunque es cierto que se quedan muchos otros atrás. A pesar de esta unión, la música siempre se asocia a las matemáticas en la antigüedad clásica o bien en los procesos informáticos que permiten crear o recrear.

En este breve capítulo se va a intentar poner de manifiesto una analogía en el avance del conocimiento. Lo que se pretende es ver cómo un avance en el ámbito matemático no sólo genera nuevo conocimiento matemático, sino que repercute directamente en la creación de conocimiento en otros ámbitos, como puede ser la música. No se trata por lo tanto de tratar de explicar la música con conocimientos matemáticos sino de crear nueva música, e incluso estilos, mediante el avance en el conocimiento matemático. Para ello, sirva como ejemplo el caso del matemático Benoît Mandelbrot.

## Geometría fractal

Una de las mayores aportaciones del matemático polaco fue su estudio sobre la dimensión fraccionaria, usando como ejemplo la medición de la costa de Inglaterra (Mandelbrot, 1967), donde trata de abordar la geometría desde una perspectiva no euclidiana. Posteriormente se acuñó el concepto de fractal como conjunto geométrico que repite su estructura básica a diferentes escalas. Esto quiere decir que si se miran a cualquier nivel de «zoom» se encontrarán detalles ya observados a nivel global. Esta concepción geométrica proviene de la observación de la naturaleza, en contraste con la geometría euclidiana, es decir, la geometría que se aborda normalmente en los planes de estudios de los colegios y centros de enseñanza secundaria y bachillerato. Para Mandelbrot, la perspectiva de Euclides no era capaz de explicar las formas de la naturaleza porque se parte de un planteamiento estrictamente artificial. No existen conos, círculos o líneas rectas perfectas en las formas de la naturaleza, por eso se hacía necesario cambiar la mirada hacia un enfoque que se ajustara más, aunque también de manera aproximada, a las formas reales de las cosas observables. La naturaleza no sólo es más compleja, sino que además tiene un nivel distinto de complejidad. En su famoso artículo de la revista Science, da algunas claves sobre las propiedades de los fractales, donde habla de curvas autosemejantes, es decir, una de las dos propiedades que los definen. Esta autosimilitud es lo que se ha señalado, que su estructura no cambia a cualquier nivel de escala de observación. Para entender este concepto mejor, basta con fijarse en la estructura de, por ejemplo, un suelo agrietado por la sequía o un rayo en una tormenta. Todas las ramificaciones que se han observado a nivel global se pueden volver a observar a otros niveles más al detalle.

Además de toda esta autosimilutud, los fractales se caracterizan porque se definen por un algoritmo relativamente sencillo que es recurrente, es decir, se basan en la iteración de una norma simple. Un ejemplo de fractal sencillo es la curva de Koch, construido a partir de un triángulo equilátero, dividiendo cada uno de sus lados en tres partes idénticas y de cada una de estas partes emergen dos lados iguales en longitud, consiguiendo un nuevo diente.

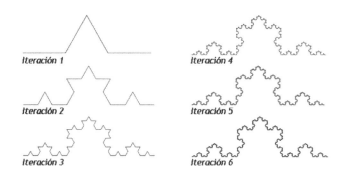

*Repeticiones del algoritmo en la curva de Koch.* Fuente: www.masscience.com

Aunque este fractal proviene de la geometría euclidiana y es anterior a las investigaciones de Mandelbrot, ilustra perfectamente los conceptos de autosimilitud y autorreferencia. Partiendo de estas dos propiedades que se pueden observar en la geometría que se encuentra en la naturaleza, cabe hacer analogías con la música. Si se piensa, por ejemplo, en una composición musical barroca como es la fuga, el procedimiento compositivo es la autoréplica de un tema y el desarrollo de éste en diferentes escalas. Procesos de aumentación o disminución del mismo material musical, como si se hiciese zoom en cualquiera de las figuras fractales, está presente en muchísima música a lo largo de la historia. Partir de las dos propiedades de los fractales, autosimilitud y autorreferencia, también han sido postulados clave para la creación de nuevas músicas. El shock de la lógica fractal también alcanzó al mundo de la composición musical y ha continuado su propia línea de creación. En España existen varios ejemplos de compositores, a veces desconocidos y poco programados por las instituciones, que utilizan esta lógica fractal y el cálculo matemático para sus obras. Francisco Guerrero fue uno de ellos, muy influenciado por la geometría fractal y la teoría del caos. Tuvo que realizar un trabajo conjunto con ingenieros informáticos para diseñar un programa que le ayudara a desarrollar su música, con cálculos cada vez más complejos. Un alumno suyo, y quizá también poco conocido es Alberto Posadas, quien ha continuado el planteamiento compositivo de Guerrero. El estudio del movimiento Browniano le llevó a crear una obra con un nombre bastante significativo, *Liturgia fractal*, escrita entre 2003 y 2008. Un ejemplo más de composición fractal está en el compositor y pianista Gustavo Díaz Jerez, que acabó creando un software llamado *FractMus*. Como puede deducirse de su nombre, es un programa que sirve de herramienta para crear material sonoro que sirva para este tipo de composiciones. Aunque el programa proporcionaba material musical mediante fórmulas fractales, también permitía crear a partir de otros procesos algorítmicos.

## El conjunto de Madelbrot y sus sonidos

Volviendo a la geometría, el propio Mandelbrot desarrolló su objeto geométrico fractal conocido como el *Conjunto de Mandelbrot*, basado en investigaciones anteriores de Gaston Julia, otro matemático francés. Consiste, explicado de manera extremadamente simple, en la representación de todos los conjuntos de Julia conexos, con lo cual obtuvo una figura muy representativa: una cardioide con un gran disco tangente a su izquierda además de multitud de pequeños discos tangentes rodeándola.

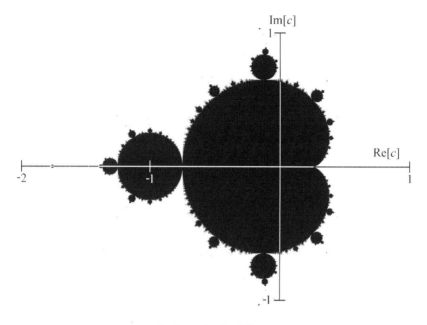

*Conjunto de Mandelbrot.*

Cualquier aumento de cualquier detalle vuelve a dar la misma figura una y otra vez, gracias a un algoritmo que se repite (Ortiz, 2000), conocido como *algoritmo de tiempo de escape*. Es muy significativo e incluso fascinante cómo se puede concebir una figura geométrica infinita dentro de un espacio finito. Todo este galimatías matemático-geométrico tiene una clara influencia en la música, no solo a la hora de entender la música a través del análisis bajo una perspectiva fractal, sino también para la creación de nuevas obras partiendo de estos postulados matemáticos, tal y como se ha señalado. Una de estas aplicaciones de los cálculos de Mandelbrot la hizo un músico peculiar como es Phil Thompson, que en realidad también es programador informático. Aunque en la actualidad existen multitud de compositores que realizan obras con la ayuda de un ordenador, el caso de Thompson es significativo, aunque su primer álbum tenga ya más de veinte años, porque aplica directamente los cálculos de Mandelbrot a la música, estableciendo correspondencias. Para ello desarrolló un programa llamado *Gingerbread*, que quizá deba su nombre a la similitud de la forma del conjunto de Mandelbrot con esas galletas con forma humanoide y paticortos de pan de jengibre tan características. En este programa informático se daba la oportunidad de escoger un punto del plano complejo e iterar una misma ecuación sobre este punto, lo que producirá una secuencia de puntos complejos. Posteriormente se les aplica una transformación para convertirlos en notas musicales (Ortiz, 2000). Cuando el cálculo del módulo de la trayectoria indique que esa trayectoria escapará al infinito, entonces la música volverá a su inicio. Esto representa una infinidad de posibilidades ya que la música generada va a depender del punto del plano elegido. De hecho, es, en palabras del propio autor, una forma de descubrir cómo suena el conjunto de Mandelbrot más que una composición. Una de las ventajas de este programa, como muchos otros, no está exenta de polémica, ya que permite la creación de música a personas sin conocimiento musical. Algo parecido a lo que hacía de manera más rudimentaria Mozart con los dados. Por seguir aumentando la polémica, el programa tampoco requiere conocimientos matemáticos. Es una idea un tanto transgresora, ya que se aúnan las matemáticas y la música para permitir el acto de la creación musical a personas totalmente ajenas a estas dos disciplinas del conocimiento. Además, permite crear tanto música «clásica» como otros estilos como puede ser el pop.  Esto hizo que fuera un programa con muchas posibilidades, sobre todo en la era digital, donde cualquier clip de video, película o página web necesita de un fondo musical o banda sonora. El programa también permitía calcular de manera aproximada cómo de monótona podía ser una melodía, ya que, eligiendo puntos dentro del conjunto, es decir, dentro de la cardioide, la música se estabiliza y enseguida se vuelve monótona. Sin embargo, si se eligen puntos en el límite, en la frontera del conjunto de Mandelbrot, entonces el programa devuelve melodías mucho más variadas. Si se eligieran puntos alejados del conjunto, entonces el programa solo genera muy pocas notas antes de volver a repetirlas, por esos cálculos matemáticos que tienden a infinito.

Esta última cualidad del programa es una buena metáfora de lo que se intenta comunicar en este libro. El espíritu fronterizo es en donde más rico se hace el conocimiento, al igual que si en el programa *Gingerbread* elegimos puntos fronterizos que no están ni alejados de la figura geométrica ni muy dentro de ella, obtendremos así melodías menos repetitivas y más interesantes desde un punto de vista puramente musical. Como dice Juan Antonio Pérez Ortiz (2000), la geometría fractal se mueve en la frontera entre lo monótono y lo sorpresivo y entre lo impredecible y lo predecible. La música fractal adolece de las mismas carencias y tiene las mismas virtudes.

# Los fractales de Beethoven

Las investigaciones desarrolladas a partir del concepto de fractal acuñado por Benoît Mandelbrot han sido determinantes en muchos campos de la ciencia. La definición de este tipo de visión geométrica ha permitido un mayor acercamiento al mundo natural mediante cálculos matemáticos. Esta concepción de la geometría también ha permitido avanzar en la detección eficaz de ciertos tumores, permitiendo caracterizar los cambios de irregularidad en los contornos de las células o los tejidos. Es fácil deducir la importancia que puede llegar a tener cualquier investigación en diferentes disciplinas del conocimiento. Puede ser que las aplicaciones de la lógica fractal en la música no sean tan trascendentes como en el ejemplo anterior, pero sí que implica cuestiones que afectan a nuestro conocimiento musical desde una perspectiva analítica.

## Perspectiva fractal del análisis

En el capítulo precedente se ha podido comprobar cómo los fractales pueden llegar a formar parte directa de la metodología usada por los compositores y compositoras para la creación de sus obras. Hay muchas posibilidades dentro de la música fractal, desde los primeros intentos de «traducción» directa de las operaciones matemáticas en un punto de lo que los matemáticos llaman plano complejo, con el Conjunto de Mandelbrot, hasta la generación de material sonoro para que se puedan crear obras musicales con materia prima fractal. La informática ha mejorado la eficacia y posibilidades de la transformación de las operaciones numéricas en notas. Sin embargo, el fractal no sólo es una herramienta en el proceso creativo, sino también en el analítico, en músicas muy anteriores a la aparición de este concepto matemático. En la creación, la repetición constante de un cálculo simple nos puede llevar a una melodía infinita a partir de un número finito de notas, de ahí que las decisiones del compositor sobre el material sonoro generado por ordenador sean tan trascendentes. Pero ¿y en el análisis musical? Se pueden establecer relaciones comparativas entre las técnicas de composición de algunos autores con la manera en la que se generan los fractales, poniendo de relieve propiedades de construcción (Vargas, 2005). El análisis de una partitura es útil para entenderla mejor, ya sea para su interpretación o bien para mejorar nuestro conocimiento sobre el autor o autora de la pieza. La mayor parte de las veces, este tipo de análisis es llevado a cabo por personas que encajan en un perfil interdisciplinar muy cercano a las ciencias experimentales. Los análisis musicológicos de partituras suelen estar orientados a un enfoque historicista y humanístico, lo cual es lógico si se quiere generar conocimiento histórico de nuestra música occidental. Lo que escapa un poco a la lógica es que otros enfoques analíticos, como el de la perspectiva fractal, sean casi inexistentes en los libros y tratados que abordan la historia de la música bajo el prisma de la musicología sistemática.

## La lógica fractal en Beethoven

Una de las características de la geometría fractal es que parte de la observación de la naturaleza y son básicamente visuales. La perspectiva analítica fractal de cierto repertorio de música «clásica» puede atender a dos miradas del mismo hecho. Una de ellas es la utilización de herramientas con lógica matemática para poder encajar ciertas estructuras que se observan a través de los pentagramas. La otra mirada, un poco más metafórica o poética, es entender que las estructuras fractales también existen en el mundo auditivo y pueden llegar a escucharse siempre y cuando seamos instruidos para ello. Es lógico pensar que, si la música forma parte de la naturaleza humana, los fractales también hayan estado presentes en la música occidental a lo largo de la historia. Su esencia jerárquica la aproxima al concepto de fractal. Tanto la autosimilitud como el uso del mismo material sonoro usado a diferentes niveles estructurales que implica la autorreferencia han sido característicos de algunas composiciones paradigmáticas de compositores reconocidos universalmente. Tal es el caso de Beethoven, aunque, por supuesto, no es el único. Una de sus piezas más paradigmáticas en cuanto al análisis fractal es la obra *Sechs Ecossaisen WoO 83*, estudiada desde esta perspectiva por el compositor Larry Solomon (2002). Esta obra es un conjunto de seis piezas muy breves para piano, donde se repite la mitad de la primera de ellas cada vez que se cambia de número de pieza. De hecho, la primera de ellas, es la que tiene una estructura fractal. Tiene de longitud 32 compases, que, a su vez, se dividen en dos secciones de 16, que a su vez se dividen en frases de 8, con dos periodos de 4, que quedan divididos en 2 que a su vez se reducen a un motivo de un solo compás, que es lo que se va transformando. La autosimilitud y autorreferencia quedan patentes con tan solo escuchar la pequeña pieza, cada división de esta primera pieza de 32 compases es una réplica más pequeña de una unidad más grande, tal y como explica Solomon. Esto tiene una analogía directa con el *Conjunto de Cantor*, el primer fractal conocido e ideado por George Cantor en 1883. Este matemático, a quien también se le debe la creación de la teoría de conjuntos (ya analizada su perspectiva musical en un capítulo anterior), parte precisamente de un conjunto de longitud cero, cuyos puntos se identifican uno por uno con los puntos de una recta. Coge un segmento de una longitud determinada, lo divide en tres partes iguales y elimina la parte central. Esta operación es de uso recursivo para los segmentos que quedan, tal y como se aprecia en la imagen:

*Conjunto de Cantor.*

Esta analogía con un fractal no es un ejemplo único en Beethoven, ya que, por ejemplo, en su Sonata op. 28, el tercer movimiento puede ser analizado con modelos análogos a otro fractal conocido como el triángulo de Sierpinski, que ilustra la autosimilitud perfecta, ya que tras el proceso algorítmico siempre se obtiene formas geométricas idénticas a la original (un triángulo) solo que a una escala de tamaño menor. La norma de este fractal no es más que la unión de los puntos medios de cada lado, consiguiendo así cuatro triángulos. A continuación, se descarta el central y se vuelve a realizar la misma operación con los restantes, y así hasta el infinito.

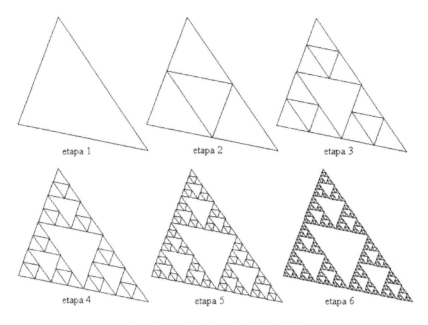

*Iteraciones del triángulo de Sierpinski.*

En Beethoven la analogía ocurre en cuanto a la estructura, la construcción es tripartita con una forma A-B-A, donde se alternan las divisiones binarias con las ternarias (Lindstedt, 2009). Dividir en dos los lados del triángulo y que eso desemboque en otras figuras de tres lados es algo parecido a lo que ocurre en Beethoven además de estar las partes supeditadas al todo, es decir, la microforma es el reflejo de la macroforma. De la geometría fractal nada sabía Beethoven, ya que, como se ha señalado, el primer fractal fue ideado por George Cantor en 1883 y Beethoven falleció en 1827, pero esto no impide abordar el entendimiento de su música desde la lógica de los fractales. De hecho, existe todo un trabajo académico de Hwakyu Lee (2004) que aborda la *Sonata op. 28* de esta manera. También es cierto que esta lógica se puede apreciar en mucha música tonal «clásica» de diferentes épocas. La música de Bach es un buen ejemplo, puesto que ha sido abordada analíticamente desde estas perspectivas, así como también ha sido el blanco de múltiples especulaciones con grandes connotaciones místicas u ocultistas. La música que no atiende a la jerarquía tonal o que ha trasgredido otras normas de la teoría musical, como puede ser la compuesta por el ya citado Conlon Nancarrow, tampoco ha escapado de los fractales (Scrivener, 2000).

**Fractales ocultos**

La perspectiva analítica no sólo se ha limitado al uso de la partitura como medio para obtener conocimiento, existen algunos estudios (Su y Wu, 2007) que demuestran propiedades fractales de la música al analizar el espectro de secuencias de notas. El análisis del sonido no es algo nuevo, ya en su momento el citado Mandelbrot definió los *scaling noises*, unos sonidos que tienen las propiedades escalares en la forma de onda, es decir, que el sonido no cambia (ni siquiera el tono) si se reproduce a velocidad diferente (Gardner, 1978).

Con la música ocurre igual que con las formas geométricas de la naturaleza, en ocasiones es fácil observar dónde se encuentran los fractales, sin embargo, en otras necesitan de una búsqueda deliberada (Zulfikar, 2019). En cuestiones perceptivas y desde un enfoque de la fenomenología de la música, sería muy complicado asumir la lógica fractal. Al igual que ocurre en las formas de la naturaleza, no siempre son observables a simple vista. Al no poder ver directamente estas estructuras, la curiosidad se convierte en motor de búsqueda para encontrar respuestas, razones que expliquen la belleza de las formas.

# ¿Arquitectura musical o música arquitectónica?

Desde los tiempos más remotos hasta las músicas más actuales, las relaciones interdisciplinares han estado presentes de alguna u otra manera. La arquitectura no ha sido una excepción, sino más bien al contrario. El tándem música-arquitectura se presenta a lo largo de nuestra historia como una búsqueda incesante, un abanico de colaboraciones que no ha parado, no sólo ya desde lo netamente práctico en cuanto a la propagación del sonido, sino desde concepciones puramente filosóficas del arte. Existe muchísima literatura que estudia el trabajo musical desde la arquitectura, así como el trabajo arquitectónico desde la música. Son enfoques diferentes, pero no divergentes, puesto que ha habido casos que han necesitado de estos dos enfoques para desarrollar proyectos artísticos.

**Analogías y metáforas**

La proporción y la armonía son conceptos usados en el arte, comodines para establecer la lógica y la belleza de cualquier obra. Las matemáticas han sido un nexo para el arte de buscar exactas mediciones para la orientación del espacio y las formas con el arte de hacer mediciones para encontrar sonidos. Estos sonidos se relacionan entre ellos mediante distancias acústicas exactas, que acabarían desembocando en las leyes de la armonía musical. La analogía en la terminología entre arquitectura y música es palmaria y nada nuevo. Las metáforas arquitectónicas son más que habituales en la música por ser una referencia visual contundente. Las metáforas musicales en la arquitectura a veces juegan con la temporalidad y el movimiento, mientras que en otras ocasiones los espacios arquitectónicos son concebidos como objetos de arte que contienen sonido, lo manipulan e incluso lo crean (Alemán, 2001). La relación es altamente bidireccional. Los escritos de Boecio, concretamente en De musica, señalan que la belleza sigue las tres proporciones simples 2:1 (el intervalo de octava en música), 3:2 (el intervalo de quinta) y 4:3 (el intervalo de cuarta). Esta misma idea se puede encontrar posteriormente en las obras de los arquitectos Leon Battista Alberti y Filippo Brunelleschi (González, 2003). Éste es solo un ejemplo de los muchos existentes a lo largo de la historia que además no son exclusivos de la cultura occidental.

Un caso paradigmático de las relaciones e influencias entre arquitectura y música fue el estilo policoral veneciano, desarrollado a finales del Renacimiento y principios del Barroco. Se puede decir que este estilo fue provocado por particularidades arquitectónicas, un tipo de música que nace directamente de la arquitectura. Este estilo surge en la basílica de San Marcos, donde los coros debían estar separados espacialmente. La dificultad de coordinar coros separados para que cantaran simultáneamente llevó a los compositores a escribir música coral de manera alternada y colocando al público en el centro. Es probable que sea uno de los primeros ejemplos de sonido estéreo en directo. Un efecto especial que el público acogió de manera muy positiva y los autores no tardaron en escribir en este estilo particular, no solo para la basílica de San Marcos, sino también para otras catedrales de Italia. En este caso, a pesar de lo curioso, es un gran ejemplo para ilustrar como aquellos músicos convirtieron una dificultad en una ventaja. Sin embargo, en el ejemplo la influencia arquitectónica no es premeditada.

También la arquitectura ha querido en ocasiones servirse de la música, no ya para las proporciones matemáticas y mediciones, sino para dotar de sonido real a los espacios arquitectónicos. Un caso muy conocido es el de Gaudí, en su obra modernista *El capricho*, situada en la localidad de Comillas, donde las ventanas de guillotina tienen unos contrapesos que son tubos de metal que emiten notas musicales. Además, en una de las vidrieras conservadas del proyecto original hay motivos de animales tocando instrumentos. Tampoco hay que olvidar el interés del arquitecto por el canto gregoriano y lo que le supone en el proyecto de la *Sagrada Familia*.

## Simbiosis de música y su espacio

En el s. XIX, el interés de los compositores empieza a girar en torno al espacio donde finalmente se oirá la obra. Entonces el espacio empieza a tomar importancia en cuanto a ser una variable más para ser tenida en cuenta, aparte de las cualidades del sonido habituales como son duración, intensidad, timbre y altura (en Hz). Sin embargo, no es hasta el s. XX donde se inicia un verdadero apogeo de colaboración entre arquitectura y música. Ya no es la música adaptada a un determinado espacio, sino que la idea se va transformando en conseguir una obra de arte en la que tanto el edificio como la música son partes integrantes del todo, no son separables. Para ello se contempla la idea de controlar los estímulos sensoriales, tanto visuales como auditivos, y haciendo que la música se mueva por las fuentes sonoras e incluso que las fuentes sonoras se muevan. De tal modo, el espectáculo envuelve al público, igual que en ese estilo policoral de finales del Renacimiento, y lo hace partícipe del espectáculo. La incursión de la electrónica y lo digital en la música hizo posible toda esta simbiosis.

Más allá de aforismos románticos como el del filósofo alemán Friedrich Schelling, «La arquitectura es música congelada», la simbiosis señalada no se limita al léxico, sino que pasa a ser conceptual. Términos puramente espaciales se convierten en musicales y viceversa. Esto ocurre con el compositor ya mencionado Iannis Xenakis, pero evidentemente no es el único. El tándem arquitecto-compositor como equipo de trabajo para crear proyectos artísticos tiene otros nombres, algunos muy conocidos. De hecho, Xenakis trabajó como ingeniero para el arquitecto Le Corbusier, no como músico. El mítico pabellón Philips era parte de un proyecto del arquitecto suizo-francés donde se integrarán el color, la música, la imagen, la palabra y el ritmo. Sin embargo, el músico encargado para este trabajo no fue Xenakis sino Edgar Varèse, a pesar de que Xenakis era compositor y trabajaba para el arquitecto. La música de Xenakis estuvo muy en segundo plano en este proyecto y tan solo consiguió estrenar una obra titulada Concret PH, relegada a hacer de interludio entre las presentaciones del espectáculo cuando el público entraba o salía del pabellón. Lo significativo aquí en la relación o, mejor dicho, fusión de la música con la arquitectura fue la creación de obras como Metastaseis. La continuidad de las formas buscada en el proyecto arquitectónico hizo que el compositor buscara esta misma continuidad en la música. La similitud de la partitura y los bocetos de los dibujos para los planos del edificio llaman la atención y tienen un nexo de unión matemático, como son los paraboloides hiperbólicos, una superficie tridimensional descrita mediante ecuaciones.

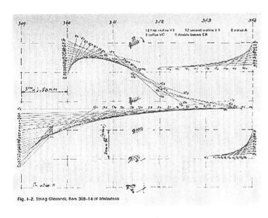

*Metastaseis.*

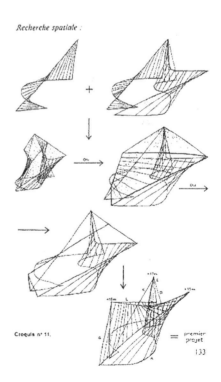

*Bocetos del Pabellón Philips.*

La influencia de lo arquitectónico no se limita a esta obra, sino que Xenakis va desarrollando proyectos multiartísticos y otras obras que se mueven por el espacio, tal y como se ideó en el proyecto de Le Corbusier. Para realizar todo este trabajo posterior, tuvo que hacer muchos cálculos complejos matemáticos y procesos informáticos.

Este compositor es un caso paradigmático de la música arquitectónica o de la arquitectura musical no solo por sus obras de arte musicales, sino porque la herramienta de trabajo más característica de un arquitecto, la mesa de dibujo, fue reconvertida en hardware (llamada UPIC) donde el dibujo a mano alzada era la manera de controlar los eventos sonoros.

## Espacio escénico dinámico

Otro compositor muy concienciado de la importancia del espacio y la arquitectura en lo musical fue Luigi Nono. De hecho, estudió a fondo la música de estilo policoral y el espacio escénico de la basílica de San Marcos de Venecia. Él era veneciano así que tuvo ese espacio muy cerca para reflexionar y poder visitarlo. El compositor no veía con buenos ojos las salas de conciertos, donde el espectador recibe la música desde un único punto frontal (Olmedo, 2021). En el caso de Nono, la relación interdisciplinar con la arquitectura proviene del contacto con el arquitecto, también italiano, Renzo Piano y su petición de la construcción de un espacio ideado para el estreno de una ópera suya. El continente de ese espacio fue un edificio preexistente como es la iglesia de San Lorenzo de Venecia, pero en su interior se dividió el espacio en diferentes zonas al igual que la música se divide en diferentes movimientos. Es un gran paralelismo, donde la macro estructura de la obra es igual que la macro estructura del espacio escénico. Además de todo esto, el arquitecto idea una estructura parecida a un andamiaje a pie de los muros, donde los músicos se colocan dejando al público en el centro de la estancia, al estilo de los policorales de San Marcos. Además, este andamiaje tendrá varias plantas y unas rutas por las que los artistas se mueven, así el público recibe los estímulos desde lugares que van cambiando. La idea era que el espectáculo musical se moviese por el espacio y el público estático se viera envuelto por la música, al igual que si estuviera dentro de una caja de resonancia.

## Otras relaciones

Un artista polifacético e hijo de un inventor que tuvo relaciones profundas con la arquitectura fue el conocido John Cage, que incluso trabajó unos meses en un estudio de arquitectura en París (Olmedo, 2021). Su búsqueda interdisciplinar y su motivación cambiante hacia profesiones futuras le haría rehuir de una dedicación absoluta a algo tan específico y exigente como la arquitectura. Sin embargo, sí que llegó a relacionarse con importantes arquitectos. Su obra más conocida, *Silencio*, está claramente influenciada por un espacio arquitectónico diseñado para aislar cualquier ruido como es la cámara anecoica, en un intento de «escuchar» el silencio puro. El paralelismo de Cage es comparable, salvando las distancias, con la intención de Xenakis, ya que trabajan con sonidos y ruidos como materiales de construcción para crear sus estructuras, muchas veces inspiradas en formas o fenómenos extramusicales.

Como se ha podido comprobar con Xenakis, en algunos casos las partituras nacen directamente del proyecto arquitectónico, de bocetos y planos, donde se concreta una idea con mucha carga filosófica detrás de lo que es el arte musical. En otras ocasiones la partitura es una recreación del edificio, como en el caso del compositor Geoffry Wharton, quien dibujó con notas la fachada de la catedral de Colonia en su obra *The Ode de Cologne*. Esta partitura es usada frecuentemente como adorno en alguna pared ya que mide un metro de larga, pero a la vez es una partitura que se puede tocar, bastaría con inclinar el dibujo hacia la derecha para que los pentagramas queden horizontales y se puedan leer las notas. De hecho, ha sido interpretada precisamente por la Orquesta Filarmónica de Colonia. Es otro ejemplo más de cómo las formas y estructuras toman la dimensión del sonido. En ocasiones la arquitectura tiene una influencia directa en la música y en otras ocasiones la música influye en la manera de concebir un espacio arquitectónico, incluso cuando el fin de ese espacio no es albergar algún tipo de performance musical. Sin duda, el caso más transgresor se da cuando la arquitectura y la música se convierten en dos ingredientes de iguales proporciones que forman un todo artístico. Es aquí donde cabe hacerse la pregunta que da título a este capítulo.

## La música no se escribe, se dibuja

La relación de la música con la arquitectura desde prácticamente sus inicios tiene una consecuencia directa en la forma de representar la música. Obviamente la influencia de la arquitectura va más allá de la partitura, así como también las formas poco habituales de representar la música no siempre son consecuencia de la arquitectura. En el capítulo anterior se ha comprobado como la concepción de un dibujo para un edificio puede ser muy semejante a una partitura, aunque ésta sea poco convencional. La partitura como concepto es una consecuencia de querer captar algo inasible como es la música, algo que desaparece una vez se toca. Las primeras representaciones escritas de la música, la notación, empiezan a desarrollarse en el s. IX mediante neumas, lo cual no quiere decir que anteriormente no existieran notaciones musicales (como por ejemplo la alfabética griega), sino que a partir de este siglo se desarrollan mayoritariamente. La notación neumática no indicaba intervalos ni alturas precisas, sino que revelaba aspectos interpretativos en relación con la direccionalidad del sonido o el número de notas en las sílabas de la letra cantada. Es decir, que estas grafías nacieron como una ayuda para los intérpretes, siendo útil únicamente si se conocía previamente la música a interpretar puesto que la ausencia de indicaciones rítmicas y alturas exactas impedía una lectura a primera vista. Podría decirse que la mayor parte de las veces se trazaba un recorrido de lo que debían realizar los cantantes.

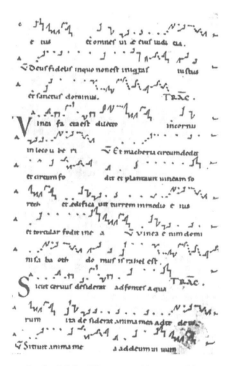

*Gradual del s. XI en notación neumática.*
Fuente: https://www.artsmusica.net/teoria-musical/breve-historia-de-la-notacion-musical/

Es muy significativo que estas primeras grafías tuvieran la intención de guiar visualmente un recorrido tanto en un eje vertical como en el eje horizontal, como una especie de perfil topográfico. En capítulos anteriores se han descrito técnicas, ya en el s. XX, de análisis musical que intentan captar lo que realmente se percibe cuando se escucha música y que abogan por estas representaciones de perfiles melódicos. La ayuda de lo visual no solo ha tenido el objetivo de la precisión de las notas de manera progresiva, sino que también se ha resaltado la intención de la música. La precisión vino dada por añadir pautas, o lo que es lo mismo, líneas horizontales que fueron poco a poco precisando las diferentes alturas de los sonidos con la ayuda de las claves. Los dibujos han sido de utilidad para la memorización de ciertos aspectos de la enseñanza musical antigua como la conocida mano guidoniana, que ayudó a leer y memorizar las notas o los semitonos. Una vez fijada la notación, con las pautas se pueden encontrar partituras con formas curiosas que revelan la intención del compositor. Un caso muy conocido y paradigmático es la canción de Baude Cordier titulada *Belle, Bonne, Sage*, con claras connotaciones románticas y que está escrita en forma de corazón. Además, en esta partitura el color también juega un papel importante puesto que aparecen notas en color rojo para indicar alteraciones en los valores de las notas.

### Nuevas grafías

La partitura convencional que hoy se tiene muy normalizada ha gozado y goza de un papel primordial en la representación musical, sin embargo, entra en crisis cuando las vanguardias artísticas empiezan a introducir elementos que no son precisables en un pentagrama. Además, los compositores empiezan a trabajar no con la representación del sonido sino directamente con el sonido, lo cual lleva a esta situación de imposibilidad de representación escrita. El ya citado John Cage es un ejemplo en el cual se puede observar perfectamente cómo la partitura se convierte en un mapa sonoro, llevado al extremo en su obra *49 Waltzes for the 5 borough*. La experimentación sonora hace que el compositor en muchas de sus obras desarrolle gran variedad de nuevos grafismos. En cierto modo, el s. XX es donde más se desarrolla esta necesidad de nuevas grafías que dibujen la música. Esto se debe a la experimentación sonora, donde se rompe con la necesidad de precisión en las alturas de los sonidos, algo que fue muy necesario de representar en los siglos anteriores. Esta indeterminación en las alturas de los sonidos vuelve el foco de la necesidad en trazar el recorrido de la obra, para que quede constancia escrita de lo que se iba creando. Sin embargo, esta necesidad de representación también entró en crisis, planteándose los compositores y las compositoras si era necesaria la partitura, fuera ésta como fuera, ya que mucha música que se iba creando no tenía necesidad de personas que la interpretaran. El producto final no era un código interpretable, sino música hecha directamente con materia prima sonora gracias al desarrollo de la electrónica y la informática. Compositores que usaron frecuentemente la notación convencional de la música también compusieron obras electrónicas sin necesidad de representación gráfica. Tal es el caso del músico György Ligeti con una de sus obras más paradigmáticas en este estilo, como es *Artikulation*. Esta obra tiene la particularidad de que la partitura se crea posteriormente a la obra, por otro compositor, Rainer Wehinger. Aunque la partitura no siempre va de la mano del proceso creativo, en la música académica se suele componer de manera que las anotaciones y bosquejos se sirven del pentagrama. En la obra Artikulation, al ser algo experimental hecho de segmentos de sonidos, ruido, ondas sinusoidales, etc., el producto final no era interpretable. La representación gráfica dibuja los cambios de intensidades, timbres, tonos, duraciones, direccionalidad, filtros, espectros armónicos, etc. mediante formas y colores. Puede recordar a la primitiva notación neumática, como si el desarrollo electrónico y vanguardista nos devolviera circularmente a esos principios de la notación. Esta partitura ayuda a seguir el desarrollo de la obra cuando se escucha, pero evidentemente no tiene como objetivo que pueda ser interpretada en otros contextos, aunque pueda servir de inspiración para la realización de muy diversas performances. Por otro lado, aunque exista música escrita en notación convencional, también se ha procedido de manera parecida a Artikulation en algunos sistemas pedagógicos musicales. Un ejemplo de ello son los musicogramas, incorporados a la metodología Orff por Jos Wuytack, donde se pretende dibujar lo que suena y no precisarlo en un código.

**Nuevos medios**

Con medios electrónicos e informáticos ya ha habido intentos de dibujar el sonido, es decir, que el sonido salga directamente de lo que se dibuja. Un pionero en esto fue Xenakis, quien desarrollo UPIC, la mesa de arquitecto electrónica donde el dibujo a mano alzada tenía consecuencias sonoras. El compositor griego lo que hacía con este mecanismo era literalmente dibujar la música con un bolígrafo electrónico, los trazos se convertían en sonido. En el tablero de dibujo principal el eje horizontal representa el tiempo mientras que en el eje vertical se controlaba el tono. Tenía la opción de dibujar una envolvente de intensidad para cada línea dibujada en el tablero principal (Thiebaut et al., 2008). Obviamente este dispositivo tenía sus limitaciones y fueron quedando patentes conforme se avanzó en la composición de música electroacústica.

Hoy en día se pueden crear sonidos a través del dibujo con diversos tipos de software, basados en estos primeros intentos. Uno de ellos, inspirado directamente en los trabajos de Xenakis es *Iannix*. Es posible ver hoy en día en internet multitud de vídeos de composiciones creadas mediante esta aplicación. Las animaciones de su representación gráfica pueden llegar a ser hipnóticas. La gran aportación de este software fue evitar tratar el tiempo en el eje horizontal de forma lineal. Para ello se ideó que el usuario pudiera controlar objetos multidimensionales que pudieran ser parametrizados y ejecutados simultáneamente. Contemporáneos a la aparición de Iannix existen otros como *Metasynth* que permite incluso sonorizar dibujos mediante la creación de sonidos con un procedimiento que se denomina síntesis aditiva, es decir, mediante el añadido de diferentes frecuencias parciales para crear timbres. Otro de estos programas es *Hyperscore*, que tiene un modo de funcionamiento curioso, puesto que permite definir motivos melódicos y asociarlos a colores. Aquí el eje horizontal sigue representando el tiempo, pero en el eje vertical se controlan las variaciones de los motivos. Las matemáticas están a la orden del día, se usan el eje X y el eje Y con diferentes escalas para las frecuencias, ya sean lineales o logarítmicas. Además, muchos de estos programas se desarrollaron en centros donde la interdisciplinariedad era deliberada, como puede ser el *IRCAM* (Institut de

Recherche et Coordination Acoustique/Musique) o el ya desaparecido *CEMAMu* (Centre d'Etudes de Mathématique et Automatique Musicales) donde convergían disciplinas como estética, informática, matemáticas, ingeniería electrónica o filosofía.

### Dibujos con notas

Sin embargo, como se señalaba al principio, no siempre se trata de traducir el dibujo en sonido, en ocasiones ocurre justo al revés, donde la partitura se convierte en dibujo. Un ejemplo de ello es el compositor Geoffry Wharton y su célebre *Ode de Cologne*, o también su *Kneller Halleluja*, todo un galimatías de notas escritas con pluma. En la página web del compositor puede verse un vídeo con el proceso de construcción de esta obra. Otro de los compositores que dio diversas formas a sus partituras convencionales fue George Crumb. La exploración del compositor estadounidense no se limitó al hecho sonoro, sino a la representación de los pentagramas, que trataban de simbolizar lo que suena. Es posible encontrar en su variado catálogo partituras con diversas formas como el sol, un ojo, espirales, una cruz, círculos, etc.

Usar dibujos para adornar partituras o hacer dibujos con notas musicales y pentagramas como arte gráfico ha sido y es muy habitual. Menos conocido es el hecho de darle forma visual a una partitura que describa lo que se va a escuchar, aunque esto dificulte en un principio su lectura. Este tipo de partituras sigue una corriente intuitiva en contra del exceso de abstracción necesaria para poder interpretar, y a favor de un concepto estético del que la partitura también forma parte. Sin embargo, como se ha podido comprobar, por más precisa que sea una partitura convencional, siempre quedan fuera elementos interpretativos sujetos a decisiones momentáneas.

## ¿Acaso todo es matemática?

Las relaciones de la música con las matemáticas ni son nuevas, ni se limitan solo a lo que se ha señalado en esta segunda parte. Sería imposible realizar tan siquiera una enumeración de todas las relaciones e investigaciones que se han realizado en este sentido. Desde el primer momento en el que hubo alguien preocupado por teorizar o reflexionar sobre la música, hubo matemáticas. A la mínima ocasión en la que se rebasa la superficie de la música, nos encontramos con teorías matemáticas. Además, toda esta relación tiende a infinito puesto que se seguirá investigando, profundizando y encontrando nuevo conocimiento fruto de esta larga y fructífera relación. Sin embargo, no se puede caer en la tentación de querer simplificarlo todo (o enrevesarlo) únicamente mediante las matemáticas. Siempre están en la música, pero no es su único ingrediente ni la única manera de entenderla y acercarse a ella. Esto es así por el simple hecho de que la música es un fenómeno cultural y no simplemente la explicación física de la naturaleza del sonido o la aplicación de teorías matemáticas a la ordenación de éstos. Hay casos extremos, como los del filósofo Antonio Eximeno que las veía como ajenas o inútiles para la música y pensaba que Euler solo tenía ilusiones matemáticas.

## Analogías gramaticales

Aparte de lo que implica sociológica y filosóficamente que la música sea un fenómeno cultural, la manera de estructurarla y analizarla puede obviar cualquier atisbo matemático. Un concepto que sirve a este fin es el de sintaxis, algo usado por primera vez por el ya citado Hugo Riemann en su *Musikalische Sintaxis*, libro de 1877. Se ha señalado en un capítulo anterior que en la época del teórico alemán existía una preocupación creciente por considerar la música como disciplina científica y, evidentemente, Riemann no fue ajeno a esto. Hoy en día el concepto de sintaxis es mucho más amplio que en su formulación inicial puesto que ahora puede englobar cualquier tipo de relación entre fenómenos musicales de una misma obra. La sintaxis musical experimentó un auge muy significativo con la entrada en la escena del mundo académico (no musical) de Noam Chomsky y su gramática generativa. Aunque es probable que el concepto de sintaxis sea objeto de alguna controversia en la lingüística moderna, en la música se ha mantenido como la relación de los elementos de la obra. A pesar de esto, la segmentación en unidades significativas no es tan sencilla como en el lenguaje. Los estratos lingüísticos son muy claros: palabra, frase, discurso, etc. La música tiene su analogía en el motivo, frase, periodo, etc. pero no siempre son fáciles de delimitar, precisamente por su ya comentada ausencia de contenido semántico y por las diferentes características de estilos musicales. No es lo mismo la música tonal que la música modal por lo que la sintaxis dependerá de factores diferentes. En lo que sí es igual la sintaxis es en que existen relaciones combinatorias de signos y que estas relaciones se someten a reglas de formación y transformación.

## Semiología musical

La semiótica, como ciencia que estudia los sistemas de signos que comunican a los individuos, también tiene su ramificación musical. De esta ramificación surgen teorías de análisis tales como el análisis distribucional o el sintagmático-paradigmático. Aquí los fenómenos musicales se analizan bajo reglas de distribución a lo largo de la obra, basadas en una serie de jerarquías que son progresivas. Esto conlleva una visión estructuralista de la música. Este estructuralismo, al igual que en la lingüística, plantea que el objeto de estudio (en nuestro caso la música) ha de hacerse de manera sincrónica, en un momento dado y sin tener en cuenta su evolución histórica. La obra musical es una estructura cerrada al margen del sujeto y su contexto. Esto implica que hay una búsqueda de un nivel estructural abstracto, de validez universal y que está oculto a la conciencia. El análisis sintagmático-paradigmático tiene esta esencia estructuralista, pero no es el único ya que existen otros, como por ejemplo la tripartición semiológica desarrollada por Jean Molino y Jean-Jacques Nattiez (1975), o bien la narratología de Algirdas Greimas desarrollada por Eero Tarasti (2002). La tripartición aborda el estudio de una obra musical desde tres dimensiones (poiética, neutra y estésica) teniendo en cuenta la estrategia de producción de esa música, el análisis propiamente dicho de la partitura y la recepción de esa música en su contexto. Hay aspectos que excluye Nattiez, como la ideología o la subjetividad, de ahí que surja la propuesta de Tarasti. Este autor era consciente de la escuela estructuralista, y por eso propone otra corriente llamada icónica, donde se buscan unidades significantes mínimas. Algo a destacar en esta teoría son los conceptos de tópico e isotopía. El primero de ellos no es más que una marca de estilo que reconoce claramente el oyente o cualquier seña de identidad que el oyente asocia a un significado. La isotopía es el hecho por el cual se reconoce el tópico como producto de una mezcla de contenidos semánticos. Estos tópicos tienen diferentes asociaciones semánticas que se clasifican según sus relaciones: contradicción, contrariedad y complementariedad. Este tipo de análisis es muy eficaz en canciones con texto, puesto que se pueden establecer cuadros narratológicos con el sentido de un tópico. ¿Qué es o puede ser un tópico? Puede ser, por ejemplo, una palabra que sea muy significativa en una canción, no porque se repita muchas veces sino porque se considere un símbolo del mensaje que se quiere enviar. Esto permite establecer toda una red de relaciones semánticas aplicables a cualquier repertorio. Pero, ¿qué ocurre cuando no hay texto? El tópico musical (sin texto) es un pequeño diseño musical que activa en el oyente una serie de marcos cognitivos. La preocupación de cómo funcionan estos tópicos en la música instrumental viene de lejos, de mano de Leonard Ratner (1980). Hay figuras musicales que se pueden traducir al lenguaje dentro de un consenso cultural, pero además también remiten a ideas puramente musicales. Por ejemplo, si a lo largo de una obra se escucha la imitación de algún pájaro o se simboliza mediante determinados giros melódico-rítmicos, ese pequeño extracto musical sería un tópico. Este tipo de recursos también puede funcionar sin una correspondencia en el lenguaje hablado, como si fuera un catálogo de recursos estilísticos relacionando los tópicos con estas figuras tipificadas y preestablecidas (Lopez-Cano, 2002). Todo este análisis también puede ser tratado con mayor profundidad, ya que, en el ejemplo de los pájaros, la relación icónica puede ser simplemente la identificación del sonido con los pájaros, pero este análisis puede establecer relaciones más profundas con lo bucólico o lo primaveral. Como puede comprobarse fácilmente, es un tipo de análisis musical enfocado en la semiología que aparta cualquier atisbo numérico.

## La escucha estructuralista

Otra perspectiva de análisis que evita el número, aunque paradójicamente posteriormente se haya usado en la composición algorítmica, es la que proponen Fred Lerdahl y Ray Jackendoff (2003). Bautizan a su modelo como *Teoría generativa de la música*, refiriéndose únicamente a la música tonal, aquella que está gobernada por la jerarquía de las leyes de la armonía. En palabras de sus autores, su teoría describe formalmente las intuiciones musicales del oyente experimentado en el lenguaje de la música. En otras palabras, esta teoría describe cómo escucha la persona que conoce los entresijos de la música. El principal objetivo de la teoría es cuanto menos osado, siendo un enfoque analítico que vuelve al estructuralismo de forma apremiante, queriendo concretar unos principios universales de la música, algo a todas luces imposible desde la perspectiva de la percepción del oyente. La forma de analizar partituras es muy llamativa puesto que usa un esquema en forma de árbol para las jerarquías, y las diferentes estructuras, tanto métricas como de fraseo, se representan con llaves y puntos. Esta estructura arborescente es la que se supone que escucha el oyente experimentado, puesto que, según los autores, las personas intentan agrupar en una sola estructura todos los eventos tonales de una pieza. Los autores intentan explicar que los eventos estructuralmente menos significativos son escuchados con relaciones de subordinación y no cómo inserciones que se suceden una detrás de otra.

La naturaleza del sonido puede ser explicada por las leyes de la física que, en última instancia, los fenómenos que estudia son expresables matemáticamente. Las estrategias de composición o la metodología analítica pueden ser esencialmente leyes matemáticas, pero el acercamiento analítico y compositivo también puede que venga por otras vías que dejan al margen el cálculo y apuestan por perspectivas semióticas o semiológicas. No hay que olvidar en ningún caso que los condicionantes extramusicales, así como el contexto cultural donde se percibe y crea la música condiciona enormemente su significación. Esto, irremediablemente, está más alejado del número.

# TERCERA PARTE
## La frontera biológica

## Biología en la inspiración

Una de las fronteras inevitables que hay que transitar cuando se aboga por una interdisciplinariedad para la obtención de nuevo conocimiento es la que toca la s música con la biología.  Es probable que la primera asociación recurrente sea la de la imitación, es decir, la música que imita elementos de la naturaleza, como puede ser el canto de los pájaros o los sonidos emitidos por algún otro animal. Evidentemente todo este proceso imitativo tiene relación con la biología, pero parte de un proceso de observación que se traduce en fines descriptivos en lo musical. Aludir a la naturaleza suele tener un objetivo de recreación de situaciones o contextos, llevando al oyente a significados connotativos deseados por los compositores y compositoras, ya sea deliberadamente o no. Ya se ha señalado que hubo compositores como William Gardiner, preocupados por la transcripción de los sonidos de la naturaleza en partituras como es el libro *The Music of Nature* de 1832, aunque esto no es un caso donde la música nace de la biología, sino que es más bien una traducción de lo que oímos para dejar constancia, más o menos exacta, de lo que se puede escuchar en el mundo natural. Para que la biología se haga cargo del proceso creativo, por muy genérica o abstracta que parezca esta afirmación, hay que remontarse al s. XIX y acercarnos a la teoría de la evolución de Charles Darwin. Grosso modo, el mecanismo por el cual en la naturaleza hay una selección de individuos donde ciertos genotipos o variantes genéticas se hacen más frecuentes en una población, es el mismo por el cual la música se crea y evoluciona hacia un resultado final, pero ¿cómo?

### La música nace de la genética

La creación de música en la que ocurra lo mismo que en la adaptación de las especies de la teoría de Darwin pasa por la creación de los algoritmos genéticos. En un principio, la creación de estos algoritmos nada tuvo que ver con la música, pero si mucho con la ingeniería informática. A quien se reconoce como padre de estos algoritmos es el profesor John Holland, que presentó su tesis doctoral en la universidad de Michigan en 1975 proponiendo este tipo de algoritmo para la resolución de problemas. Hoy en día se pueden consultar estas investigaciones puesto que su tesis se convirtió en libro bajo el título *Adaptation in Natural and Artificial Systems*. Estos algoritmos hacen una analogía directa con el comportamiento natural de las especies. Los cambios genéticos que se producen en los individuos de una población por mutaciones que proporcionan ventaja reproductiva, es lo que se utiliza en estos algoritmos. Aunque en un principio se planteó como un método de resolución de problemas en las ciencias de la computación, no tardó en adaptarse a la composición musical, solo bastó ver la creación de música como ese problema a resolver. Las primeras aplicaciones en la música se las debemos a David Goldberg y Andrew Horner (1991). El esquema de estos algoritmos en líneas generales se puede estructurar en cuatro pasos:

1. Se genera una población aleatoriamente con un número «n» de cromosomas
2. Se realiza una fase reproductiva donde se seleccionan individuos de la población para cruzarlos y producir descendencia. La manera de seleccionar a los «padres» se realiza al azar, asignando a cada individuo una probabilidad de ser seleccionado proporcional a su función de adaptación al medio.
3. Se establece un operador de cruce que corta ristras de cromosomas por un lugar al azar de dos padres seleccionados. De esta manera se obtienen dos sub-ristras iniciales y dos finales. Al final del proceso se intercambian las dos finales creando nuevas ristras completas.
4. Se aplica individualmente un operador de mutación a cada hijo. Este operador realiza una alteración aleatoria, con probabilidad pequeña, de cada gen del que se compone el cromosoma.

La aplicación musical puede basarse en un patrón melódico inicial elegido como función ideal de adaptación (función fitness) y se compara con un patrón al azar. Para llegar al patrón ideal se realizan una serie de operaciones como pueden ser la rotación del patrón, el borrado de alguna nota o la mutación mediante el cambio de alguna nota del patrón. En los trabajos de Goldberg y Horner se pueden observar estas operaciones de manera sencilla. Si el patrón inicial llega al patrón de referencia, entonces se considera que se adapta al medio y continúa su reproducción. Un ejemplo podría ser el siguiente, que ellos mismos exponen: El patrón de referencia sería fa-lab-mib, patrón al que hay que llegar para considerar que un patrón inicial cualquiera se adapta al medio. Se escoge por ejemplo el patrón inicial al azar sol*b*-si*b*-fa-la*b*-re*b* y se somete a diferentes operaciones previamente establecidas:

- Borrado de la última nota:  sol*b*-si*b*-fa-la*b*
- Rotación del resultado: si*b*-fa-la*b*-sol*b*
- Borrado de la última nota: si*b*-fa-la*b*
- Mutación de la primera nota: mi*b*-fa-la*b*
- Rotación del resultado: fa-la*b*-mi*b*

**Estilos e improvisaciones**
De esta manera se llega al primer patrón de referencia. Tanto la rotación como la mutación se basan en cálculos probabilísticos. No todos los patrones iniciales desembocan en el patrón de referencia, por lo que si no se llega a resultado aceptable se modifica el patrón inicial y se vuelve a aplicar el algoritmo. Esto no es más que un simple ejemplo, ya que todo lo que se requiere para que el resultado musical sea óptimo es mucho más complejo. Este tipo de implementación de los algoritmos genéticos en la música ha permitido que los ordenadores compongan en diferentes estilos. Existen dos discos, de estilos diferentes, desarrollados mediante esta técnica algorítmica en la universidad de Málaga, por poner un ejemplo. Esto crea una controversia en cuestión de derechos de autor y más de una reflexión filosófica, sin embargo, estos algoritmos constituyen un instrumento realmente relevante en técnicas de inteligencia artificial. También puede ser útil para realizar composiciones en un determinado estilo, como puede ser el estilo de armonización de Johann Sebastian Bach (Carvajal y Giraldo, 2012). Esto puede

llegar a ser realmente complejo, puesto que se puede identificar cada nota de una melodía como un cromosoma que tiene tres genes, donde el primero es la nota musical, el segundo es el semitono (sostenido o bemol) y el tercero el valor rítmico (la duración de la nota). A partir de estos datos se generan acordes desde las notas de la melodía a los que se aplican los operadores de cruce y mutación para su adaptabilidad al medio, que en este caso es la forma de armonizar de Bach.

Este tipo de composición biomimética puede llegar a darse en tiempo real en una improvisación. En esta línea ya se han usado programas como *GenJam* (que proviene de Genetic Algorithmic Jazz Jam Sessions) donde se crea una jam session virtual. Fue desarrollado por el músico John A. Biles y funciona prestableciendo una estructura armónica para a partir de aquí crear secuencias de bajo, acompañamientos y patrones rítmicos, es decir, el esqueleto de un estándar de jazz. Todo esto es lógicamente mutable y por consiguiente ser susceptible de mejora y evolución. El programa es capaz de escuchar a la persona que toca y ser capaz de imitar y generar nuevo material. Se puede establecer un diálogo musical entre persona y máquina, donde la retroalimentación es bidireccional y el software se comporta como un componente más de la banda.

**Datos que se escuchan**
Una disciplina relativamente nueva que en muchas ocasiones aborda una perspectiva de inspiración biológica es la sonificación. Lo que pretende esta disciplina es interpretar y comunicar información a través del sonido. Una de las áreas donde la sonificación tiene más posibilidades es en la «traducción» de datos. En muchas otras disciplinas como puede ser la biología, la química o la bioquímica, la interpretación de los datos se suele realizar mediante gráficos, mapas, tablas o dibujos. La sonificación se encarga de representar estos datos en formato auditivo, evitando lo visual. Esto puede suponer ventajas, no ya de cara a la interpretación de datos por personas invidentes, sino también porque el oído humano tiene muchas ventajas con respecto a la vista al poder discernir con facilidad patrones que se repiten, fluctuaciones en magnitudes o bien focalizar la atención en sonidos concretos a pesar del contexto. Cuando la cantidad de datos recogida en una investigación es muy grande durante largos periodos de

tiempo, la «traducción» de datos a sonidos o música permite encontrar estructuras ocultas que escapan a la vista o alguna otra singularidad. Esto se hace en campos bastante alejados de la música como puede ser la observación de telarañas, datos meteorológicos o incluso en investigaciones de predicción de terremotos. Un ejemplo de sonificación puede ser el trabajo llevado a cabo por el investigador Babak Mahjour (2022) junto con otros investigadores de las universidades de Michigan y Tennessee, donde se sonifican moléculas. Para estos investigadores la música es un medio de almacenamiento de información que maximiza la creatividad, su interpretación y su interacción, ya sea humana o informática. Esto se debe a que la música tiene muchos parámetros controlables donde poder adherir información sobre una molécula, como el tempo, el ritmo, las notas, la armadura, efectos, instrumentos, etc. A partir de varios casos de estudio, realizaron pequeñas composiciones musicales partiendo de los datos de las moléculas. Sin embargo, esta investigación también propició la creación de nuevas moléculas a través de la música. Esto permite la interacción con estructuras moleculares mediante software y hardware musicales, lo que abre la posibilidad de una nueva forma de trabajar con estas agrupaciones de átomos. Los modelos de transformación de moléculas en música sirven para generar música mediante programas informáticos específicos que pueden aprender. Es lo que se conoce como Machine Learning, el ordenador aprende y genera nueva música. No es más que aprovechar los avances de la inteligencia artificial en la música para el diseño molecular. Sin duda, un caso extraordinario de intrusismo musical en fronteras que en un principio parecían alejadas. Es evidente que las decisiones de la codificación de los datos en música pueden llegar a ser arbitrarias en última instancia, pero lo significativo aquí es la posibilidad de crear nuevo conocimiento de una forma novedosa que abre otras muchas ramificaciones para futuras investigaciones.

La inspiración en procesos biológicos para la creación de conocimiento musical es un caldo de cultivo muy sugerente y lleno de posibilidades. La observación de la vida, incluso en sus procesos más ocultos, puede dar lugar a novedades artísticas de gran valor y no solo eso, sino que lo artístico también puede volver la mirada hacia lo científico, haciendo que su conocimiento también se amplíe.

# El juego de la vida

La observación de procesos biológicos puede desembocar en contenido musical de una u otra manera. La ciencia natural que estudia todo lo relacionado con los seres vivos no escapa de la transmisión de sus contenidos hacia el mundo musical y puede hacerlo también de manera indirecta. Un modelo matemático de inspiración biológica son los llamados autómatas celulares, no únicamente por su nombre sino porque tienen uso en el modelado de la evolución de células o virus. También existen especies de moluscos que su caparazón muestran patrones que pueden ser caracterizados en términos de autómatas celulares. Estos modelos matemáticos fueron desarrollados en la década de los cincuenta del siglo pasado, descubiertos por John von Neumann en el campo de la física computacional, aunque los primeros modelos autorreplicables los realizó con lápiz y papel. En esencia son una colección masiva de objetos simples que interactúan unos con otros de manera local. Pueden ser de una, dos o tres dimensiones, según se desarrollen en una línea, un plano o un espacio. Su representación más popular se realiza en cuadrículas con un sistema sencillo de evolución, lo que acaba resultando en extraños patrones. Esta evolución es el resultado de la interacción de cada célula con sus vecinas, es decir, son entidades previamente programadas que manifiestan un comportamiento determinado al entrar en contacto con otras. El científico Stephen Wolfram ha clasificado los autómatas en función de la configuración a la que tienden, es decir, qué configuración quedará al cabo de cierto tiempo de cómputo. Estas figuras resultantes de diferentes tipos de reglas a partir de las cuales se van desarrollando formas en la cuadrícula pueden verse en la página web de Wolfram, donde hay desde configuraciones muy simples y periódicas hasta otras más complejas que dan como resultados patrones que no son ni totalmente caóticos ni totalmente ordenados. Obviamente también los hay caóticos, es decir, que los patrones o «dibujos» que se formarán son impredecibles si no se realiza el cómputo y dependen mucho de las condiciones iniciales, lo que cuadra exactamente con la teoría del caos. Los autómatas unidimensionales son autómatas elementales que tienen dos estados posibles, 0 y 1, y donde la siguiente generación de célula depende de su estado actual y sus dos vecinos inmediatos. El 0 y el 1 también pueden definirse como una unidad viva (1) o muerta (0). Existen muchos números de reglas definidas, que tienen como resultado gráfico los patrones señalados mediante iteraciones.

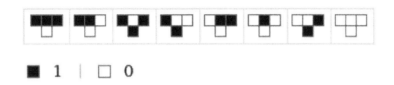

■ 1 ┊ □ 0

*Icono de la regla 50.* Fuente: https://www.wolframalpha.com/input/?i=rule+50

## Componer con autómatas

La evolución desde una condición inicial simple de la regla 50, por ejemplo, da como resultado una especie triángulo, tal y como se puede comprobar en la web de Wolfram. Pero, ¿cómo hacer una conexión de estos modelos matemáticos con la música? La clave está en que cuentan con reglas muy simples para la creación de grandes estructuras. El procedimiento es repetitivo y dinámico, así que dotarlo de dimensión musical con notas, duraciones, etc. puede hacer que este modelo controlado, pero a veces impredecible, se convierta en una composición musical. Uno de los compositores que acogió estos modelos en algunas de sus obras fue el muy citado en este libro Iannis Xenakis, influenciado por el comportamiento de éstos con unidad y autosuficiencia, aplicables a un organismo vivo. No olvidemos que Xenakis estaba muy influenciado por el mundo natural. Tanto en sus composiciones como en sus ideas arquitectónicas quería plasmar lo esencial de la naturaleza y de la vida. Un proceso determinista pero que a su vez escapa de un control real, como son los autómatas celulares, encajaba perfectamente en las ideas musicales del compositor. Aunque su uso fue limitado, fue uno de los primeros, si no el primero en usar estos modelos en la música (Solomos, 2005), en composiciones como *Horos*. Los usa como modelos para crear el plano armónico de la pieza, así como para la orquestación. Cabe señalar que su implementación en la música no es rigurosa, es decir, no se aplican estrictamente, sino que el compositor se permite ciertas intervenciones o licencias en el proceso para alterar el producto musical final, lo que es habitual en él. Esto ocurre porque la música no funciona como la ciencia, puesto que el rigor en el proceso generador no es garantía de un resultado musical coherente de toda la obra. Xenakis era muy consciente de esto, al igual que otros compositores que han usado procesos similares. La intervención deliberada es necesaria para reafirmar el rol del compositor como creador, así como para poder llegar a la idea preconcebida del resultado final, que es a la vez objetivo y motivación. Huelga decir que estas intervenciones en el proceso tienen también un carácter práctico, ya que las decisiones de asignar determinadas notas a instrumentos concretos, por ejemplo, se hacen manualmente con el fin de no sobrepasar la tesitura (el límite de notas posibles) del propio instrumento. En *Horos*, se usan los autómatas para las partes de la obra que son homofónicas, es decir, que todas las líneas de los diferentes instrumentos se suceden de manera simultánea. Se le asigna un número a cada nota de una escala, en este caso una escala llamada *Pelog* proveniente de Indonesia, concretamente de Java. En este caso, el autómata arroja cuatro resultados que se identifican con la instrumentación:

- 0-silencio,
- 1-instrumentos de viento-metal,
- 2-instrumentos de viento-madera, y
- 4-instrumentos de cuerda.

La regla por la cual se desarrolla es un sumatorio de valores de las casillas vecinas a izquierda y derecha, lo que da como resultado qué notas están sonando (por su posición en el eje horizontal, a veces de 22 notas y otras de 26) y qué familia de instrumentos la ejecuta. En estas partes la música empieza en una nota concreta, como si fuera una semilla que va creciendo y se desarrolla todo un pasaje. Para ello, el compositor utiliza una cuadrícula numérica donde se van viendo los instantes temporales que corresponden con cada iteración del autómata. Es un proceso complejo, sobre todo teniendo en cuenta que en este caso concreto el músico pasaba los datos a mano desde los cálculos que le ofrecía el ordenador, lo que ha provocado especulaciones analíticas sobre posibles errores humanos en la transcripción.

## Las reglas de la vida

Volviendo a la definición de las casillas de los autómatas en binario, con ceros y unos, se ha señalado que podrían definirse también como casillas vivas o muertas. Con este enfoque nace un ejemplo muy conocido de autómata basado en la biología: el juego de la vida. Este modelo creado por John Horton Conway en 1970 se fundamenta en cuatro reglas simples que en un principio fue concebido como un simple pasatiempo. Los fundamentos son los siguientes, teniendo en cuenta que las casillas blancas son células muertas y las casillas negras son células vivas:

1. Una célula muerta nace cuando tiene como vecinas tres células vivas.
2. Una célula viva sobrevive si tiene como vecinas dos o tres células vivas.
3. Una célula viva muere por superpoblación si tiene cuatro o más vecinas vivas.
4. Una célula viva muere por aislamiento cuando tiene menos de dos células vivas como vecinas.

Este autómata es bidimensional, se desarrolla en un plano teóricamente infinito y se tienen en cuenta las ocho casillas vecinas más cercanas. Esto implica que puedan usarse diferentes tipos de patrones, que pueden ser estáticos o dinámicos que se mueven por un tablero. Con cualquier buscador de internet pueden verse animaciones de diferentes patrones. Este juego matemático no es más que un algoritmo, algo que como ya se ha señalado a lo largo de este libro, no es ajeno a la música. Uno de los músicos que realizó implementaciones del juego de la vida fue Eduardo Reck Miranda (Burraston et al., 2004), donde se usa para determinar los intervalos de un acorde tríada (tres sonidos) en función de las casillas vivas y su posicionamiento en el eje X o Y, columna a columna, pero usando un plano no infinito por razones prácticas. El comienzo se realiza de forma aleatoria. Cada nota puede tener una duración determinada y un momento de aparición que se calcula en función de los estados de las celdas vecinas de acuerdo a un conjunto de códigos temporales.

Todas las decisiones en cuanto a la asignación de notas y códigos temporales de duración son decisiones humanas, es decir, la compositora o compositor decide la materia prima y un ordenador realiza el proceso de manera eficiente. En el caso de Miranda, mediante el juego de la vida se han compuesto obras como el segundo movimiento de *Wee Batucada Scotica* para cuarteto de cuerdas o *Entre l'Absurde et le Mystère* para orquesta de cuerdas. Como sistema compositivo puede ser práctico puesto que no va más allá de implementar unas asignaciones que decide una persona, que, aunque parezca lo contrario, necesitará de unos conocimientos musicales profundos para poder transformar el proceso en una obra.

En estos tiempos del metaverso, es posible acoger reflexiones que hacían los investigadores del estudio de Burraston (2004), donde se plantea esta técnica de modelado evolutivo para ayudar al estudio de la música originada en mundos diseñados artificialmente, donde hay comunidades de intérpretes y oyentes virtuales. Acojo aquí palabras textuales del estudio que invitan a una reflexión: «En este caso, la música podría estudiarse en el contexto de los orígenes y la evolución de las convenciones culturales que pueden surgir bajo una serie de limitaciones».

## Cuando la música crece

Los paralelismos y las analogías con la biología se ponen de manifiesto en la música en el quehacer diario de sus profesionales a diferentes niveles. Es habitual leer en tratados teóricos, por ejemplo, el concepto de célula rítmica, que no es más que un pequeño patrón o fórmula rítmica que puede ser reiterativa o desarrollada. Es este concepto, el de desarrollo, uno en los que más se ha profundizado en las teorías del análisis musical. Si tratamos de enfocar la música como un organismo vivo, entonces el desarrollo puede significar crecimiento. Se puede entender que la música, en un nivel superficial, puede crecer, ya sea en intensidad, en densidad o en velocidad. Sin embargo, el concepto de crecimiento puede estar más unido al que se tiene en las ciencias naturales del que se pueda pensar en un principio.

### El punto de partida

El análisis musical puede entenderse como una segmentación para entender cómo está construida una partitura, pudiendo observar la estructura y la sintaxis propia del lenguaje que tiene la música. Otra opción es entenderlo como un camino de vuelta hacia el origen, para entender de donde viene una gran obra musical, cuál es el organismo o estructura elemental que ha ido desarrollándose y creciendo hasta convertirse, por ejemplo, en una sinfonía. Este retorno al punto de partida es el objetivo de algunos postulados analíticos, que irremediablemente se basan en una analogía biológica. En el s. XIX, hubo una tendencia a considerar la música como una disciplina científica, como se ha podido observar con la concepción de Riemann de capítulos anteriores. La difícil ubicación de la música en una determinada parcela del conocimiento hace que surjan voces a favor de identificarla con las leyes naturales de lo biológico (Iniesta Masmano, 2010).  En este contexto del s. XIX hay que tener en cuenta que la música era tonal, es decir, que se guiaba por las leyes jerárquicas de la armonía. Esto implica que surjan voces como las de Heinrich Schenker, que plantea una teoría solo válida para la música tonal, semejante a la de Lerdahl y Jackendoff (mencionada en la parte de la frontera matemática de este libro), que planteaba ramificaciones en el análisis, con aspecto arborescente. Sin embargo, Schenker plantea algo menos reduccionista de lo que pueda parecer en un principio. Su análisis planteado siempre ha sido enfocado como una reducción de la partitura hasta llegar a una estructura fundamental llamada *Ursatz* y abiertamente criticado desde enfoques perceptivos o fenomenológicos por no ser representativo de lo que percibe el oyente, además de tener un cierto halo elitista que se traduce en la limitación de sus postulados al oído y juicio del experto. Sin embargo, hay aspectos de Schenker que no son tan difundidos, como el claro enfoque que le da a la música como si de un organismo vivo se tratara. No es una simple analogía que busque el impacto de lo novedoso o lo poético, sino que va más allá, pues este teórico somete a un análisis exhaustivo las partituras. Bien es cierto que, al estudiar su obra, el andamiaje que construye para demostrar lo que el oyente puede llegar a oír es más idealista que realista, sin embargo, su percepción de esa estructura fundamental tiene más que ver con una entidad que crece orgánicamente y no como un esquema al que hay que llegar mediante reducción. Aunque en su método va quitando capas a las partituras que usa como ejemplo, lo que él busca es demostrar precisamente el crecimiento de la música como si fuera un organismo. En el fondo se trata de darle una gran importancia a la forma contradiciendo al idealismo romántico en ciertos aspectos, prescindiendo del contexto social o cultural. «La música anhelaba una mayor duración, una mayor extensión en el tiempo, una mayor expansión del contenido desde adentro, como lo hacen todos los seres físicos o espirituales que obedecen la ley de crecimiento de la naturaleza» (*Free Composition*, 1979). En estas palabras de Schenker es fácilmente reconocible su enfoque desde la biología, que identifica en su método con tres niveles de transformación. A partir del último nivel, un gráfico de cabezas de notas y plicas de notas muy separadas que se unen, tan característico de este tipo de análisis, se desarrolla la partitura de la obra final. Según el autor, el primer nivel, esa estructura fundamental, está siempre presente y activa. El paso de un nivel a otro se produce mediante asociación, reproducción y recursividad (un relato dentro de otro relato). En definitiva, esta visión organicista de la música tonal responde a una dirección clara: de lo simple a lo complejo. Otra cosa es como se haya estudiado y explicado su teoría, donde la dirección es justo la contraria, por presentar grandes ventajas a la hora de visualizar cómo se organiza todo (Iniesta Masmano, 2010).

**El crecimiento: estilo y frases**

El concepto de crecimiento también ha sido tratado, entre otros, por el musicólogo Jan LaRue, aunque con una perspectiva alejada de lo biológico. Introduce este término en su método de análisis de estilo (LaRue, 2009). Aunque este tipo de análisis no puede englobarse como formalismo (entendido como teoría del arte), en la parte del análisis donde aparece el crecimiento sí que existe una predominancia de esta visión en cuanto a la importancia de la forma identificada como la propia obra. El análisis de estilo se divide en tres estadios principales: antecedentes, observación y evaluación. El estadio central es el que focaliza su atención en la partitura y donde aparece el crecimiento como uno de los elementos contributivos para la definición del estilo. LaRue contempla cinco elementos: sonido, armonía, melodía, ritmo y crecimiento. Este último se subdivide en movimiento y forma, contemplándolo desde una doble existencia, como producto y como matriz que ajusta a los otros cuatro elementos. El crecimiento es aquello que controla y combina.

Acercándonos más a un concepto biológico, nos volvemos a encontrar con el musicólogo Hugo Riemann y su visión del crecimiento en los análisis fraseológicos. Desarrolla el principio de crecimiento orgánico a partir de concebir la obra como una red sujeta a jerarquía, donde las unidades que la forman son binarias. Esto implica que, por ejemplo, las unidades rítmicas agrupables siempre son múltiplo de dos y cualquier obra podía reducirse a compases binarios y ternarios (Bent, 1987). Estas unidades binarias están comprimidas, unas dentro de otras. Es un planteamiento débil, que no responde a músicas con frases desiguales o procedentes de lugares alejados de Centroeuropa, pero que no hay que olvidar que es fruto de una época en la que, como se ha señalado anteriormente, los teóricos musicales buscaban etiquetar a la música como disciplina científica, y que esta sensación de falta de ubicación provocaba buscar postulados o enfoques cercanos a la biología.

### Música y botánica

Si nos acercamos a tiempos más actuales, la influencia de la biología no sólo se hace presente en los algoritmos basados en la teoría de Darwin, como ya se ha señalado en un capítulo anterior, sino que además el intrusismo de la música ha llegado a las investigaciones del biólogo y botánico húngaro Aristid Lindenmayer. Este investigador desarrolló lo que se conoce como sistema-L, derivados de la gramática generativa y que son usados principalmente en el modelado del proceso de crecimiento de las plantas. Esto implica que también pueden usarse en la generación de vida artificial. ¿Y cómo puede un sistema-L relacionarse con la música? Estos sistemas son recursivos por lo que pueden originar formas de tipo fractal. Por lo tanto, en la música se usan como algoritmos de composición fractal. Un ejemplo de composición basada en este sistema puede ser *Summer song* para flauta sola del compositor Gary Lee Nelson. La composición de este tipo de música requiere el desarrollo de herramientas informáticas que de alguna manera conviertan las secuencias resultantes en música. Es imposible conocer todos los programas que han existido o existen para generar este crecimiento musical como si de una planta se tratase, pero su funcionamiento puede basarse en el movimiento inducido por una serie de órdenes derivadas de un conjunto de reglas de transformación. Por ejemplo, se pueden hacer corresponder los movimientos necesarios para crear las ramificaciones de una planta con la variación de altura del sonido, el grosor de la línea se puede codificar con la intensidad y la longitud del trazo con la duración. Además, si se añaden colores a los dibujos de las ramificaciones, se pueden codificar para diferentes instrumentos, es decir, el timbre.

El sistema-L puede tener cierto paralelismo con los análisis de Schenker (Worth y Stepney, 2005) en el sentido en el que se pueden realizar implementaciones en las que los pasos intermedios no se escuchen. Si simulamos en un ordenador el crecimiento de una planta para componer música, se puede hacer que se oigan los extremos de las plantas, las hojas y las flores, pero no el tallo y las ramas. En cierto modo es lo que explica el teórico polaco cuando menciona los tres niveles, que están presentes, pero no se escuchan. El sistema-L puede ser estocástico y usado para generar plantas diferentes, pero de la misma «familia». En la música el paralelismo es obvio, creando composiciones de gran variedad, pero dentro del mismo estilo. Para acercarse más al mundo natural, existen un tipo de sistema-L sensible al contexto, es decir, que el crecimiento puede ser diferente dependiendo de lo que rodea a la planta. Esto puede arrojar resultados musicales con motivos o pasajes que se repiten con desplazamiento temporal o transportados, parecido a lo que sucede en el transcurso de una improvisación (Worth y Stpeney, 2005). Con este tipo de sistema, también se ha realizado el camino inverso al descrito. En un principio se ha traducido el modelado del crecimiento de una planta en música, pero también se ha intentado la creación de plantas mediante música, basándose en una gramática generativa musical, lo cual no ofrece demasiados buenos resultados. La composición mediante estos sistemas corre el riesgo de obtener resultados tan semejantes a partir de la cuarta o quinta iteración del algoritmo que la música se vuelva monótona. El uso de sistemas sensibles al contexto y donde se puedan implementar las variables que modelan la influencia de los efectos ambientales en el crecimiento, puede ser la mejor opción para destruir esta monotonía, aunque esto lo convierta en un procedimiento compositivo muy complejo.

El crecimiento musical ha sido ampliamente abordado desde diferentes flancos y no siempre desde la disciplina de la teoría musical, sino más bien buscando paralelismos y nuevas fuentes de conocimiento que permitan nuevas creaciones. La música, en su búsqueda incansable de nuevos horizontes, intenta dilucidar aspectos de ella misma que pueden parecer en un primer momento arbitrarios, pero que gracias precisamente a esa búsqueda se originan nuevos abanicos de posibilidades. Esto permite llegar a nuevos orígenes para la creación de conocimiento musical, manifestándose su adquisición en nuevas aplicaciones. Es ahí exactamente cuando la música crece.

## Melodías de las cavernas

La tradición de la investigación en la música puede empujarnos a acotarla a las artes y humanidades principalmente. Sin embargo, el necesario trabajo multidisciplinar puede completar el cuadro evolutivo de la música, remitiéndonos a sus orígenes más remotos. Tratar de dilucidar todo lo relacionado con lo musical en la prehistoria es un campo difícil de abordar, pero que a la vez resulta un reto motivador ya que el objetivo de cualquier investigación es arrojar luz a esas zonas oscuras del conocimiento. A este respecto, ha habido investigaciones serias que den respuestas a un posible origen de la música (Mithen, 2006) u otras donde se intenta averiguar cuestiones relacionadas con las especies anteriores al *Homo sapiens* y sus interacciones musicales. Tratar de explicar este tipo de cuestiones adolece de una búsqueda remota u omitida sobre cuál es o fue el objetivo primero de la música. Saber si por ejemplo los neandertales cantaban o tenían algún tipo de código musical es lo que han hecho investigadores como Edward H. Hagen y Peter Hammerstein (2009). Ellos apuntaban a que la música tuvo una función de cohesión social, es decir, que se agrupaban en un determinado contexto territorial. La función de este canto era la comunicación, enviar mensajes con información mediante esta especie de canto, para que el resto del grupo tuviese conocimiento de agentes extraños como otro grupo, otra especie o cualquier tipo de amenaza. A su vez, estos cantos enviaban mensajes a los invasores del territorio a modo de advertencia o amenaza. La música se convierte así en una forma de marcar el territorio. No es nada nuevo que las señales acústicas son utilizadas por diferentes especies de animales como advertencia territorial. En algunos casos como los pájaros, emiten una sucesión de notas que pueden definirse como canto. Sin embargo, el ser territorial y las señales acústicas también afecta a los primates y en contra de lo que pueda parecer en un principio, el canto va más allá de atraer a una posible pareja para la reproducción sexual. Esto implica por un lado que los cantos en grupo indicaban una intención de demostrar la fuerza del grupo, y por otro, que la música (o la proto-música) está asociada con dos emociones principales, la ira del que defiende el territorio y el miedo del intruso (Hagen y Hammerstein, 2009).  A partir de aquí se pueden establecer hipótesis de por qué la música evoluciona desde esas señales acústicas primitivas hasta lo que hoy se puede escuchar en cualquier reproductor musical. Desde la perspectiva del origen territorial de la música, pueden existir varias fuerzas selectivas que dan lugar a su evolución, como pueden ser la familiaridad y aprendizaje de cantos de territorios vecinos por cuestiones de identidad y potencial peligrosidad. La necesidad de cooperación puede haber provocado aprendizaje y variaciones de las señales musicales. Un elemento distintivo entre los primates que cantan es el ritmo, donde la exclusividad la tiene el humano, por lo que puede favorecer a la creación de cantos grupales y danzas de guerra. La música y la danza grupal cumplen una función de cohesión social, ya que, dejar de ser individuo para ser parte de un organismo más grande, complejo y protector, es una sensación muy poderosa cercana al trance. De todas formas, no hay que olvidar que la música no siempre fue en grupo, depende de la situación y el contexto. Esta exclusividad musical ha podido ser una ventaja en la interacción con otras especies. Esto abre la hipótesis de considerar la capacidad musical como una ventaja evolutiva, debido a las aptitudes subyacentes que se utilizan en comportamientos que requieren música.

### Música prehistórica

Una fuente de información para obtener algún conocimiento de las prácticas musicales en la prehistoria es el arte rupestre, aunque no es la única, puesto que la arqueología ha constatado evidencias de la práctica musical anteriores a cualquier pintura rupestre conservada. De todas formas, los registros arqueológicos de instrumentos musicales tienen una antigüedad de por lo menos 40.000 años (Fitch, 2006), sin embargo, al surgimiento estimado de nuestra especie, el *Homo sapiens*, hay que añadirle unos 150.000 años, lo que hace pensar que las prácticas musicales son mucho anteriores a cualquier instrumento conservado (Morley, 2014). La imposibilidad de estudiar cualquier registro físico que arroje luz sobre la música prehistórica, hace que el foco de las investigaciones se centre en las capacidades que permiten comportamientos musicales, que a su vez pueden ser comparadas con las primeras fuentes directas que evidencian estos comportamientos. Los registros de instrumentos musicales sofisticados nos llevan a flautas realizadas con huesos de aves o marfil de mamut, aunque también ha habido estudios que apuntan al aprovechamiento acústico de las cuevas y las cualidades resonadoras de las estalagmitas y estalactitas (Morley, 2014). De hecho, en las cuevas de Nerja (Málaga) existen marcas de haber sido golpeadas por otros objetos. Sin embargo, las capacidades para producir vocalizaciones complejas o los movimientos necesarios para producir música son anteriores a estos hallazgos.  El análisis biológico se hace necesario puesto que la creación de instrumentos musicales no es indicativa del origen de la práctica musical. Los instrumentos son un complemento, puesto que el cuerpo puede funcionar perfectamente como instrumento musical, ya sea de percusión o melódico, y esto hace pensar que el practicar música es anterior a la construcción de cualquier elemento extra. Las reconstrucciones de la anatomía vocal de nuestros antepasados, incluso predecesores del género *homo*, arrojan datos de las posibilidades de la producción de sonido tonal, junto con estudios de control neurológico (necesario para decisiones de tono, duración o intensidad). El desarrollo cerebral que facilita la comunicación social y la manipulación y planificación de secuencias motoras complejas deben estudiarse como elementos necesarios para la práctica musical, así como la lógica evolución de las capacidades auditivas derivadas del desarrollo de la anatomía vocal.

## La necesidad de instrumentos

Es probable que las capacidades musicales hayan sido un elemento significativo en el desarrollo de la socialización de nuestra especie, no ya como medida de defensa o ataque en cuestiones territoriales, sino también como mecanismo para comunicar emociones necesarias para la interacción social (incluida el apareamiento) sin tener un código lingüístico que concrete un contenido semántico. Además, hay que tener en cuenta que la fabricación y uso de instrumentos musicales, más allá de evidenciar un desarrollo evolutivo, pone de manifiesto la necesidad de comunicar un mensaje (de toda índole) superando las limitaciones del propio cuerpo. Este intento de superación va más allá de los instrumentos conservados en yacimientos arqueológicos, como los anteriormente citados hechos de hueso o marfil, ya que es indudable que los materiales perecederos que no superarían el paso de miles de años también fueron usados. De hecho, no es nada osado aventurarse a pensar que su uso era mucho más común que el de un material tan duro como el hueso o el marfil. Sin embargo, en otras ocasiones, la naturaleza nos aporta instrumentos a los que no hay que realizarle ninguna manipulación para que emitan sonido, como puede ser el caso de las caracolas marinas, a modo de instrumento de viento. Aunque este tipo de instrumento ayuda, es difícil imaginar el paisaje sonoro de la prehistoria desde nuestra perspectiva actual, donde la mayoría de elementos de los que se compone la materia prima de la música están estandarizados, desde la afinación hasta los diferentes procedimientos compositivos. Es más que probable que en la música de nuestros ancestros también hubiera patrones que facilitaran su aprendizaje, aunque éstos no se ajustaran a lo que entendemos hoy como patrón musical o estructura recurrente. Las pinturas rupestres aportan datos sobre danzas rituales relacionadas con la interacción con otros individuos, ya sea con otros miembros de su misma especie en batallas territoriales como con otras especies y su deseo o rememoración de su caza.

Sea como fuere, las melodías (sin entender este término como hoy en día) de las cavernas ponen de manifiesto que la especie humana siempre ha tenido claro que la diferencia entre estar vivo o muerto pasa por el movimiento y el sonido, dos variables sin las cuales tampoco puede existir la música.

## La música de las arañas

La imitación, como ya se ha resaltado en capítulos anteriores es una herramienta de la que habitualmente se sirve la música. En el campo de las tecnologías innovadoras como puede ser la nanotecnología o la ingeniería biomédica, esta imitación puede estar basada en la naturaleza y en cómo ésta resuelve problemas desde hace miles o incluso millones de años. Es lo que se conoce como biomimética, de la cual tampoco escapa la música, como ha podido comprobarse. Entender el mundo pasa necesariamente por la observación y fruto de ésta, se puede crear conocimiento del cual en un principio es posible estar bastante alejado en cuanto a disciplinas académicas se refiere. Esta observación ha desembocado a veces en la creación de materiales que imitan a los que se encuentran en el mundo natural, tanto en su composición como en su forma. Se imitan formas de ciertas cabezas de aves para mejorar la aerodinámica de medios de transporte o se crean materiales semejantes a los biotejidos, como pueda ser una tela de araña, en el caso de las fibras de kevlar. Sin embargo, en el caso de la música, lo que se puede imitar es el proceso por el cual se crea, como en los algoritmos genéticos, pero también en cómo funciona el mundo animal y cómo se comunican.

### La vibración como comunicación y evolución

Precisamente, el mundo de los arácnidos tiene un gran potencial para las investigaciones musicales, ya que su medio natural está muy relacionado con una red de cuerdas vibrantes como son las telas de araña. La investigadora de la Universidad de Oxford Beth Mortimer ha estudiado mucho el comportamiento de este material. Una de las líneas donde ha profundizado es en las vibraciones de las telas de araña, ya sean provocadas por el movimiento de una desafortunada presa como por cualquier otra causa (el viento, otra araña, etc.), y cómo trasmiten información codificable por la especie para poder actuar en consecuencia (Mortimer et al., 2018). Las observaciones de Beth ponen en el punto de mira a las vibraciones como sistema de comunicación. Esta perspectiva es a lo que muchísimos estudios musicales han dedicado su atención, más allá de que la música pueda ser considerada como un lenguaje o no. Los ejemplos de arácnidos estudiados por Mortimer pueden «saber o intuir» qué tipo de presa ha caído en su red, por las características de las vibraciones. De hecho, hay una de las especies que una vez creada la red, se marcha como medida de seguridad, creando un solo hilo comunicante desde su ubicación a toda la tela de araña. Este pequeño hilo transmite las vibraciones desde la amplia tela hasta su creadora. Lo más sorprendente de este estudio es que las arañas usan su propia tela para tañerla y no solo para tejerla. Las vibraciones no solo se producen por la caída de una presa y su intento de zafarse o el movimiento fortuito del viento. Las vibraciones también proceden de la propia araña, que tañe la seda como si fuera una cuerda de guitarra para que vibre y poder obtener información, no sólo de si ha caído alguna presa sino también del tamaño de ésta o donde se encuentra. Esto puede parecer alejado de la música, con una unión un poco forzada mediante un concepto común como es la vibración. Sin embargo, existe una analogía mucho más atrevida. La telaraña es, como dice Mortimer, una estructura biológica diseñada por la evolución para permitir equilibrar las ventajas y desventajas del fenotipo. Cabe poner esto en perspectiva para entender el porqué de la construcción de los primeros instrumentos musicales. ¿Es la necesidad de la fabricación de instrumentos una consecuencia de nuestra propia evolución? ¿Es un instrumento musical primitivo una estructura no biológica, pero sí construida como consecuencia de los beneficios y costos de nuestro propio fenotipo? Son preguntas un tanto transgresoras (o incluso absurdas) que pueden servir para futuras reflexiones o incluso investigaciones. Poner en práctica diferentes perspectivas no solo abre la puerta a nuevas teorías e hipótesis, sino que funciona también como lente, haciendo zoom en detalles en un principio insignificantes.

## Sonificar para entender y crear

Otra ventaja de unir biología y música deja de lado la biomímesis para adentrarse en el mundo de la traducción de datos en música, es decir, lo que se ha venido a llamar sonificación, como ya se explicó en el primer capítulo de esta tercera parte. Uno de sus cometidos es transmitir y codificar información mediante el sonido, al igual que determinadas arañas lo hacen con la vibración. Traducir vibraciones en sonidos no es algo descabellado, pues el sonido en esencia es vibración, sin embargo, la ciencia y la sonificación no se han detenido exclusivamente en eso. Convertir en música una estructura molecular ya ha sido posible, por lo que descifrar musicalmente una estructura de una telaraña no es algo imposible (Su et al., 2022). Esto abre la posibilidad a nuevas composiciones o creación de nuevos timbres, pero también  a la mejora de impresoras 3D o incluso la comunicación entre especies.

Uno de los investigadores en esta línea es el profesor del Massachusetts Institute of Technology (MIT) Markus J. Buehler, principal investigador que ha estado interesado en buscar fuentes de inspiración musical no humana, además de querer obtener más conocimiento sobre la arquitectura de las telarañas. Obtener información sonora de una estructura pasa por asignar frecuencias a los hilos de la tela. Antes de eso hay que convertir en 3D una telaraña escaneada en 2D, mediante algoritmos. No se trata de oír simplemente una estructura, con lo que supone obtener información visual y auditiva, sino de crear entornos tridimensionales virtuales para poder moverse por ellos obteniendo sonidos. Esto permite poder interpretar las características topológicas esenciales, pero también la creación de un instrumento musical interactivo basado en estas estructuras. Las implicaciones de todas estas investigaciones llegan tanto al mundo artístico, ya que permite la interpretación de música con un nuevo instrumento de origen no humano, como al mundo científico mediante la exploración de datos. Mediante la realidad virtual se pueden realizar experiencias inmersivas que pasan por experimentar la exploración de los hilos desde la perspectiva de la araña, tanto en el proceso de su construcción como en el comportamiento ante diferentes fuerzas, como puede ser el estiramiento, la caída de una presa o la emisión de señales de cortejo. Estas experiencias inmersivas también están del lado artístico, ya que se pueden crear performance en este sentido, donde el compositor, el intérprete y el público puedan formar parte de una misma experiencia multimedia (Su et al., 2022). Investigadores como Buehler también han sonificado el proceso de construcción, otorgando a cada etapa música con diferentes sonidos, lo que también aporta conocimiento de la forma de llegar al resultado final y no sólo de la red finalizada. Conocer cómo se construye algo en el mundo natural es fundamental para poder recrearlo en el mundo artificial.

Gracias a que la música se ha introducido en investigaciones de índole biológica, se puede obtener conocimiento sobre ciertos arácnidos, como si este intrusismo fuera una puerta que nos adentra en su mundo. La comprensión de este mundo oculto a la especie humana mediante su experimentación musical con ayuda de la ingeniería informática es un claro ejemplo de retroalimentación positiva, donde las costuras de nuestro conocimiento se estiran. Estas costuras también se estiran del lado musical, puesto que la investigación biológica conlleva una estupenda materia prima para las nuevas creaciones. La música aporta datos biológicos en forma de sonido, la biología aporta música a partir de sus datos.

Si el mundo de las arañas es en gran parte vibraciones, convertirlas en música no solo facilita su entendimiento, sino que a partir de su análisis sería posible clasificarlas. Clasificar las vibraciones emitidas por las cuales se comunican es la mejor manera de poder recrear estas vibraciones (a su nivel no audible), quizá con la intención de poder emitirlas para comprobar si estas pequeñas tejedoras reaccionan en consecuencia, en una suerte de comunicación. La idea de poder intentarlo ya supone un gran avance científico.

## De lo observado a lo creado y viceversa

Una de las cosas por las que el ser humano ha ido avanzando a lo largo de su historia, ha sido por su capacidad de observación y asimilación de lo que observa para su aplicación. La progresiva sofisticación y eficiencia en todos los procesos que rodean la vida humana, desde aspectos lúdicos o recreativos hasta los más esenciales como la alimentación o las comunicaciones, es el producto de una búsqueda constante empujada por la necesidad. Esta necesidad siempre ha fantaseado con la creación de seres mecánicos o autómatas que sean capaces de realizar tareas que requieran de inteligencia sin la intervención de personas. Fantasear con la creación de seres que atiendan determinadas necesidades como si de personas se tratara ha estado presente desde tiempos remotos. En la mitología griega, Hefesto, el dios de la forja y el fuego creó a las *Kourai Khryseai*, autómatas de oro con apariencia de mujeres vivas que poseían el don de la inteligencia y el habla y servían en su palacio. Aunque esto tenga fines con un halo esclavista muy marcado, la búsqueda de esta inteligencia artificial es lo que caracterizado al mundo de las nuevas tecnologías.

### Imitar lo humano

La visión del elemento mecánico como símbolo del progreso también alcanzó a la búsqueda de máquinas lo más parecidas al ser humano, aunque éstas tuvieran fines recreativos y no productivos. Por ejemplo, en el s. XVIII fueron construidos una cantidad significativa de autómatas por la familia Jaquet-Droz, relojeros de profesión, que realizaban diferentes tareas para las cuales estaban programados. Además, se les otorgó a algunos una apariencia lo más humana posible. Que fueran relojeros llama la atención por el hecho de que existe mucha literatura que aúna los conceptos «biología» y «reloj». Pero volviendo a los autómatas, hay uno que llama poderosamente la atención desde la perspectiva musical. Es el denominado «La pianista», con aspecto de robot antiguo, trata de imitar a una mujer tocando un órgano. Desde nuestra perspectiva actual, que vivimos en la era tecnológica, puede parecer una simple muñeca que imita los movimientos de un humano, pero para el s. XVIII es todo un logro que un autómata moviera los dedos de forma programada para que sonara una melodía prestablecida, que moviera el pecho como si respirara, se balanceara como si siguiera expresivamente la música, moviera los ojos o saludara con una reverencia al terminar la pieza. De hecho, alguno de estos autómatas provocó más miedo que admiración, al igual que ocurre hoy en día cuando la tecnología o la ciencia traspasa ciertos límites.

La imitación de los humanos proviene de la observación, se crean máquinas que imitan su aspecto o habilidades que normalmente desempeña una persona. Llegó un momento en la historia en que las máquinas podían imitar los movimientos o el aspecto de la gente, incluso en la Revolución Industrial se consiguió que las tareas fueran más eficientes gracias a la introducción de maquinaria que sustituía y ampliaba el trabajo a mano. Sin embargo, el gran paso llega cuando se quiere imitar el funcionamiento de la inteligencia humana, copiar modelos de aprendizaje capaces de adaptarse a situaciones influenciadas por uno o varios estímulos externos. La inteligencia artificial (IA) pasa por asimilar conceptos, relacionarlos y ponerlos en práctica en situaciones cambiantes donde sea posible su adaptación. Todo este proceso debe realizarlo una máquina.

## La inteligencia artificial
Uno de los males de la ciencia es la finalidad de los avances, a veces de dudosa ética o moral (Pérez y Sevilla, 2022). La motivación de los fenómenos tecnológicos puede llegar a ser muy oscura. Tal es el caso de

las dos guerras mundiales acaecidas en el s. XX, que, si bien fueron dos episodios horriblemente trágicos de nuestra historia reciente, aceleraron los estudios de la computación moderna. El concepto de una «máquina que piensa» le debe mucho al matemático Alan Turing (1950), que contribuyó de manera notable a descifrar códigos encriptados por los nazis en la Segunda Guerra Mundial diseñando el dispositivo electromecánico *Bombe*, aunque su invento más famoso fuera la «máquina de Turing». El concepto de «inteligencia artificial» tal cual se conoce, fue introducido gracias al informático John McCarthy, quien tuvo una prolífica carrera. En la famosa conferencia de Dartmouth de 1956, donde científicos destacados pusieron en común sus estudios sobre las máquinas pensantes (McCarthy et al., 1956), se llegó a la conclusión de afrontar los nuevos retos mediante dos vías posibles, una conexionista o científica donde el desarrollo fuera dirigido a imitar la estructura del cerebro. Por otro lado, hubo una vía enfocada a la ingeniería tecnológica donde primaba el resultado inteligente y no tanto el comportamiento del cerebro. La principal diferencia entre estas dos corrientes es que la primera buscaba construir teorías sobre el conocimiento y la segunda buscaba la resolución de problemas concretos mediante la tecnología. La primera de ellas ha llevado a la creación de redes neuronales artificiales, pero el problema principal es que los sistemas artificiales deberían ser sensibles a cualquier cambio del entorno, cosa que aún no es posible. Las famosas y a veces molestas cookies de las páginas web son hijas de este enfoque. Desde la otra perspectiva, aunque se puedan construir aparatos muy sofisticados que resuelvan problemas concretos incluso muy complejos, el problema reviste en la incapacidad de estos sistemas para adaptarse a circunstancias externas. Se podría decir que hay un enfoque basado en el utilitarismo y otro en la biomimética, pero no únicamente desde un punto de vista exclusivamente estructuralista, sino adentrándose en una teoría de la inteligencia humana, teniendo en cuenta el funcionamiento del pensamiento como paradigma. ¿Y en cual está basada la música creada por IA? No es un problema de etiquetado ya que la creación artística no se basa en la mera reproducción de obras, no tiene un objetivo concreto que pueda resumirse en una tarea que se hace mal o bien y no solo se requiere de inteligencia, las habilidades artísticas y la sensibilidad están muy presentes en la creación. Sin embargo, la creación artística no se basa únicamente en actos inteligentes, pero sí requiere de éstos, por lo que es posible abarcarla desde la IA. A este tipo de IA se la denomina inteligencia artificial expresiva y su objetivo es la creación de un artefacto cultural que comunique emociones y experiencias provenientes de todo un entramado social. Visto así, la creación de este artefacto cultural y su objetivo puede ser tratado como un problema a resolver mediante IA. El arte como investigación puede ser una de las últimas barreras donde estriba la diferencia entre lo humano y lo artificial. Crear una máquina capaz de interpretar o componer igual que un ser humano, es uno de los últimos escalones para dotarla de «humanidad» pues la concepción del arte es algo subjetivo. Somos una suerte de *Homo artisticus* y más específicamente *Homo musicalis* como diría el músico y divulgador Luis Antonio Muñoz. La música es una característica que nos hace humanos, hasta hoy.

## Observar la creación

Todo lo anteriormente explicado parte de la idea de la observación hacia la creación, imitar lo humano que hay en este proceso. Gracias a esto se han inventado máquinas capaces de crear historias de suspense o pintar cuadros (no copiarlos). Sin embargo, también puede hacerse al revés, o más bien seguir la evolución natural en la creación de conocimiento, es decir, seguir aprendiendo a partir de lo que aporta una creación, sea ésta producto humano o artificial. No se trata por tanto de realizar funciones humanas dotándolas de inmediatez o perfección gracias a la tecnología, sino de aprender, de crear conocimiento a partir de lo que nos enseña la máquina. Esto ocurre porque nosotros, como humanos, podemos observar y asimilar nuevas asociaciones que realiza la máquina a partir de los datos que previamente le hemos introducido. Ver cómo se desenvuelve para nosotros aprender a desenvolvernos igual. En otras palabras, comprender cómo la mente toma las decisiones para la composición musical, el porqué de esas decisiones y por qué resultan unas más satisfactorias que otras. Irremediablemente, la computadora necesita patrones para tomar decisiones estéticas. Dirimir cuáles deberían ser estos patrones se convierte en una cuestión muy relevante (Dobrian, 1993). A pesar de que en muchas ocasiones la creación musical se ajusta a normas o reglas de estilo, existen muchos puntos donde la subjetividad toma el control, junto con decisiones arbitrarias relacionadas con la experiencia personal adheridas a la memoria episódica y nuestra casi inviolable necesidad de recreación. Esto puede ser un muro infranqueable para la tecnología, sobre todo si se usa la creación artística como herramienta para entender mejor el universo personal de un autor o autora, aunque algunos ingredientes de ese universo sean conocimientos generados a partir de una creación artificial. La personalidad musical, las señas de identidad, es algo que todavía necesita exploración y nuevos planteamientos filosóficos dentro de la ciencia y la tecnología.

Existe una imprescindible colaboración entre artistas e investigadores para poder llegar a obras de arte musicales creadas mediante IA que no difieran de las de origen humano. Para ello el artista debe pensar como investigador y el investigador como artista. Crear desde la observación para, posteriormente, poder observar, y por consiguiente aprender, lo creado por una máquina. Aprender desde lo que aporta artísticamente una máquina es el gran reto (¿distópico?) porque supone darle la vuelta al proceso (o continuar su evolución). Ya no es la persona la que enseña y el aparato el que aprende, sino al revés. No es la eficiencia lo que se busca.

## Música sumergida

Las asociaciones de la música con el agua han estado presentes a lo largo de toda la historia occidental. Sin ir muy atrás en el tiempo, la figura de la sirena como criatura marina que vive en las profundidades y que con su canto atrae y engaña al navegante se puede encontrar a partir de la Edad Media (en la antigüedad clásica las sirenas tienen relación con las aves, no con los peces). El mar ha sido una recurrente fuente de inspiración e imitación en toda la historia musical de occidente. En corrientes estéticas como el impresionismo, donde tanto se juega con el timbre para crear efectos y sensaciones, existen ejemplos evocadores y casi descriptivos de la relación de la música y el mar. El compositor francés Claude Debussy aporta varios ejemplos de esta asociación de la música y el mar. Uno menos evidente, aunque de título esclarecedor, es el preludio *La catedral sumergida*, que evoca un mito bretón donde una catedral se halla sumergida a la orilla de una isla. Según los analistas, la pieza trata de desarrollar el timbre de un órgano sumergido y el proceso de emersión de la catedral cuando el mar está bajo. En este sentido, el título también se puede decir que emerge, pues en el libro de preludios donde se incluye, el título aparece al final de la pieza. Otro ejemplo mucho más descriptivo, también de Debussy, es la obra orquestal *La mer*, dividida en tres movimientos con títulos que atañen directamente al mundo simbólico del compositor: *Desde el amanecer hasta el mediodía en el mar*, *Juegos de olas* y *Diálogos del viento y el mar*. Esta obra orquestal, que en su origen fue fruto de bastante controversia, se ha convertido en una de las más importantes del compositor y en el punto de mira de muchos enfoques musicológicos. Hay quien ve en ella una estructura matemática, como es la proporción áurea (Howat, 1986). Para enfatizar esta sugestión oceánica en pos de la descripción, la portada de la obra en su edición original fue la estampa japonesa La gran ola de Kanagawa, que además encaja también con la búsqueda de lo exótico del compositor francés.

Mucho más utilizado como paradigma de sonido acuático es la obra *Acuario*, el séptimo movimiento de la obra *El carnaval de los animales* del compositor francés Camille Saint-Saëns, aunque dado el título de la suite, quizá la intención se acerque más a la descripción del mundo animal, al movimiento de los peces. Sea como fuere, es una obra muy utilizada en el mundo de la animación, que une los movimientos acuáticos con un cierto halo de misterio derivado de las características de su melodía. Lo que hace tanto Saint-Saens como Debussy son sólo pequeños ejemplos de la infinidad de música que recurre a la asociación de la música con el agua en general y con el mar en particular. Toda esta música no es más que un intento descriptivo mediante sensaciones tímbricas y elementos extramusicales, como pueden ser los títulos, anotaciones de los compositores o dibujos e imágenes usados en las diferentes ediciones. Todo esto se hace para subrayar la supuesta intención del creador en una suerte de prescripción auditiva, una sugerencia de cómo oír esta música, puesto que la ausencia de dimensión semántica de la música hace asumibles y/o pertinentes estos «extras». Sin embargo, esto es un intento de descripción que aboga más por la subjetividad perceptiva de la persona que crea la música. Para que la música se mezcle con otras disciplinas con el objetivo de obtener conocimiento mediante la investigación, hay que hacerse otras preguntas o cambiar de enfoque. Cabe entonces realizar una especie de paisaje sonoro de los océanos o bien preguntarse ¿a qué suena el mar realmente?

## Sonidos del agua

El análisis y creación de paisajes sonoros, o bien la creación de música con material de los paisajes sonoros ha estado muy presente en los años más recientes de la historia occidental. Los paisajes sonoros están formados por sonidos naturales y una corriente estética de la música como es la *Música concreta*, utiliza estos sonidos para grabarlos en una cinta de manera sucesiva creando así una composición musical. Este tipo de experimentación se la debemos al compositor francés Pierre Schaeffer, aunque hay que aclarar que los sonidos naturales escogidos para las composiciones no tienen por qué provenir de un mismo paisaje sonoro, de hecho, casi nunca es así. Un ejemplo llevado al extremo de esta experimentación sonora es la *Música acuática* de Toru Takemitsu, una obra compuesta únicamente con el sonido de diferentes gotas de agua. Un paisaje sonoro no es más que el estudio del universo sonoro que nos rodea, por lo que un problema añadido para analizar un paisaje sonoro acuático es que debemos sumergirnos para poder captar todos los sonidos, con la distorsión que provoca que el sonido viaje por un medio líquido. La mayor parte de los sonidos asociados con el mar corresponden a un paisaje sonoro fuera del mar, es decir, cuando estamos cerca pero no dentro. Uno de los más usados es el de las olas, que desde un punto de vista acústico no es más que un ruido blanco (así se le denomina) que aumenta y disminuye de manera constante pero no siempre regular. Las caracolas, palabra fantástica que aúna los términos «caracol» y «ola», no hacen más que amplificar el ruido de cualquier ambiente, lo que da como resultado el mismo ruido blanco, que recuerda al mar, pero de una manera un tanto artificial y engañosa, puesto que ese vaivén, esos reguladores que aumentan y disminuyen no están presentes. Por eso escuchamos un sonido que se parece al mar al que hay que añadirle bastante sugestión debida al objeto (la caracola) y un poco de imaginación. Si se ponen las manos huecas y tapamos nuestro oído, podremos convertir las manos en caracola siempre que pensemos un poco en el mar.

## Vibraciones subacuáticas

Volviendo a los paisajes sonoros subacuáticos, el desarrollo de tecnologías ha permitido la grabación de todo lo que ocurre bajo la superficie. Usar todo este universo sonoro es una posibilidad para nuevas músicas y nuevas experimentaciones, pero si reducimos el sonido a su esencia física, es decir, la vibración, entonces no sólo podremos escuchar una especie de sinfonía oceánica, sino que también se podrá observar cómo los seres marinos reaccionan y supeditan su vida a esta sinfonía, a pesar de no tener oídos. Un enfoque biofísico del sonido del mar. Un ejemplo estudiado bajo este enfoque son las ostras (Lillis et al., 2014) que, aunque no pueden nadar a través o en contra de las corrientes, sí pueden moverse de manera vertical y así facilitar su desplazamiento hasta encontrar un lugar idóneo al que adherirse y permanecer allí el resto de su vida. Además de poder reaccionar ante determinadas señales químicas o físicas del mar, estos bivalvos también responden ante señales acústicas que perciben mediante vibraciones. El sonido que produce el mar en los arrecifes es diferente, por lo que las características de estas vibraciones son percibidas por estos pequeños seres marinos, que persiguen estos lugares como residencia ideal. Las pequeñas ostras tienen vidas vagabundas hasta que son guiadas por el sonido del mar, sin llegar a oírlo, pero sin duda sintiéndolo. Este tipo de investigación tiene implicaciones artísticas muy claras, tanto como objetivo o como punto de partida para obras artísticas más desarrolladas. Pero además permite saber cómo suena un entorno marino idóneo o sano para el desarrollo de esta especie, con el abanico de nuevas posibilidades que esto causa. La musicalización o transcripción puede contribuir a mejorar los cultivos de bivalvos, ya que la tasa de colonización aumenta al someterlos a los sonidos del arrecife, según las conclusiones del estudio de Ashlee Lillis (2014) y quizá con el tiempo también permita saber un poco más de cómo controlar el buen estado de los arrecifes.

Volviendo a los seres mitológicos que explicaba al principio, quizá el mar y todo el universo sonoro del que se compone y lo rodea sea en realidad una gran sirena que atrae a navegantes del conocimiento, y que, inevitablemente, quedan atrapados para siempre.

# El ritmo de la noche

El ser humano vive rodeado de una mezcla de ruido y sonido. Dependiendo de nuestra ubicación estaremos expuestos a más o menos sonido/ruido, pero siempre está ahí. Existen intentos científicos que buscan provocar el silencio absoluto, como son las cámaras anecoicas, con paredes, techo y suelo diseñados para la absorción de las ondas acústicas. Esto supone un esfuerzo científico-tecnológico con el objetivo de que seamos capaces de escuchar el silencio, o lo que es lo mismo, eliminar el sonido de ambiente. Aquello tan poético de alejarse del mundanal ruido es materialmente imposible porque en cualquier entorno, por muy remoto que sea, hay sonido. Este silencio fabricado artificialmente tiene su analogía en el sonido (aunque con un consumo de recursos mucho menor) mediante los tonos puros (sin armónicos), que tampoco existen en la naturaleza, hay que fabricarlos.

**Paisajes sonoros**

Nuestro planeta ha sido calificado de muchas cosas, entre las más famosas como planeta azul debido al agua y la atmósfera. Sin embargo, una de las realidades que se nos escapa es que vivimos en un gran sonajero, todo lo que está dentro de nuestro mundo suena. A no ser que lo fabriquemos, no hay un lugar absolutamente silencioso en la Tierra. Otra cosa distinta es que haya la voluntad de escuchar todos los sonidos que nos rodean. Una de las personas preocupadas y ocupadas en escuchar el sonido del mundo fue el canadiense Murray Schafer, que tenía un espíritu interdisciplinar acusado. Teorías sobre los sonidos de nuestro planeta existen desde tiempos de Pitágoras y su armonía de las esferas, sin embargo, el trabajo de Schafer no se basa en la fantasía de supuestos sonidos que emite el planeta al realizar su órbita, sino en escuchar y clasificar esos sonidos y ruidos que nos acompañan desde el día que nacemos. A finales de los años sesenta del siglo pasado acuñó la expresión «paisaje sonoro» como el estudio de la sonoridad de un lugar determinado. Pero este músico ambientalista no se quedó ahí y en la Universidad Simon Fraser de Vancouver en los años setenta impulsó el *World Soundscape Project* (WSP), un proyecto a nivel mundial que se encarga de registrar y preservar los paisajes sonoros. Estos registros pueden informarnos de muchos aspectos, tanto naturales como político-sociales. El lector o lectora que ahora mismo sostiene este libro puede imaginar, en palabras de Schafer, cómo sonaba una ciudad antes de que se inventara el automóvil o la electricidad, pero tan sólo puede imaginarlo. Las generaciones futuras podrán escuchar diferentes paisajes sonoros y no sólo imaginarlos gracias al WSP. Los sonidos de nuestra vida, los que escuchamos cotidianamente no son fruto de la casualidad, o bien cumplen una función natural concreta o bien está controlados con alguna intención.

Además de la ubicación, una de las cosas que influye en el cambio y abundancia de sonidos de un determinado lugar es el momento del día en el que se toma el registro. Es fácil pensar que, en una ciudad de tamaño medio, habrá mucha menos cantidad de sonido ambiente de noche que de día. No solo variará la cantidad, sino que habrá sonidos que no estaban de día pero que son frecuentes en la noche. En el mundo natural, alejado de cualquier atisbo urbanístico, es posible que la situación sea la inversa y que la noche se convierta en una auténtica sinfonía, llena de reclamos sexuales, advertencias territoriales, caudales, pisadas y movimientos de hojas a modo de maracas. La variedad y cantidad de sonidos nocturnos es abrumadora. Desde un punto de vista artístico, registrar sonoridades ha llevado a los músicos a nuevos retos en cuanto a grafías musicales, derivadas de la topografía o el análisis espectral. Una de las aplicaciones que pueden tener estos estudios es arrojar datos sobre la evolución de la sonoridad de un mismo lugar a lo largo del tiempo, no sólo diferenciando entre la noche y el día. Esto podría determinar, con estudios longitudinales, cómo afecta cualquier fenómeno al contexto sonoro. Hay muchas posibilidades de uso de estos materiales en cuanto a composición musical se refiere, pero también desde un punto de vista biológico, antropológico o sociológico. Un proyecto que permite escuchar sonidos aislados, así como grabaciones de diferentes paisajes sonoros es el proyecto *Wild Music*. Desde su página web se pueden crear nuevos paisajes sonoros a partir del banco de sonidos que posee. Estos sonidos están representados por bloques en su interfaz, por lo que se pueden usar a modo de construcción, en una especie de Tetris o puzle sonoro. Los mapas interactivos tanto de este proyecto como de otras páginas de internet permiten un viaje sonoro a través de todo el planeta, sin duda un marco de referencia para cualquier creadora o creador.

## Tempo regular

Volviendo la mirada hacia cosas más concretas, incluidas en determinados paisajes sonoros, en la naturaleza existen animales con una regularidad en su manera de comunicarse con una métrica exacta. El ritmo de sus cantos o sonidos al emitirlos encajan en un tempo o pulso, la mayor parte de las veces invariable mientras dura el canto. Gracias a las nuevas tecnologías, los sonidos de animales se pueden consultar en sitios como la fonoteca zoológica del Museo de Ciencias Naturales de Madrid, gracias a grabaciones realizadas por los investigadores. Es allí donde se puede comprobar fácilmente que existen diferentes ritmos que se repiten o son regulares. Animales como el autillo o el sapo partero nos brindan la oportunidad de escuchar un ritmo constante que acontece por las noches. Parámetros tan musicales como la intensidad o variabilidad en la velocidad de emisión se analizan para comprobar las preferencias en el apareamiento según estas variables, como en el caso del sapo (Márquez et al., 2008). El autillo, un ave pequeña y nocturna, emite una especie de silbido que recuerda al sonar de un submarino, pero en este caso usado en las profundidades de la noche, con fines territoriales. Teniendo en cuenta que el canto del autillo es simplemente una sola nota con una frecuencia única y con un tempo uniforme, se puede trazar una representación en pentagrama aproximada de cómo canta. Su sonido tiene una duración media de 250,4 ms (Galeotti y Sacchi, 2001) con una media de 20-30 veces por minuto. Si por ejemplo queremos escribirlo en un compás de 4/4, se puede ubicar el sonido emitido en el primer tiempo del compás y dejar el resto de tiempos en silencio, con lo cual se reflejaría la regularidad del canto. Si se toma como ejemplo la velocidad de 20 sonidos por minuto, en un primer tiempo del compás de 4/4, implica que el tempo será ♩ = 80, es decir, la velocidad del pulso es 80 negras en un minuto, de las cuales solo suena el primer tiempo de cada compás, quedando los tres restantes en silencio. Dentro de este entorno la duración de una negra (♩) es de 750 ms, por lo que el canto del autillo tendría un valor aproximado de una semicorchea con puntillo (equivalente a 281 ms). La frecuencia media del sonido es de 1,28 kHz lo que nos da una nota aguda entre Re# y Mi. Como este es un valor promedio, se puede estimar al alza para que en el pentagrama esté representado el sonido como la nota Mi. La partitura quedaría de la siguiente manera:

*El canto del autillo.* Elaboración propia.

Esto correspondería a una duración de un minuto, que se repetiría un número de veces determinado por la decisión de esta pequeña ave rapaz nocturna. Todo esto es una aproximación ya que existirán autillos que canten más agudo o más grave y a diferentes velocidades. Sin embargo, es una idea musical que puede ser usada como tópico, desde una perspectiva semiótica, para la composición, pero también para la catalogación desde un punto de vista biológico. Este ejemplo, que ya practicaron otros con otras especies, como Kircher o Gardiner, ilustra cómo de efectivo y útil puede ser el intercambio de conocimientos, tanto para la ciencia como para el arte, aunque sean detalles en principio insignificantes desde una perspectiva musical.

Como se ha resaltado al principio, ni el sonido ni el silencio puro existen en la naturaleza, es necesario crearlos artificialmente para aislarlos. Vivimos inmersos en lo impuro, en una mixtura compleja que tratamos de comprender mediante el estudio y uso de sus elementos. Uno de estos elementos es la regularidad rítmica de animales nocturnos, que se comunican en función de variables musicales como timbre, altura, intensidad, duración, tempo, ámbito melódico, etc. Con la escucha pasa como con la escritura, la revelación de una realidad a veces desemboca en la generación de conocimiento artístico y éste nos reconecta con el mundo en esa complejidad contradictoria que significa ser sujeto. Como diría Edgar Morin, esta relación contradictoria estriba en el hecho de ser simultáneamente casi todo para nosotros mismos y casi nada para el universo. El ritmo de la noche centrado en ciertas especies nos ayuda a entender las restantes piezas de este rompecabezas que es la vida, pero también a crear otras.

**CUARTA PARTE**
La frontera física

## El caos musical

Una de las ramas de la física es la dinámica, que tiene varios siglos de recorrido describiendo factores capaces de crear alteraciones y obteniendo las ecuaciones de estos movimientos. Parte de esta rama es la conocida teoría del caos, que tanta convulsión produjo en el mundo científico y su nueva forma de entender las interrelaciones que se dan en diversidad de procesos. Las teorías físicas pueden provocar verdaderas revoluciones en el pensamiento científico, como por ejemplo la teoría de la relatividad. Sin embargo, estas convulsiones y replanteamientos de viejos paradigmas no solo afectan al mundo estrictamente científico, sino que el arte en general y, más concretamente, la música acaba siendo alcanzada por la onda expansiva de las teorías revolucionarias. La teoría del caos ha sido uno de esos planteamientos físicos que ha ayudado a la creación de nuevas obras y nuevos métodos para obtener la materia prima necesaria para la creación artística musical. Las compositoras y compositores del s. XX han mirado muy de cerca cualquier avance científico que sirva como una nueva ramificación de su búsqueda incesante. Existen multitud de ejemplos de compositores con una alta formación científica.

La teoría del caos se desarrolla gracias a planteamientos de matemáticos como Henri Poincaré o Edward Lorenz. Aunque es a este último al que se le deben conceptos tan importantes como los *atractores extraños* o expresiones tan conocidas como el *efecto mariposa*, Poincaré, más cercano a la filosofía, fue el primero en plantearse la posibilidad de un caos, acercando la viabilidad de que muchos fenómenos no fueran completamente aleatorios. Los sistemas dinámicos de tipo caótico tienen una característica fundamental que posteriormente se tomó como punto de partida en algunas obras musicales. Hay un movimiento perpetuo donde las condiciones iniciales son fundamentales debido a que cualquier tipo de cambio en estas condiciones alterará su evolución. Uno de los ejemplos más usados de sistema caótico es el tiempo atmosférico, pero existen muchos ejemplos, como el cambio de la trayectoria que hace una pelota que se suelta en la artista de un tejado. El cambio de las condiciones es mínimo, cualquier mera imperfección en el tejado, un inapreciable cambio en la velocidad del viento, etc. y esto hace que la pelota caiga en un lugar diferente cada vez. Otro buen ejemplo es el que se usa en la película *Jurassic Park* del año 1993, con una gota de agua que recorre diferentes trayectorias en la mano de una de las protagonistas.

## Desorden para componer

Uno de los compositores que tuvo en cuenta el planteamiento de unas condiciones iniciales concretas, un ligero cambio y un movimiento perpetuo fue György Ligeti, aunque este planteamiento no aparece en todas sus obras. El auge de la teoría del caos ocurre en la década de los setenta del siglo pasado, así que tarda unos años en llegar a influenciar al compositor. Esta influencia ocurre en sus estudios de piano, divididos en tres cuadernos de 6, 8 y 4 estudios. El primer cuaderno data de 1985, siendo el título del primer estudio *Désordre*, título a todas luces revelador de las intenciones de Ligeti. A decir verdad, la teoría del caos es una idea que inspira al compositor, pero no la aplica desde el rigor matemático. Además, también existen otras grandes influencias en estos estudios para piano, como el compositor, ya mencionado en capítulos anteriores, Conlon Nancarrow o ritmos del folclore húngaro. Pero volviendo a su primer estudio, el propio compositor admite que es un homenaje a la nueva ciencia del caos. Lo que se plantea es un ritmo originario de los Balcanes, donde ambas manos tocan sincronizadas, una en las teclas negras y otra en las teclas blancas. Sin embargo, de forma progresiva, las manos se van desfasando debido a que se va añadiendo una corchea a la mano izquierda en cada frase. Aquí está la idea de una variación mínima en las condiciones iniciales, poniendo de manifiesto que la teoría del caos, a pesar de lo contradictorio que pueda parecer, puede ser determinista. Es evidente que esta pieza no es más que una metáfora musical, puesto que en un régimen caótico es imposible hacer predicciones a largo plazo debido la complejidad de calcular con precisión las condiciones iniciales, cualquier variación minúscula al inicio nos lleva a resultados divergentes. Si pensamos en la obra de Ligeti, cualquier otro cambio elegido nos llevaría a otro resultado, pero en esencia la obra tendría la misma forma. Es esto lo que ocurre con los antes mencionados *atractores extraños*, que su forma está bien definida y delimitada, pero en su interior las trayectorias son imprevisibles.

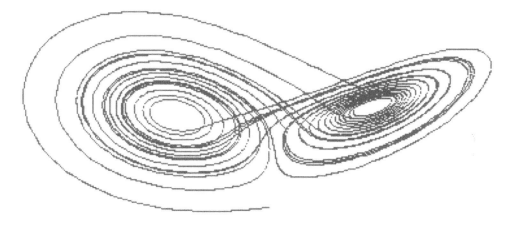

*Atractor de Lorenz.*

## Atractores musicales

Teniendo en cuenta este sistema dinámico de Edward Lorenz, como es el atractor extraño, se han compuesto obras musicales a partir de la creación de software específico para tal fin. Las órbitas que se van dibujando en este sistema caótico a medida que pasa el tiempo pueden aprovecharse para convertirlas en melodías. Si se usa un espacio bidimensional, habrá un eje $X$ y un eje $Y$ donde la evolución temporal irá creando unos valores. Estos valores pueden ser notas musicales si otorgamos a un eje el valor en frecuencia en hercios y a otro el valor de la duración de la nota. Si le añadimos la tercera dimensión al espacio geométrico, entonces podría añadirse otra variable a la nota musical, como puede ser el timbre mediante rangos de variabilidad. Como se puede comprobar, los atractores, geométricamente hablando, tienen dimensión fractal, lo que los convierte en ser susceptibles de ser usados para la creación de música por ordenador. Esto suscitó mucho interés en el mundo de la informática, desarrollando programas desde hace décadas para la creación de música mediante atractores. Un ejemplo fue el programa *The Well Tempered Fractal* de Robert Greenhouse, con un claro guiño a la obra de Johann Sebastian Bach *El clave bien temperado*. Este programa permitía proyectar diez tipos de atractores en 21 escalas diferentes. Como en todos los programas de esta índole, hay que tener en cuenta que no se usa todo el rango auditivo del ser humano, sino escalas que acotan mucho este rango en pro de facilitar también la aparición de patrones reconocibles, y por lo tanto haga la música entendible. También se evita usar melódicamente todos los datos que arroja un fractal porque eso conlleva música excesivamente extensa y complicada. Por lo tanto, no hay que tomar este tipo de material musical como una transcripción literal del movimiento caótico, sino más bien como la materia prima que las compositoras y compositores pueden usar y moldear hasta conseguir sus obras.

## Creación de atractores

Otro enfoque con un fuerte halo filosófico puede ser el otorgar directrices de composición a los sistemas dinámicos usando composiciones musicales humanas. A partir de aquí, se puede comparar cómo estos sistemas son capaces de realizar composiciones musicales semejantes a las de los humanos (Kaliakatsos-Papakostas et al., 2013). En esencia, las personas también somos de algún modo una especie de sistema dinámico caótico, donde nuestra forma y la delimitación de nuestra vida es algo cerrado, pero en nuestro interior las trayectorias son imprevisibles. Estas trayectorias bien pueden ser las decisiones musicales que toman las creadoras y creadores de música. Esto nos lleva directamente a otra metáfora (dentro de la anterior) que puede realizarse con la palabra estilo. Bien puede ser el estilo de cada compositor una especie de atractor extraño, donde a nivel general puede estar bien definido y delimitado, pero cada obra musical es una trayectoria imprevisible dentro de ese estilo. La música no se percibe de manera lineal (Kaliakatsos-Papakostas et al., 2013), aunque el tiempo donde se desarrolla si lo sea. Un sistema de composición que evoluciona de manera no lineal en el tiempo se aproxima mucho a la percepción humana del sonido, en una especie de analogía donde la manera de crear música está inspirada en la manera en la que la percibimos. Este enfoque no realiza el cálculo de variables en sus diferentes ejes para la creación, es decir, no se definen el timbre, la duración o la frecuencia en función a la región del eje cartesiano donde se realiza la trayectoria. La idea es la contraria, es decir, escoger grandes obras musicales tonales para analizarlas en términos de sus características dinámicas (físicamente hablando) y reconstruir las fases de las trayectorias en los atractores. No es crear música desde un atractor extraño, sino crear un atractor extraño (de manera aproximada) desde la música. A partir de aquí se usan sistemas dinámicos para componer secuencias tonales novedosas, pero con características similares a las piezas analizadas, así las características de las piezas compuestas de manera automática son similares a las compuestas por los humanos. Una consecuencia del análisis realizado en la investigación de Kaliakatsos-Papakostas es el hallazgo de diferencias significativas en las características atrayentes de cada compositor, una especie de seña de identidad. Además, los investigadores fueron capaces de establecer características dinámicas para que las composiciones automáticas mediante sistemas dinámicos fueran más parecidas a las de origen humano.

Utilizar el caos, algo que la física ha mostrado que está en el mundo natural, para la recreación de «cualidades» genuinamente humanas en una composición, así como establecer diferencias de estilo de cada compositor en función de las características atrayentes del sistema dinámico reconstruido a partir de la música, es de un intrusismo musical sin precedentes. Otra puerta más que se abre a nuevo conocimiento.

## Un sonido para explicar la historia

Una de las cosas a las que contribuye la música es a reducir el grosor de las falsas dicotomías que tanto habitan en nuestra sociedad. Aquella Tercera Cultura[5] impulsada desde el opúsculo *Las dos culturas*, escrito por Charles Percy Snow en 1959 que abogaba por un claro objetivo interdisciplinar, evitando la división entre ciencias y humanidades, puede encontrarse en los estudios musicales, como se ha visto a lo largo de los diferentes capítulos. Es evidente que cada cual puede estar especializado en una determinada disciplina, pero el tener conocimiento de disciplinas en un principio alejadas puede resultar vital para nuevos

5. La expresión *Tercera cultura* se entiende aquí bajo la visión de Snow de aunar humanidades y ciencias, pero la expresión es definida por J. Brockman en su libro de 1995 *The Third Culture: beyond the scientific revolution* y se acerca al rol del científico como intelectual que se comunica con los grandes públicos. Es decir, una idea más cercana a lo que se entiende hoy por divulgación científica.

aprendizajes y estirar nuevos límites del conocimiento humano. La música es ese lugar común donde letras y ciencias están en simbiosis.

## La física del sonido

Las matemáticas y la música son casi inseparables y esta adhesión se debe en muchos casos a físicos que se preocuparon por dar una explicación a lo que ocurre con la materia prima de cualquier melodía: el sonido. Uno de estos físicos y matemáticos fue, como se decía en algún capítulo anterior, Jean-Baptiste Joseph Fourier. Desarrolló una teoría para resolver una ecuación, en un principio bastante alejada de conceptos musicales: la ecuación del calor. Además de ser el primero en dar una explicación científica del efecto invernadero, su teoría supuso un descubrimiento para poder explicar una cualidad del sonido como el timbre, que además tuvo consecuencias de toda índole para el desarrollo de la música. Lo que hizo Fourier, simplificando mucho, fue descomponer una forma de variación periódica, como puede ser una vibración de una onda sonora, en la suma infinita de otras formas sinusoidales (que siguen la función trigonométrica «seno»). Sin embargo, el primero en darse cuenta de que la cualidad del timbre dependía de la mezcla de estas vibraciones fue otro físico francés, Joseph Sauveur. Su obra *Traité de la Théorie de la Musique* de 1697 tuvo mucha importancia porque, años después, se originó un gran debate en torno a las cuerdas vibrantes que tuvo entretenidos a matemáticos como Daniel Bernoulli, Leonhard Euler, Jean le Rond D'Alambert o Joseph Louis Lagrange. Polémicas aparte, lo que hizo Fourier fue someter las ondas a tratamiento fisicomatemático.

La altura de un sonido (si es más grave o más agudo) se mide en hercios (Hz), denominada frecuencia. Esta frecuencia indica el número de vibraciones por segundo. Por ejemplo, si cogemos un diapasón y lo golpeamos sonará la nota La de 440Hz. Lo que nos dice el teorema de Fourier es que esa frecuencia en cualquier instrumento musical es el resultado de la suma de infinitas frecuencias que son múltiplos de la frecuencia fundamental (440Hz). Si tocamos, por ejemplo, la segunda tecla correspondiente a la nota Do empezando por las notas graves en un piano, esa nota puede descomponerse en una serie de sonidos infinitos (sonidos armónicos). Al tocar la tecla lo que suena realmente es esto:

*Serie armónica de la nota Do.*

Para que todos estos sonidos se fundan en uno, sus frecuencias son múltiplos enteros de la frecuencia que se acaba sintetizando (lo que llega al oído). La suma de todos estos sonidos armónicos es el máximo común divisor y es el sonido que se percibe como único (el primero de la serie). Este fenómeno es de vital importancia para determinar el timbre. ¿Qué es lo que hace que un sonido suene a flauta, clarinete, piano, voz, etc.? Precisamente las diferentes amplitudes que le damos a cada uno de estos sonidos armónicos. Dicho de otro modo, si pudiéramos poner un control del volumen como el de una radio a cada uno de los sonidos armónicos, como se muestra en la imagen de más abajo, podríamos hacer que un mismo sonido sonara a violín o flauta tan solo girando algunos de estos botones.

*Serie armónica con control de amplitud en cada sonido.*

Esto quiere decir que la intensidad de cada uno de los sonidos de la serie de los armónicos determinará el timbre. Estas intensidades relativas se pueden calcular con las fórmulas de Fourier. Gracias a esto, la informática ha revolucionado el mundo de la música, puesto que, si podemos calcular los timbres, podremos imitarlos.

### Física e historia

Gracias a la física y la matemática hemos podido entender cómo funciona el sonido y una de sus cualidades. Además, gracias a la sinergia física-matemática-música se creó una nueva disciplina: la acústica (término que usó por primera vez Sauveur).  Pero este fenómeno sonoro (fenómeno físico-ar-

mónico) nos explica también otras cosas relacionadas con disciplinas humanísticas y menos científicas, como puede ser la historia de nuestra música
occidental. Si nos fijamos en la serie de notas que aparecen en la figura de
más arriba, podemos darnos cuenta de que no todas están a la misma distancia. Esta distancia o intervalo se mide contando las notas entre dos sonidos. Desde el primer sonido al segundo hay una octava porque desde un
do hasta el siguiente do hay ocho notas (do-re-mi-fa-sol-la-si-do). El tercer
armónico es un sol, por lo que del segundo al tercer armónico (do-sol) hay
un intervalo de quinta (cinco notas). A medida que avanzamos en la serie
se ve claramente que las distancias se van reduciendo. Todas estas notas
podrían prolongarse hasta el infinito, aunque no serían audibles a partir del
umbral de escucha del ser humano, lo cual no significa que no estén ahí. ¿Y
esta serie de notas explican nuestra historia? A medida que avanzamos en
la serie, avanzamos en la historia. Veamos cómo.

Si nos remontamos a la Antigua Grecia, su música se asemeja a la de la
Alta Edad Media. En esencia era monofónica, es decir, sólo había una melodía sin armonía, aunque hubiera diversos instrumentos que ornamen-
taran la melodía. El concepto de simultaneidad de dos sonidos no existía,
entendidos como un intervalo. Lo que quiere decir que únicamente estaría
el primer armónico o sonido fundamental, la primera nota de la serie. Si
en un coro participaban hombres y niños, la diferencia fisiológica natural hace que los niños suenen una octava por encima de las voces de los
hombres, aunque canten exactamente lo mismo. Ya tendríamos la octava,
los dos primeros sonidos de la serie. Si seguimos el curso de la historia
encontramos un tratado titulado *Musica enchiriadis* (ca. 900) donde se describen dos maneras de cantar de manera simultánea, llamado *organum*,
duplicando la melodía a distancia de un intervalo de 5ª o 4ª, por lo que ya
tendríamos hasta el armónico nº 4 de la serie. Evidentemente existían otras
distancias, pero se daban de manera fortuita, de pasada y no eran consideradas consonancias o intervalos idóneos donde hacer pausas musicales.
Hasta el siglo XIII no aparece el intervalo de tercera en Inglaterra (avanzamos hasta el armónico 5 de la serie) como una consonancia, así como
la sexta, o lo que es lo mismo, la distancia entre el armónico 3 y 5. El uso
de notas alteradas de la música ficta en Francia (s. XIV) hizo que se dis-
tinguiera entre terceras mayores y menores, es decir, la distancia entre los

armónicos 5 y 6 de la serie. El uso de estos intervalos fue cada vez mayor, gracias a que la afinación pitagórica (división geométrica de una cuerda basada en quintas o en la proporción 3/2) fue cayendo en desuso hasta llegar a una afinación llamada mesotónica y el llamado temperamento igual (la afinación que se usa hoy en día en la música occidental) que favorecía la simultaneidad de estas distancias (Gaínza, 1998).

La concepción de la música como melodías diferentes que ocurrían simultáneamente (contrapunto), hizo que se oyeran otros intervalos de nuestra serie armónica, pero nunca concebidos como un punto estable donde finalizar o descansar momentáneamente. A principios del s. XVII esta visión empieza a cambiar hacia conceptos como el de acorde (en los armónicos 4-5-6) y tonalidad. En el s. XIX empieza a expandirse e introducir nuevas sonoridades y se van añadiendo notas a los acordes, aunque no en el orden exacto de la serie armónica.

## La física como punto de partida

Lo curioso de este fenómeno físico no es que pueda resumir, grosso modo, la historia de la música occidental, sino que ha hecho que la historia de la música siga avanzando. Gracias al conocimiento de estos principios físicos e incluso su posibilidad de análisis mediante software específico, se han creado corrientes compositivas, como el *espectralismo*. Como su nombre indica, está basada en el espectro sonoro como materia prima para la composición de música. El análisis espectral permite conocer en una misma imagen la frecuencia principal con sus armónicos, la duración y la intensidad. Un ejemplo paradigmático de compositor espectralista es Gerard Grisey, quien compuso un ciclo de composiciones titulado *Les Espaces Acoustiques*, cuya tercera pieza, *Partiels*, está elaborada a partir del análisis de un sonograma electrónico cuando un trombón realiza la nota Mi en un registro grave. Esto revela cómo a partir de un conocimiento científico, físico concretamente, de un sonido, se puede originar toda una obra musical.

La mirada científica de la materia prima musical hace que se vean vibraciones, que se entiendan mejor ciertas cualidades del sonido hallando su porqué. Sin embargo, el tener conocimiento profundo de la historia hace posible trazar una explicación del desarrollo de la música mediante un conocimiento científico o por lo menos realizar una analogía que contribuya a los porqués de la historia. Tener conocimientos profundos sobre armonía y teoría musical hace posible que se aprovechen datos científicos para la creación artística. La ciencia explica el arte, pero, a su vez, el arte es consecuencia de la ciencia.

(Este texto es una reelaboración del artículo original: «Una historia de la música contada por la física», *Cuaderno de Cultura Científica*, 10 de enero de 2022 ISSN 2529-8984.)

## La creación de la materia prima

El arte musical ha sido estudiado desde muy diferentes enfoques, dato que se puede constatar desde que se tienen registros escritos que abordan la música como tema de estudio. Uno de estos enfoques, con más o menos seguimiento según la época, ha sido el tratamiento de su materia prima, es decir, el sonido. Para que la música exista se necesita algo que suene y un medio donde se propague. Desde tiempos remotos siempre se ha necesitado algún instrumento que emita los sonidos, desde el propio cuerpo a elementos externos. Gracias a los estudios de la física se ha obtenido a lo largo de la historia mucha información sobre el sonido y sus características. Desde tiempos de Pitágoras ha existido un estudio pormenorizado de las características del sonido. Esto ha conllevado, a veces, atribuciones mágicas o mitológicas a las distancias entre sonidos, los intervalos, o bien a los timbres característicos al ser producidos por un instrumento en particular. La necesidad del ser humano por imitar lo que acontece en la naturaleza también llevó al desarrollo de la creación sonora.

### Fabricar sonidos

Hasta finales del s. XIX, los sonidos que se escuchaban en las salas de conciertos eran producidos por instrumentos musicales y cantantes. Lo que formaba la materia prima musical no podía fabricarse, lo que se podía hacer era fabricar instrumentos con diferentes materiales para poder obtener diferentes timbres y amplitudes, muchas veces relacionada con el tamaño de cada instrumento. En resumidas cuentas, se fabricaba lo que emitía el sonido, pero no se fabricaba el sonido. Fabricarlos es lo que se conoce en sonología como síntesis de sonido. Para que esto pudiera ocurrir, la síntesis de sonido estuvo irremediablemente ligada al desarrollo de la electrónica y los estudios de la rama de la física que abarca todo lo relacionado con lo sonoro, es decir, la acústica. La síntesis da como resultado los primeros aparatos para fabricar los sonidos, conocidos como sintetizadores. El origen de estos aparatos tan comunes en nuestra época y habituales de la música electrónica, está en la creación del Telarmonio, un aparato de grandes dimensiones creado por el inventor estadounidense Thaddeus Cahill. La idea original era que la música creada por este gigante sintetizador se pudiera escuchar en teatros, hoteles y restaurantes e incluso llegara a los hogares mediante la línea telefónica. Sin embargo, esta idea no llegó a buen puerto a pesar de que hubo uno instalado en una planta de un teatro de Broadway y su creador se asoció con una empresa con el fin de cobrar los servicios musicales telefónicos. El rápido desarrollo de la radiodifusión y el transistor provocó que los planes de negocio de Thaddeus se fueran al traste.

El funcionamiento del Telarmonio se basaba en unas ruedas tonales que estaban acopladas a un transductor electro-mecánico, lo que hacía posible transmitir una señal a unos primitivos altavoces, convirtiendo la corriente eléctrica en vibraciones sonoras. Las limitaciones de este aparato debidas a su tamaño y peso no le permitieron una larga vida en el mundo de la música. Gracias a la aparición de algo conocido como *válvula termoiónica*, la señal podía ser amplificada propiciando la aparición de los primeros osciladores electrónicos. Estos osciladores producían, mediante voltaje, una señal periódica de una forma de onda, normalmente senoidal o cuadrada, según los casos. Posteriormente, las válvulas se perfeccionaron rellenándolas de gas, controlando mejor grandes potencias y corrientes, lo que favoreció la aparición de otros instrumentos como el Trautonium, que generaba el sonido a partir de lámparas de neón de bajo voltaje. A pesar de no ser un instrumento demasiado conocido, ha tenido protagonistas célebres, ya que el compositor Paul Hindemith escribió música para este aparato o directores de cine tan famosos como Alfred Hitchcock usó música interpretada por este instrumento en su película *Los pájaros*.

## Digitalizar el sonido

Todos estos instrumentos, sintetizadores, creaban sonido a partir de señales electrónicas, no necesitaban de ningún instrumento musical al uso, tan solo un aparato capaz de emitir señales eléctricas. Se podría pensar que esto es una evolución de los instrumentos musicales, ya que existen instrumentos musicales «acústicos» que emiten sonidos mediante su ejecución como puede ser un arpa o una flauta, y otros que son electrónicos, necesitan de la electricidad para que emitan sonidos. Sin embargo, la digitalización de la música ha permitido la creación de sonido sin la necesidad de aparatosos instrumentos que emiten señales eléctricas. Todo eso gracias a los conocimientos de acústica y la posibilidad de su conversión al cálculo numérico. Cualquier elemento analógico puede sustituirse gracias al desarrollo del procesado digital de sonido. Los primeros sintetizadores electrónicos eran analógicos, en tanto en cuanto emitían una señal continua, al igual que cualquier instrumento musical tradicional. En cambio, en la síntesis digital, el sonido se genera a partir de señales no continuas, es decir, como una secuencia de valores numéricos.

El sonido es en esencia vibración, y esta energía se propaga a las partículas cercanas haciéndolas vibrar también y a su vez éstas las siguen propagando a otras partículas cercanas. Es así como se propaga el sonido por un medio como puede ser el aire. La onda vibratoria periódica es a lo que se llama sonido. Esta onda vibratoria tiene una serie de características que se pueden calcular. Conceptos como elongación, amplitud, fase, período, frecuencia o longitud de onda describen con detalle la forma de onda y su velocidad, lo que atañe directamente al timbre y qué nota puede estar sonando. Cada una de estas variables de la onda se puede calcular y, como ya se ha explicado en un capítulo anterior, si se puede calcular, se puede imitar.

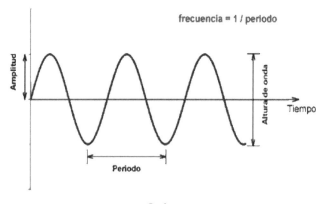

*Onda sonora.*

Hay que tener en cuenta que la onda sonora se propaga por todo el espacio tridimensional, aunque tenga una direccionalidad. El esquema de la onda es solo eso, un esquema, una representación. En el mundo analógico, cuando por ejemplo se pulsa una cuerda de guitarra, la señal es continua, lo que quiere decir que no hay interrupciones ni limitaciones, como si se dibujase una figura sin levantar el lápiz. Sin embargo, en el mundo digital esto no es así. Ocurre igual que si nos grabamos en video realizando alguna acción, el vídeo en realidad es una sucesión de *frames* o fotogramas seguidos, no es la realidad sino muchas capturas de la realidad. En el audio digital pasa exactamente lo mismo. Son muchas capturas seguidas con unos valores determinados que permiten que el sonido de esa guitarra que pulsábamos se pueda convertir en una sucesión de ceros y unos. Cuanta más resolución tiene esa «fotografía» del sonido, mayor calidad tiene y esto pasa por el número de bits. Si usamos mucha información codificada la señal tendrá más bits. Si se usa poca resolución de bits, entonces el sonido se desvirtúa porque la forma de onda se ajusta menos a la realidad.

Toda esta información que nos brinda la grabación digital permite calcular timbres y alturas, por eso un sintetizador puede sonar a clarinete o violín. Todos los datos de la onda son modificables, lo que permite crear nuevas ondas que no hayan sido grabadas previamente, simplemente calculando. Esto conlleva la posibilidad de crear nuevas ondas cambiando los parámetros numéricos y, por consiguiente, creando nuevos sonidos que ni siquiera existan en la naturaleza. Esto es la esencia de la síntesis, poder crear nuevos sonidos que de ninguna otra manera hubieran podido ser escuchados. Mediante los conocimientos físicos y matemáticos se hace posible el acto de la creación sonora. Las posibilidades que esto abre son prácticamente infinitas.

## Descomponer sonidos para componer música

Las zonas de mezcolanza de conocimientos pueden ser a veces trepidantes, donde incluso viejos paradigmas muy asentados pueden parecer saltar por los aires. Esto ha ocurrido en ocasiones, cuando hay disciplinas que friccionan en sus límites y cambiamos la escala de observación. Las relaciones entre arte y tecnología pueden verse afectadas, en la mayoría de casos enriquecidas, cuando la mirada se convierte en microscópica. El cambio de enfoque hace que las premisas cambien, por lo que tanto el camino como el destino al que llegamos nos puede ofrecer nuevo conocimiento oculto. Esta nueva mirada cambia la forma de ver el sonido y se debe a las investigaciones del físico Dennis Gabor (1946).

**Partículas sonoras**

Como se ha visto en el capítulo anterior, el sonido puede ser interpretado como una onda. Lo que hizo Gabor fue darle una perspectiva nueva desde la física cuántica, donde el sonido se compone de miles de partículas que están esparcidas a lo largo de su duración. Estas partículas también fueron llamadas gránulos de sonido, con una duración de entre 1 y 100 milisengundos. Esto plantea nuevos retos y límites, ya que este físico húngaro no se conformó con teorizar, como era de esperar, y fabricó un granulador de sonido mediante un sistema de grabación óptica. La idea era experimentar con la expansión y compresión de las duraciones del tiempo sin que esto afectara a la altura del sonido, a su frecuencia en Hercios. Gracias a esta investigación y nuevo enfoque se pudo llegar años más tarde a lo que se conoce como *síntesis granular*, es decir, la creación de música a partir de la deconstrucción de sonidos, de reducirlos a partículas en una especie de perspectiva cuántica de la música. No en vano existe un número considerable de textos que hablan directamente de música cuántica. Sin entrar en discusiones filosóficas con respecto a si la expresión es adecuada, la perspectiva desde la física cuántica hace posible una nueva manera de buscar sonidos y, por lo tanto, nuevos caminos artísticos para la música.

La expresión «síntesis granular» se le atribuye al compositor (omnipresente en este libro) Iannis Xenakis (1971), un personaje tan relevante como ignorado en muchas ocasiones. Ya en su *Formalized Music* expone una teoría de cómo hacer composiciones a partir de granos de sonido, que él mismo usó mediante cinta magnética y empalmes en su obra *Anologiques A & B*, concretamente en la parte B. Posteriormente, en el entorno del MIT se desarrollaron algoritmos para la implementación informática de la síntesis granular. Aunque los primeros intentos de la creación sonora, la fabricación de sonidos no preexistentes, fueron analógicos, el desarrollo de la informática es clave para la evolución de la síntesis de sonido, sea ésta granular o de cualquier otro tipo. Uno de los lenguajes de programación más comunes y antiguos para la creación de sonidos y música es *Csound*. Según su página web, este lenguaje tiene garantizada una compatibilidad extraordinaria, puesto que se asegura que un programa creado hace bastantes décadas pueda funcionar en cualquier futura versión hasta el año 2036. Utiliza lenguaje C de programación (de ahí su nombre) donde las unidades funcionales se llaman opcode y sirven, entre otras cosas para crear outputs de sonido, como puede ser un oscilador donde se controle la amplitud, la frecuencia y la fase. Una de las posibilidades que ofrece el software es poder generar una sucesión rápida de granos de sonido, formando juntos eventos sonoros más extensos. Este tipo de síntesis o creación permite una variabilidad en los resultados, dependiendo de las características de los granos y de su forma de combinarlos. Estas partículas sonoras son ideales para la creatividad en lo referente a timbres y texturas, que bien pueden imitar a instrumentos preexistentes, como también se pueden crear nuevos sonidos variando los parámetros de cada grano. En realidad, la intención estriba en el hecho de querer sintetizar modelos de partículas. Para llegar a ello es necesario recurrir a algoritmos que realicen diferentes operaciones que permitan al usuario introducir un simple código y variar parámetros para conseguir nuevos sonidos. Sin entrar demasiado en la complejidad matemática de los algoritmos, existe un ejemplo muy común en el que se puede ver claramente esta complejidad sin sumergirnos en el cálculo numérico. Un algoritmo llamado *PhISEM* se basa en granos parametrizados que superpone de manera seudoaleatoria. Las interacciones se basan en la física de partículas, pero con un modelo simplificado donde se aplica la distribución de probabilidad de Poisson en el proceso. Controlar un simple sonido requiere muchos datos e información para su control de manera musical, miles de parámetros para un segundo de creación sonora. Cada parámetro de estos miles usa variables como duración, ataque, amplitud, caída, etc. No cabe duda de que todo lo que implica este tipo de síntesis es realmente complejo, aunque el resultado pueda ser algo tan simple como un sonido parecido al de las maracas. Esto no siempre es así, los resultados no siempre son sencillos de digerir, por falta de analogías con la realidad. Inevitablemente la mente intenta comparar con modelos que ya tiene almacenados. Comparar es entender, y eso es lo que intenta hacer nuestro cerebro al escuchar sonidos que no existen en el mundo natural. La distorsión de la voz es un buen ejemplo de síntesis granular, que puede modificarla gradualmente desde algo totalmente ininteligible hasta una voz clara y limpia.

## Resonancias expandidas

Un compositor paradigmático en la composición mediante síntesis granular es el músico Barry Truax (2005). Su visión plantea modificaciones a nivel micro que repercuten en un nivel macro de una manera novedosa. En el nivel «microsonoro», tal y como explica Truax, la frecuencia y el tiempo están unidas mediante una relación cuántica con un principio de incertidumbre análogo al de la física. Es decir, hay un compromiso entre frecuencia y tiempo de manera que si se acorta la duración de un sonido se amplía el espectro de su frecuencia y si se quiere reducir la incertidumbre en el dominio de la frecuencia se necesita una ventana temporal mayor. Es lo que define Heisenberg con pares de magnitudes observables como pueden ser la posición y el momento lineal de una partícula. Lo que hace este compositor es alterar el dominio del tiempo para obtener cambios espectrales de frecuencia, usado en análisis y resíntesis, es decir, realizar una síntesis de sonido a partir de otra síntesis. Lo que él hace en sus obras donde utiliza la síntesis granular es estirar el sonido en el tiempo sin cambiar el tono en el nivel macro, en contradicción con lo que ocurre a nivel micro. Esto crea un efecto perceptivo donde el tiempo se estira porque la atención se desplaza a componentes espectrales del sonido cuando la forma temporal de un sonido se alarga. En palabras del propio compositor, este fenómeno lo denomina escuchar «dentro» del sonido. Estas resonancias expandidas se usan con el objetivo de amplificar o magnificar la asociación que tiene la obra, es decir, que la escucha provoque una inmersión más pronunciada en el concepto de la obra musical. Por ejemplo, Barry Truax tiene una obra titula *Basílica*, donde se usa la resonancia estirada de una campana para sugestionar al oyente, como si se introdujera en el gran volumen que implica la propia iglesia.

Descomponer los sonidos en partículas sonoras no es la única manera de desmenuzarlos con el objetivo de una nueva creación. Tal es el caso de la síntesis por modelado físico, que no es más que partir del funcionamiento del elemento que produce el sonido en vez de tener en cuenta el sonido directamente. Hay que descomponer el funcionamiento de un instrumento musical en ecuaciones teniendo en cuenta su comportamiento acústico. Existen diferentes grados de simplificaciones en estos casos, donde se pueden tener en cuenta o no el marco sonoro donde se producen. En resumidas cuentas, también se pueden descomponer y calcular aquellos sonidos implicados en el proceso de la ejecución de un sonido, como puede ser el sonido de los dedos al pulsar una tecla o la respiración. Si la intención es imitar sonidos reales, tener en cuenta el marco sonoro dará mayor fidelidad, aunque esto implique una alta complejidad de detalles. En otras ocasiones, la fidelidad con lo real no es el objetivo por lo que adquirirá mayor importancia la búsqueda de nuevas sonoridades a partir de la simulación de situaciones diversas.

En el caso de la descomposición de sonidos o procesos, la relación con la física no es una simple analogía, sino que parte de conocimientos científicos y procesos físicos para la creación musical. No se trata de imitar a la ciencia, sino de usarla de forma directa para la creación artística, una corriente de pensamiento musical cada vez más presente.

## La desaparición de la partitura

El título de este capítulo bien podría valer para una novela de misterio o una película, sin embargo, es una consecuencia de la evolución histórica de la música, o más bien un ciclo. Al igual que el lenguaje, la música se origina mucho antes de que se inventara la escritura. Las historias, los poemas o los cantos se memorizaban y se transmitían de manera oral. La escritura, la creación de los libros, fue un avance sin parangón, y como tal también recibió su porcentaje de rechazo basado en la idea de que, al no necesitar tanta memorización, esta capacidad menguaría o incluso desaparecería. No cabe duda de que la escritura fue el gran invento de la humanidad, lo que ha favorecido enormemente el desarrollo cultural. Algo tan simple y poco evolucionado como son las palabras sobre el papel sigue estando muy vigente en la era de la tecnología y las revoluciones científicas. Un libro es un invento que permite como pocos los viajes en el tiempo, transgreden la dictadura de nuestro ciclo vital. La escritura musical, la notación, también surgió como ese invento para ayudar a conservar algo en un principio inasible. Lo que caracteriza a los primeros intentos de escritura musical es la imprecisión. No representa exactamente lo que hay que hacer, aunque, como ya se ha visto, esto es algo que todavía no se ha conseguido, precisamente porque no es un objetivo. Las primeras notaciones tenían la intención de guiar la interpretación, pero como muchas cosas en la antigüedad, eran vagas aproximaciones. Hoy en día vivimos en una época en la que la precisión es un valor al alza en cualquier aspecto de nuestra vida que sea medible. El tiempo es un buen ejemplo. Cualquier dispositivo electrónico que llevamos puede facilitarnos la hora exacta (hasta cierto punto), pero no únicamente la que vivimos en ese instante, sino también la hora diferente que es en cualquier parte del mundo en ese mismo instante. Si pensamos en el mundo antiguo, las mediciones eran menos precisas en la vida cotidiana. Pero volviendo a la música, la partitura era el guion a seguir, una senda para no perderse y recuperar lo ya memorizado más fácilmente. El desarrollo de la música va muy ligado al de la notación, son inseparables. La experimentación en las composiciones ha provocado la estandarización de muchos elementos que hoy se ven en una partitura convencional. Los símbolos han ganado en especialización, pero las estandarizaciones tienen una consecuencia irremediable, la dificultad de incluir ciertos elementos que no responden a ese marco normativo. Esto ocurre con las nuevas corrientes de música electroacústica y el arte sonoro. Un buen ejemplo son los paisajes sonoros, que como bien dice Manuel Rocha (2009), no hay sistema lineal y de clasificación en los timbres como sí ha pasado con las frecuencias de los sonidos. Sin embargo, incluso esto puede llegar a ser contraproducente. Las notas están estandarizadas en un sistema que las iguala en distancias, que los músicos denominan intervalos. Que una nota la sea igual a 440Hz es una estandarización que permite ciertas alteraciones (sostenidos, bemoles, bend, vibrato, etc.) pero que deja muchas otras opciones fuera. Si por ejemplo se quiere alterar esa nota la hacia la con sostenido, la nota alterada tendrá 466Hz y no otra. ¿Qué pasaría si se quisiera poner una nota después de ese la con una frecuencia de 452Hz? Lo que sucede es que esa nota queda fuera de la partitura, no se ajusta a ninguna nota estandarizada en el temperamento igual. Es un sonido que existe, pero que no se ajusta a la estandarización de ninguna nota. Es un sonido, pero no una nota, está excluido del marco normativo imperante. Esto es algo que se empieza a plantear a partir de los años cincuenta del s. XX con el desarrollo de la música electroacústica y electrónica, donde la concepción del sonido está mucho más cercana a una perspectiva acústica, dejando más al margen la perspectiva de notación simbólica tradicional. Estas nuevas corrientes propiciaron que la partitura se tornara irrelevante por ser una representación de los sonidos y no ser los sonidos. Este tipo de música trabaja directamente con los sonidos, no con su representación, el uso de la partitura se desvanece. Tanto en la música electroacústica como en la electrónica el tratamiento del sonido sustituye al pentagrama gracias a que la tecnología permite repetir escuchas y retocar a un nivel de detalle imposible para la notación escrita. La diferencia esencial entre música electroacústica y electrónica estriba en el hecho de que la primera utiliza sonidos grabados de la realidad y posteriormente se manipulan electrónicamente, mientras que la música electrónica no se basa en sonidos provenientes de la realidad, todo el material es sintético, creado y manipulado mediante medios electrónicos. Todas estas corrientes musicales y nuevos paradigmas sobre la música y su representación hacen que sean necesarios lenguajes de programación basados en los principios físicos del sonido.

## Manejar sonidos

Trabajar con medios informáticos con un enfoque acústico provoca que las variables más usadas en la composición pasen de ser las figuras y notas musicales con leyes armónicas a las magnitudes físicas del sonido, bajo las leyes de la propia física, aunque en ocasiones se puedan simultanear. Un software que permitió esto fue *OpenMusic*, diseñado en el instituto *IRCAM*, dedicado a la investigación de la música y el sonido. Permite la programación visual, es decir, no es un lenguaje donde la plataforma utiliza únicamente la introducción de códigos de programación, sino que pueden verse representaciones gráficas mediante cajas y conectores y desde donde se pueden modificar las variables físicas del sonido entre otras muchas cosas. Ofrecía un abanico de posibilidades, desde análisis de Fourier hasta estructurar las composiciones en un eje cartesiano, con los fragmentos y objetos deseados. Las composiciones en estos medios pueden llegar a ser muy elaboradas si se quiere controlar hasta el más mínimo detalle. La simultaneidad con la notación tradicional abre la posibilidad de introducir elementos que quedan fuera del pentagrama y multiplica las posibilidades de las compositoras y compositores. Sin embargo, hay muchos otros programas, hoy en día utilizables, que no permiten la notación musical tradicional, abogando por la desaparición total de ésta, como pueden ser *PureData* o *MaxMSP*, que además facilitan el tratamiento del audio en tiempo real, en el transcurso de la interpretación y la mezcla con instrumentos musicales acústicos.

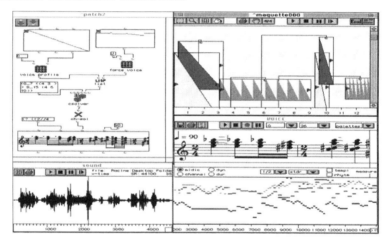

*Ejemplo de objetos del programa OpenMusic.*

## Nuevos materiales, nuevas ideas

Las aplicaciones de programas como *OpenMusic* pueden ser muy diversas, ya que los compositores que han usado estas herramientas, como pueden ser el compositor francés Tristan Murail o la compositora finlandesa Kaija Saariaho, no solo han creado nuevas composiciones, sino también librerías para estos programas que son de utilidad como material para otros compositores. Mediante *loops* se pueden crear estructuras muy complejas interconectadas, donde unas se generan a partir de otras en una especie de árbol. Manejando parámetros al detalle, como puedan ser la granulación y la densidad sonora, se pueden convertir obras pictóricas en música, o más bien basarse en estos datos para crear música. Un ejemplo de ello es la obra *Strette* de Héctor Parra basada en el óleo *Chateau Noir* de Paul Cézanne, donde las líneas de transición cromática en la pintura someten los parámetros rítmicos e interválicos de la música. El grado de saturación de la pintura controla los patrones rítmicos. La transición de un color a otro también condiciona la transición de una parte a otra en la obra musical. También se hace una analogía con los principios físicos, donde la precepción de la longitud de onda de los sonidos se equipara a la percepción de los diferentes colores (Bresson et al., 2006). Esto es todo un ejemplo de interdisciplinariedad artística, donde un modelo de obra de arte pictórica provoca una composición musical mediante postulados de la física y las matemáticas. Todo un caso paradigmático de música intrusa.

### Resistir a desaparecer

No obstante, existen compositores de música de vanguardia que usan partitura y al principio de sus obras incluyen un índice de símbolos para poder interpretarlos, pero esto conlleva la restricción a objetos sonoros que puedan tocarse y un estudio previo para poder traducir los nuevos símbolos (normalmente creados ad hoc por los compositores) en sonoridades.

No hay mejor medida para garantizar la precisión que evitar intermediarios. La partitura es lo que hay entre los intérpretes y el oyente, un transductor que convierte las ideas de las creadoras y creadores en sonido, mediante las manos y voces de los intérpretes. Cuando un compositor no maneja ideas musicales que se puedan plasmar en un pentagrama, sino que trabaja directamente con sonidos, la partitura pierde su razón de ser.

La creación musical empezó sin partitura y posteriormente llegó una época donde un tipo de música dejó de necesitarla. Sabemos los inicios y hasta donde hemos llegado, donde conviven multitud de manifestaciones musicales. Incluso en algunas de estas manifestaciones la partitura y la no-partitura coexisten. La dirección hacia la cual va la música es incierta, pero todo parece apuntar a que siempre habrá música que necesite de la partitura, por más que su evolución experimente ciertos vaivenes que empujen a su desaparición.

# La desaparición del intérprete

Una partitura es un sistema de símbolos secuenciados de tal manera que al ejecutarlos se oigan sonidos con un determinado orden provocando en los oyentes diferentes sensaciones. La necesidad de descifrar esos símbolos y convertirlos en música hace que hagan falta una o varias personas para que el público pueda escucharlos. Con la fabricación de nuevos sonidos, ya sea manipulando algunos preexistentes o bien fabricándolos a partir de las leyes de la física y un ordenador, los compositores perdieron la necesidad de trabajar con la partitura para este tipo de música. Manipular sonidos directamente, sin un intermediario escrito, tiene una consecuencia directa: si desaparecen las hojas llenas de símbolos, desaparecen las personas encargadas de traducir esos símbolos. Aunque este planteamiento es lógico, no es del todo cierto. La música no se reduce a una mezcla de ingredientes sonoros y cuando está listo el plato se le da al *play* y se escucha el resultado. Esto se puede hacer con determinada música, lo cual no implica que sea siempre la mejor opción ni la más buscada.

Por otro lado, cabe pensar que una obra de música electrónica que no necesita intérprete es una obra de arte mucho mejor acotada que otras que provienen de la partitura, ya que cuando se abordaba el concepto de obra de arte musical se hacía necesario incluir el campo de sus posibles interpretaciones. El intérprete no es solo un mero transmisor, sino también creador de parte del que algunos han denominado multitexto musical. Por lo tanto, una interpretación automatizada accionando un clic no es, en principio, una interpretación, sino una ejecución. Si el acto creativo de la interpretación no está presente, entonces esa música puede ser que en ciertos círculos no se le considere música, es un multitexto que nace capado. Lo cierto es que en algunas estéticas el rol del intérprete no tiene cabida porque el enfoque de la metodología de trabajo está más cercano a las leyes de la física que gobiernan los sonidos, aunque exista una dimensión poiética que atienda a motivaciones expresivas o emocionales.

## Desenfocar la atención

La pérdida de la figura del intérprete tiene también consecuencias físicas y perceptivas para el público. La música electrónica se puede parametrizar tanto que la experiencia sea inmersiva, sin embargo, las sensaciones auditivas y las no auditivas provocadas por las vibraciones en la situación del concierto y música en directo cambian. Manipular las condiciones de la sala donde se va a escuchar es una opción que se han planteado muchos compositores, así como las diferentes ubicaciones de los instrumentos para poder mover la música por el espacio geométrico. Con la tecnología y los cálculos matemáticos para saber la propagación del sonido, esto se ha llevado al extremo sin necesidad de ninguna persona que esté tocando en tiempo real. Esto implicaría la asistencia de un público a una sala donde no se tiene la percepción visual de lo que está provocando la música que se oye. Esta situación solo tiene ventajas si está ideada para el movimiento de la música por el espacio geométrico de la sala, de lo contrario no supone ninguna diferencia con la escucha desde cualquier dispositivo que se tenga en casa. Uno de los compositores que aprovechó esta ausencia de intérpretes fue Xenakis con sus proyectos multiartísticos como los *Polytopes*, donde la percepción visual no estaba destinada a ver a alguien tocar un instrumento sino aprovechada para provocar sensaciones diversas mediante luces en sincronía con el espacio y la música. Una de estos polytopes (Polytope de Beaubourg) fue un encargo para la inauguración del centro Pompidou de París. En algunos de estos proyectos el público debía permanecer tumbado en el suelo.

## Recrear y crear intérpretes

Una de las consecuencias de la síntesis sonora y la manipulación de los parámetros físicos del sonido es poder crear obras directamente con la materia prima y eliminar el paso intermediario de un intérprete, aunque en realidad no sea un mero intermediario, sino alguien que también crea y construye su propia idea de la obra. Pero ¿qué pasa cuando no tenemos al intérprete de una música que lo necesita? Alguien podría pensar que se hace referencia a la necesidad de contratar músicos, sin embargo, la idea no es contratarlos sino crearlos. El papel del intérprete como creador no es algo nuevo y donde más se hace visible es en la música que requiere de cantantes solistas. Aunque pueda existir mucha gente que prefiera a unos cantantes en vez de a otros debido al timbre, una característica del sonido que otorga mucha personalidad, también las preferencias se deben a la manera de interpretar, de crear. Esto quizá es más difícil de detectar en la música instrumental si no se está acostumbrado a escuchar este tipo de música, pero evidentemente también se da. En los conservatorios y escuelas de música se invierte mucho tiempo en enseñar a interpretar con un instrumento. En la música pop es fácil saber si se prefiere una versión u otra de una canción. De hecho, existen multitud de canciones fuertemente vinculadas a las personas que las interpretaron por primera vez o bien las catapultaron a la fama. El problema se da cuando ya no es posible escuchar a estas intérpretes en un concierto porque ya han fallecido. Estaríamos hablando aquí de una reaparición del intérprete y no de una desaparición. Gracias a la tecnología se han podido rescatar intérpretes famosas que han vuelto a los escenarios, como es el caso de Whitney Houston o Maria Callas, que hicieron su reaparición en conciertos como hologramas. El hecho de que personas ya fallecidas vuelvan a interactuar en un escenario puede tener implicaciones éticas diferentes, sobre todo si estos hologramas permiten un amplio abanico de interacción con otros intérpretes vivos o con el público. Haciendo una analogía con la síntesis de sonido, donde se pueden crear sonidos por ordenador que antes no existían en la naturaleza, también se pueden crear intérpretes que sean hologramas pero que no sean la recreación de ninguna persona preexistente. Tal es el caso de la cantante japonesa Hatsune Miku, un holograma creado para ser intérprete y que no es recreación de nadie. Esto puede resultar sorpresivo en según qué contexto social, pero no cabe duda de que es una intérprete que llena estadios con muchas personas que pagan una entrada de un concierto para ir a verla. Además, la intérprete holograma presenta varias ventajas, como pueden ser que nunca desafina, nunca enferma o se cansa durante las actuaciones. Esto último permite conciertos más duraderos.

## La expresividad de las máquinas

En el mundo de la música instrumental, como pueda ser un solista o una pequeña orquesta, el rol del intérprete puede parecer asegurado siempre y cuando no sea música electrónica o electroacústica, sin embargo, esto no es así. Se ha abordado a lo largo de este libro la cuestión de que las partituras tienen zonas indeterminadas que quedan a la elección momentánea del intérprete y que precisamente esas zonas indeterminadas son las más interesantes o las que más impactan en el oyente. En definitiva, lo que hace que un intérprete sea bueno o nos guste. A pesar de esto, y teniendo en cuenta la interpretación expresiva, se puede prescindir de los instrumentistas. La experiencia de asistir a un concierto es algo más que ir a escuchar música, sin embargo, en una grabación nuestra atención se dirige más hacia lo auditivo, y es aquí donde más es susceptible de desaparecer la figura del intérprete. Normalmente un disco de música instrumental grabado en estudio necesita de muchas tomas y decisiones para montar la interpretación final que llegue al público. También es posible una grabación en directo, lo que da como resultado otro tipo de disco. A raíz del análisis de la interpretación, es decir, analizar archivos de audio con diferentes interpretaciones de una misma obra se puede entrenar una inteligencia artificial para que pueda construir su propia interpretación. Esta interpretación automática deja de ser una ejecución y se convierte en algo expresivo. Esto ya se lo han planteado varios autores, como Jorge Grundman (2011), que ponen la atención en definir objetivamente los parámetros que hacen de las interpretaciones algo artístico, en definitiva, saber qué es lo que hace que una interpretación sea expresiva. Una de esos parámetros son las variaciones temporales. Con las herramientas informáticas adecuadas que puedan recoger datos de todos los parámetros físicos de la música se pueden, por ejemplo, medir algo tan musical como los accelerando y los ritardando. Bastaría con medir la diferencia entre las marcas de compás del tempo «metronómico» totalmente ajustada automáticamente y las elongaciones y compresiones del tempo que hace un intérprete. Grundman, incluso habla de subtempo, que estaría definido por la evolución del tempo en cada uno de los compases que componen la obra. Esto también es posible hacerlo con las dinámicas, es decir, con las diferencias de intensidades y qué relaciones tienen éstas con las elongaciones y compresiones temporales.

Lo que maneja un ordenador con intención de crear una interpretación es la información referente a articulaciones, dinámicas e información de variabilidad temporal. Además de todo esto es necesario calcular los sonidos específicos de cada instrumento y su mecánica (ataque, caída y ruidos adscritos a sus materiales como puedan ser el roce de cuerdas o las teclas) para dotar de realismo el acto de tocar. Otro factor a tener en cuenta en la creación de estas interpretaciones artificiales es la sala de concierto, las condiciones acústicas donde se desarrolla la música. Esta sustitución de un intérprete puede pasar por implementar cadenas de Markov ocultas, redes neuronales artificiales o métodos informáticos evolutivos, entre otras muchas posibilidades. A partir de muchos análisis performativos de conciertos y grabaciones se pueden sacar conclusiones que una inteligencia artificial puede aprender y aplicar. Por ejemplo, hay patrones de actuación de los intérpretes que un ordenador puede aprender como ralentizar el tempo al final de una sección o acelerarlo al encontrarse una progresión melódica o armónica que implique un aumento de tensión. Realizar análisis donde se puedan observar todas estas evoluciones en la dimensión del tiempo y en la dimensión de la frecuencia mediante análisis espectral permite cuantificar la expresividad, por más que esto pueda sonar antiartístico. Recursos expresivos que pueden llegar a ser incluso marca de estilo como el *Rubato*, pueden ser calculados y usados en algún momento de la interpretación. No solo un ordenador puede aprender donde usarlo sino cómo usarlo, calculando por ejemplo asincronías de las manos en cualquier obra para piano. También es cierto que algunos parámetros musicales están asociados culturalmente a emociones, independientemente de su interpretación. La rabia, la alegría, la tristeza, la excitación, etc., pueden ser representadas por diferentes variables musicales, como la conocida asociación de lo alegre con el modo mayor y lo triste con el menor. Calcular variabilidad temporal y de intensidades y sus interrelaciones, además de otros como la articulación, intensifica el código básico de comunicación emocional, dando lugar a interpretaciones humanamente coherentes, es decir, expresivas. Estos programas informáticos han ido mejorando con el tiempo, ya que el cálculo de la expresividad no es algo innovador, programas como Groove se desarrollaron en los años setenta del siglo pasado.

Todo este avance en el análisis performativo permite que se pueda componer una partitura que solo haya sido interpretada por inteligencia artificial o ésta haya sido su primera interpretación, por lo que no hay modelos imitables que provengan de intérpretes humanos. Esto tiene consecuencias filosóficas significativas, además de poder otorgar al rol del compositor la posibilidad de crear la interpretación además de su partitura. Los conocimientos de física están empujando la transformación musical de diversas maneras, el conocimiento se sigue abriendo puertas a pesar de que sus consecuencias no sean del todo bien recibidas en cierto sector de la sociedad y la cultura.

## Si miro al cielo, oigo música

La relación de la música con la astrofísica viene de muy lejos. Ha sido muy estudiado todo lo referente a la llamada armonía de las esferas desde tiempos de Pitágoras. Nicolás de Oresme, por ejemplo, en el s. XIV acoge la expresión *cantus firmus* donde la palabra *firmus* tiene origen en la palabra *firmamento* para explicar y calcular a su manera un universo en expansión mediante la música. Se pasa de esta armonía de las esferas de Pitágoras, concebida como un modelo estático y limitado de universo, a una música en continua expansión que explica esta nueva concepción. Sin duda, algo que en la época fue realmente original.

### Astronomía y música

Ha habido muchos filósofos y teóricos posteriores que han escrito sobre esta suerte de misticismo relacionado con los movimientos de los planetas, las proporciones y la música. Filósofos como Filolao, Aristóteles o Platón tienen extensos párrafos exponiendo sus ideas acerca de esta música celeste y su divinidad. Estas teorías abogaban por una correspondencia entre las distancias entre los planetas (desde una visión geocéntrica) y los intervalos musicales. Sin embargo, no solo los filósofos acogieron bien todas estas elucubraciones, sino que astrónomos como Johannes Kepler dieron un paso más allá y establecieron correspondencias con la velocidad orbital de los planetas. En su obra *Harmonices mundi* se pueden leer las melodías que supuestamente emitían los planetas.

«Melodías asociadas a planetas». Kepler, J. (1619). *Harmonices mundi.*

No en vano muchos astrónomos célebres tienen una relación directa con la música, como William Herschel (descubridor del planeta Urano) o el propio Galileo Galilei que recibió formación musical de la mano de su padre. De hecho, las obras del padre de Galileo profundizan en las leyes de la acústica, entre otros temas, con una visión mucho más experimental y con menos divagaciones teóricas. Cuestionar postulados teóricos preestablecidos fue la gran gesta de padre e hijo (Álvarez García, 2010).

## Proporciones consonantes

Esta intromisión de la música en la astronomía proviene de la visión pitagórica de las proporciones musicales y la afinación. Según Boecio, Pitágoras pasó por delante de una herrería gracias a un designio divino y pudo escuchar que los sonidos de los martillos eran consonantes, lo que lo llevó a realizar experimentos con cuerdas con pesos, flautas o vasos de agua para calcular las proporciones de los intervalos consonantes. Según cuentan los pitagóricos, lo más recomendable era usar el monocordio, un instrumento de una sola cuerda sonora y una regla numerada para poder calcular las proporciones que daban como resultados las principales distancias consonantes entre notas. Era una manera de calcular las distancias entre sonidos que fueran agradables al oído, evitando así una mera apreciación personal. Los principales intervalos fueron la octava (2/1), es decir, dividir la cuerda en dos mitades exactas para que sonara el mismo sonido (pero una octava más aguda), la quinta (3/2) dividiendo la cuerda en tres partes iguales para hacer sonar dos y la cuarta (4/3), donde la cuerda se divide en cuatro partes y se hacen sonar tres. Estos descubrimientos pitagóricos tienen una significación crucial para poder operar numéricamente con todas las distancias dejando a un lado la apreciación sensorial. Gracias a esto la mística pitagórica está más que servida, ya que la suma de los números enteros que intervienen en las proporciones da como resultado el 10 (1 + 2 + 3 + 4 = 10, la *tetractys* de la década) y de esta forma se establecen todas las consonancias posibles, quedando fuera intervalos que hoy en día se consideran consonantes por estar excluidos de la *tetractys*. Aunque el número de consonancias admitidas como tales ha ido en aumento y variando a lo largo de la historia, la serie armónica de cualquier sonido se corresponde con estas proporciones en los primeros armónicos, tal y como se veía en el capítulo dedicado al sonido y su relación con la historia de la música occidental. Estas proporciones pueden ofrecer una implementación musical de las órbitas de los planetas, pero no desde una visión mística sobre el alma y el universo, sino con cálculos puramente físicos.

## Órbitas musicales

En el año 2017 se descubrió que alrededor de una estrella llamada *TRAPPIST-1*, a unos 39 años luz en la constelación de Acuario, orbitaban siete planetas que tienen el tamaño de la Tierra y donde podría albergarse agua. Según las simulaciones realizadas, estos planetas deberían haber chocado entre sí, sin embargo, ahí siguen orbitando. Esta incongruencia de los cálculos de la simulación con la realidad observada tiene una explicación y es que las órbitas tienen una resonancia, orbitalmente hablando, casi perfecta (Tamayo et al., 2017). Esto quiere decir que las razones entre los diferentes periodos orbitales son números enteros, al igual que los intervalos musicales. El planeta más cercano a la estrella traza ocho órbitas mientras el que le sigue en cercanía traza cinco, el siguiente tres y el siguiente dos. Todos estos planetas tienen estas características orbitales, a lo que los investigadores han llamado cadena de resonancias orbitales (Tamayo et al., 2017). Que todos los planetas atiendan a relaciones orbitales entre números enteros está bastante alejado de lo común, aunque en nuestro sistema solar también ocurre, mientras que Neptuno gira tres veces alrededor del Sol, Plutón lo hace tan solo dos (podríamos decir que, según esta proporción, musicalmente producen un intervalo de quinta). La analogía musical es más que palpable, tanto en las distancias en lo referente la altura del sonido como en el ritmo que generan los tempos estables superpuestos. Además, son siete planetas, como las siete notas musicales. La periodicidad crea un patrón repetitivo y al acelerar las orbitas hasta el rango auditivo humano hace que se pueda escuchar la música que producen. Tamayo junto con su compañero Matt Russo, que toca jazz, y la ayuda del músico Andrew Santaguida pudieron recomponer esta especie de sinfonía astrofísica, como así la llaman ellos mismos. La investigación de Tamayo también ha simulado cómo llegó a crearse esta cadena de resonancia orbital, que él mismo define como la fase de afinación, al igual que los músicos lo hacen antes de tocar. Esta implementación musical permite también acercar a personas con pocos conocimientos de astrofísica esta parcela del conocimiento, a modo de puente que facilite la comprensión. De hecho, una idea de los investigadores fue sacar al mercado una aplicación que permitiera explorar la música de las órbitas planetarias.

### Música astronómica

Con un porcentaje menor de ciencia, la temática astronómica también ha sido fuente de inspiración de algunos compositores. Sin ir más lejos, existe una ópera titulada *Die Harmonie der Welt* del compositor Paul Hindemith basada en las teorías que Kepler expone en *Harmonices Mundi*. Esta ópera fue en un principio una sinfonía con tres movimientos basados en la tripartición que hacía Boecio en su *De Institutione Musica*: música mundana, música humana y música instrumental. Cada planeta con melodía propia, como explicaba Kepler en su tratado, es representado en la ópera por un personaje, desde emperadores o militares conocidos hasta el propio Kepler, su madre o su esposa. Las referencias al universo han sido constantes en la música: Henry Cowell y sus alusiones al origen del universo y del sistema solar, Gustav Holst que tiene una suite orquestal donde cada movimiento corresponde a un planeta, John Cage y sus composiciones basadas en un atlas del cielo, George Crumb y su *Celestial Mechanics* basada en la obra de Laplace o Bruno Maderna y su *Serenata per un satellite* son solo algunos ejemplos. Esta última obra está dedicada a la persona encargada de diseñar y coordinar el lanzamiento de un satélite para el estudio con fenómenos relacionados con la aurora boreal. La partitura es peculiar porque los pentagramas de cada frase se entrecruzan para simular la órbita que describe el satélite, lo que permite a los intérpretes seguir diferentes rutas de lectura. Se mezcla el determinismo de una órbita y la aleatoriedad musical en su interpretación. Plasmar trayectorias o dibujos es algo que se hace, como ya se vio en el capítulo dedicado al dibujo de las partituras. Sin embargo, también se puede aludir a la sutileza como hace el compositor Luigi Dallapiccola en su *Sicut Umbra…* donde las posiciones de las cabezas de las notas emulan la posición de las estrellas en las constelaciones.

Es evidente que desde una perspectiva netamente científica los planetas no suenan, porque en el vacío no es posible la propagación del sonido, pero sus proporciones y movimientos sí pueden transformarse en música. La disciplina musical se introduce en la astrofísica, pide prestados los datos para transformarlos en sonidos. Por otro lado, la música propicia un acercamiento y entendimiento de una parte de la astrofísica a personas profanas en la materia. Todo un logro de la interdisciplinariedad cuando se aborda desde la especialización en cada parcela del conocimiento.

## Lo que escuchaban nuestros antepasados

El interés por el pasado es una de las características más destacables de los estudios musicales. La conservación del patrimonio musical a través de su estudio y difusión es uno de los objetivos de los conservatorios, entre otras muchas cosas. La musicología histórica ha posibilitado la recuperación de partituras olvidadas, el conocimiento de músicas inéditas y el trazado cronológico de nuestra cultura musical a partir del análisis y reconstrucción de partituras.  A menudo se pueden escuchar grupos de música antigua interpretando partituras de hace más de 600 años con copias de instrumentos de la época. Sin embargo, en muchas ocasiones se hace una rememoración musical desde la perspectiva actual de la afinación. Por ejemplo, una guitarra clásica actual puede tocar una obra de Gaspar Sanz (1640-1710) y es muy probable que si se asiste al concierto nos provoque una sensación placentera, pero la realidad de cómo sonaba en la época se encuentra un poco más alejada. Esto puede parecer arreglarse si cambiamos nuestro instrumento actual por una copia de un instrumento histórico como pueda ser una guitarra barroca, de dimensiones más pequeñas, variabilidad en los materiales de construcción y en las características sonoras del instrumento. Sin embargo, aunque se puedan imitar todas las características sonoras de los instrumentos de una época, el contexto, que podría llamarse auditivo, es bien distinto. Desde el siglo XIX se ha impuesto un temperamento igual, esto quiere decir que todas las notas de nuestra escala musical se dividen en semitonos iguales, de las mismas dimensiones, pero antes de esto la afinación fue muy variable. Esto no solo tiene implicaciones para la construcción de instrumentos, sino que el público, los oyentes, estaban acostumbrados a otro tipo de estándares de afinación lo que también varía la percepción.

## Cuestión de afinación

Los documentos sonoros e instrumentos musicales originales que se conservan experimentan una reducción a medida que viajamos atrás en el tiempo. Este fenómeno lógico también ocurre en cualquier documento escrito, hasta que llegamos a épocas donde no existía la escritura o no hay constancia de ella. En la música, aunque existan épocas de las cuales no se conservan instrumentos o partituras, sí podemos saber lo que escuchaban nuestros antepasados gracias a los escritos sobre música. Al hacer referencia a «lo que escuchaban», no se trata aquí de trazar un recorrido histórico sobre partituras, sino sobre los sonidos y el paisaje sonoro instrumental. Para ello es indispensable saber en qué se basaban nuestros antepasados para decidir si un instrumento estaba afinado o desafinado. En otras palabras, saber cómo se cuantificaba la belleza del sonido mediante la afinación. Es muy probable que cualquier pequeña pieza de Mozart tocada en un piano actual, a un ciudadano de la antigua Grecia le sonaría terriblemente desafinada. Esto ocurre porque las distancias (los intervalos) entre notas han sufrido diferentes estándares de cálculo para su utilización, llegando a las distancias iguales (temperamento igual) como una forma de poder utilizar cualquier tonalidad con libertad sin ningún intervalo impracticable (como sí ocurre en otros sistemas de afinación). Para llegar a este tipo de afinación musical hizo falta que se inventara el logaritmo lo cual no ocurre hasta el s. XVII. A partir de los trabajos de Helmholtz, Alexander John Ellis propone la unidad logarítmica para medir intervalos, el cent. De esta manera se percibe claramente la diferencia entre un sistema basado en una afinación pura como la de Pitágoras y nuestro sistema temperado, donde todos los semitonos tienen el mismo valor. Por ejemplo, un intervalo de 3ª mayor en nuestro sistema actual equivale a 400 cents, mientras que ese mismo intervalo en un sistema de afinación pura equivale a 386,31 cents. En concreto este intervalo es más grande en la actualidad que en la antigüedad en compensación con otros, como el de 3ª menor que en la actualidad tiene 15,80 cents menos que en la antigua Grecia. Teniendo en cuenta que una diferencia de tan solo 3 cents es apreciable para un oído fino, es probable que una melodía de la antigüedad en un piano actual fuera casi una tortura para un ciudadano de la Grecia clásica que viajara en el tiempo.

## Variabilidad de afinaciones

La forma de concebir la afinación musical primero ha sido comparativa, la definición estriba en las distancias y posteriormente se concreta en la estandarización de las vibraciones por segundo de cada nota, es decir, los hercios. Que una nota la de un diapasón tenga un valor de 440Hz es un consenso internacional. Ahora bien, la historia de los diferentes sistemas de afinación y, por lo tanto, la manera de entender o calcular las consonancias ha variado mucho desde la antigua Grecia. Una prueba de ello es el libro de James Murray Barbour (1972) donde se describen más de 180 sistemas de afinación a lo largo de la historia, aunque a veces las variaciones entre muchos de ellos son mínimas. Hay que recordar que, en la serie armónica, esa sucesión de sonidos complementarios que suenan a la vez que el sonido principal resultante, el segundo sonido después de la frecuencia fundamental es la octava. Este hecho es significativo porque parece que el intervalo de octava es el más universal, la mayoría de sistemas de afinación son diferentes maneras de dividir la octava. En la música occidental a la que estamos habituados, esta octava se divide en 12 partes (12 semitonos iguales), que no es más que una opción que ha prevalecido a lo largo del tiempo. Existen otras escalas que coexisten con esta opción como las escalas pentáfonas (de 5 sonidos), la música árabe y sus 17 intervalos, o bien la música hindú que no usa una afinación donde todas sus partes son iguales, y su música se basa en 22 s'rutis (Gaínza, 1998). En la Antigua Grecia ya existían diferentes formas de dividir la octava. La de Pitágoras tiene como base la quinta justa, por lo que todos los demás intervalos dependen de éste y eso hace que los demás tengan pequeñas variaciones con respecto a nuestro sistema actual. Hay que entender que aquí la denominación «justa» hace referencia a intervalos puros o naturales que nacen de la proporción 3/2 en el caso del intervalo de quinta. También convivió con el sistema pitagórico el sistema de Aristógenes que dividía los intervalos en partes iguales y el de Ptolomeo que tomaba de referencia la tercera justa o pura. Basarse en intervalos puros tiene un problema básico, que nunca se llega a la misma nota exacta de la que se parte. Si se quiere llegar desde una nota do hasta la siguiente nota do de la escala basándonos, por ejemplo, en las quintas puras, no se llegaría a la misma nota sino a otra con una pequeña variación en su afinación. Es decir, no estaríamos ante un sistema cíclico como el actual, sería más bien una espiral con un desfase cada vez mayor con respecto a la nota inicial. Esto hoy en día es una limitación, pero para la música griega este problema simplemente no existía debido a sus características, sin polifonía ni el concepto de armonía vertical y simultánea de hoy en día. La afinación pitagórica fue la que pervivió en la Edad Media, no solo por las características del canto gregoriano con una sola melodía donde el problema anterior no se manifiesta, sino también por la amplia difusión que le dio Boecio. Al ir desarrollándose la polifonía, la simultaneidad de diferentes intervalos, se hizo necesario el uso de terceras o sextas puras, que eran imposibles de obtener mediante la afinación pitagórica. En el Renacimiento, empieza a caer en desuso la afinación pitagórica en favor de Ptolomeo y Aristógenes. Entre el s. XV y el s. XVII conviven varios sistemas de toda índole, multitud de ellos irregulares para afinar el laúd o el órgano (Gaínza, 1998), con diferentes divisiones de la octava. Tras este periodo de convulsión acústica y la revolución científica que permitió plantearse explicaciones puramente numéricas (Zarlino y Pitágoras), se pudo virar hacia otras enfocadas en la física o la fisiología.  En el Barroco predominan los sistemas irregulares que no están divididos en las mismas distancias iguales, pero sí son cíclicos, lo que permite el uso de todas las tonalidades, aunque también con sus propios problemas. El temperamento igual empezará a prevalecer en el s. XIX. Curiosamente, las vanguardias musicales de la segunda mitad del S. XX han vuelto a experimentar con otros sistemas de afinación, escapando de esa supuesta limitación que produce el sistema temperado de 12 semitonos iguales.

## Dividir la octava

La división de la octava en partes iguales no solo ha desembocado en nuestro sistema temperado de 12 partes o semitonos, sino que la búsqueda de convertir en sistemas cíclicos lo sistemas en espiral provocó la creación de diferentes sistemas mesotónicos, es decir, sistemas que buscan dividir la octava en partes iguales, aunque no sean 12. Esto tiene una serie de ventajas teóricas pero su estudio histórico plantea serias dudas sobre su utilización de manera extensa en la práctica. Hubo sistemas mesotónicos que dividían la octava en 19 y hasta en 31 partes iguales, con la complejidad que eso supone para la construcción de instrumentos musicales. En su *Traité de l'harmonie universelle*, Marin Mersenne menciona al organista Jean Titelouze y su clavicordio de 19 notas por octava, pero nada se sabe de su aplicación práctica. Otro ejemplo mucho más elaborado es el archicémbalo de Nicola Vicentino que dividía la octava en las 31 partes mencionadas, que sirvió de inspiración para otros instrumentos posteriores, aunque con menos divisiones por octava. Un instrumento basado en la teoría de Vicentino fue la *Sambuca Lincea* (Gaínza, 1998) con seis teclados. Éste sí tuvo aplicación práctica puesto que el músico Scipione Stella compuso una serie de piezas para este instrumento que se pueden encontrar en *La sambuca lincea overo dell'instromento músico perfetto di Fabio Colanna Linceo* de 1618.

Variaciones de sistemas mesotónicos ha habido muchas, puesto que se ha llegado a dividir la octava en 54 o 72 partes, entre otras muchas posibilidades. Esto indica que después de muchas divagaciones teóricas y prácticas sobre la acústica y las leyes de la física se llegó al sistema actual, desafinado agradablemente pero eminentemente práctico. Y todo gracias a la mezcla del conocimiento físico, matemático y musical.

## El instrumento que nadie toca

Una de las características que mejor define la tecnología en el s. XXI es el auge de lo táctil. Cualquier dispositivo electrónico de hoy en día posee pantalla táctil: relojes, teléfonos móviles, cajeros automáticos, tablets, ordenadores… Aunque también es cierto que se dispone de tecnología para no tener que tocar esas pantallas, como es el reconocimiento del movimiento de los ojos para pasar la página de un texto o determinar si alguien está copiando en un examen online. Lo táctil ha invadido nuestra vida diaria a través de pantallas y quizá sería una buena reflexión preguntarse cuál es el objeto que más tocamos en nuestro día a día, porque posiblemente sea una pantalla. Esta tecnología se ha perfeccionado tanto que existen multitud de aplicaciones que imitan instrumentos musicales con mucha precisión. Sin embargo, en el siglo pasado, los avances tecnológicos ligados a lo musical caminaban en sentido contrario, a favor de evitar tocar.

## Una caja y dos antenas

Uno de los grandes hitos de la historia de la música del x. XX fue la aparición de la síntesis de sonido. Crear sonidos desde la electrónica y la física fue un avance sin precedentes porque evitaba la necesidad de tocar los instrumentos tal y como se había entendido hasta entonces. Los avances en electrónica permitieron a su vez el desarrollo de nuevos instrumentos musicales. Uno de estos primeros instrumentos fue el theremín, un instrumento que funcionaba en dirección contraria a la lógica musical. Para que sonara había que evitar tocarlo, porque la cercanía de las manos ya hacía que sonara. Básicamente el instrumento es una caja con dos antenas, una situada a la derecha en posición vertical y otra en la izquierda en posición horizontal y originalmente en forma de bucle, aunque esto ha ido cambiando con la introducción de la tecnología digital (Skeldon et al, 1998). Una vez conectado a la red eléctrica, el tono (la frecuencia en Hz) está determinado por la cercanía de la mano a la antena derecha, que irá en aumento. Esto se traduce en que, si se quieren obtener sonidos agudos, será necesario acercar la mano a la antena y retirarla para obtener sonidos más graves. En la antena izquierda se controla la intensidad del sonido, pero su funcionamiento es al revés que la derecha, cuanto más cerca esté la mano de la antena, menor volumen tendrá el sonido. Esto dota al instrumento de un halo mágico, puesto que obedece a nuestro gesto y no al tacto. Hoy en día esto no resulta demasiado sorpresivo, pero hay que tener en cuenta que el theremín se inventó en 1920. No hay que olvidar que una de las primeras películas proyectada en público, *La llegada de un tren a la estación*, de los hermanos Lumière provocó una espantada en la sala, porque la gente pensó que el tren le atropellaría debido al plano fijo con profundidad de campo. El impacto de los inventos en el momento en el que se crearon es algo a tener muy en cuenta para entender el verdadero avance de éstos en su contexto histórico.

El inventor del instrumento que no se toca, Leon Theremin, nació en San Petersburgo en 1896 pero no fue hasta 1919 que empezó a trabajar en el laboratorio del Instituto de Física y Tecnología de Moscú cuando hizo descubrimientos sobre la influencia del movimiento de las manos en los circuitos electrónicos. Esto también hizo que inventara un sistema de alarma inalámbrico. Sus inventos tuvieron mucha acogida y viajó por toda Rusia mostrando cómo funcionaban. Para promocionarse también realizó una gira internacional pasando por países como Inglaterra, Alemania, Francia o Estados Unidos, donde el theremín tuvo tan buena acogida que estableció en Nueva York un laboratorio donde desarrolló el theremín junto con otros instrumentos electrónicos, incluido el theremín violonchelo. Leon Theremin se graduó en violonchelo, de ahí que el timbre de su instrumento sea una mezcla de cello y voz. Llegó a dirigir una orquesta electrónica en el Carnegie Hall y tuvo relación profesional con destacados músicos y científicos como Joseph Schillinger o Albert Einstein (Nikitin, 2012). La vida de este músico y científico es digna de estudio, todo un personaje novelesco que fue llevado a campos de trabajo rusos pero que posteriormente trabajó para la inteligencia rusa, introduciendo antenas secretas en la embajada de Estados Unidos para espiar conversaciones, lo que le llevó a trabajar en proyectos para la KGB. Esto no le impidió recibir muchos años más tarde una medalla de la Universidad de Stanford por sus contribuciones a la música electrónica.

### Dentro del instrumento

Aunque hoy en día se sigue fabricando el theremín, la evolución de la electrónica ha permitido que los principios físicos del instrumento hayan cambiado. Existen algunos que son opto-eléctricos y funcionan variando la intensidad de la luz que llega a un sensor o bien otros que funcionan con sensores de proximidad ultrasónicos. Pero el theremín clásico funciona como un condensador eléctrico, que no es más que dos conductores separados por un material aislante. La antena vertical del theremín forma un condensador con el cuerpo del instrumentista, que

tiene conexión a tierra. Cada antena está conectada a un circuito osci-
lante de radiofrecuencia, uno de los osciladores tiene frecuencia fija y
el otro variable. El intérprete lo que hace es interrumpir las oscilaciones
del theremín, que mide las diferencias entre los osciladores de frecuencia variable y fija, y se traduce mediante un altavoz en una señal de
audio. Las dificultades para una correcta interpretación son obvias ya
que rompe con todos los principios básicos de los instrumentos musicales, no hay trastes, ni cuerdas, ni teclas, ni nada visual que limite los
tonos, aunque sea de manera aproximada. Lo único que hace el intérprete es mover sus manos en el espacio e intentar mantener el cuerpo
lo más quieto posible, ya que cualquier ligero gesto o movimiento de
cabeza puede alterar el resultado sonoro. Eliminar todas las barreras
físicas y visibles que poseen los instrumentos musicales, lejos de facilitar su ejecución, la dificultad aún más. Es un instrumento que no se
toca, pero en el que el cuerpo está más implicado que en ningún otro,
no solo porque cualquier cambio o movimiento sutil puede alterar la
música, sino porque el cuerpo interrumpe el campo electromagnético
que se crea con las dos antenas. Es como estar dentro del instrumento.
En el caso de la voz humana, el instrumento está dentro de nosotros, en
el caso del theremín, somos nosotros los que estamos dentro de él. La
ausencia de delimitaciones físicas para ubicar los tonos es una dificultad, pero a su vez es una gran ventaja con respecto a instrumentos musicales convencionales porque también permite usar glissandos y notas
no temperadas ni etiquetadas en unas frecuencias concretas. Todos los
sonidos son posibles, dentro del rango de frecuencia de la audición humana. Con un alto nivel de precisión y en según qué música se podrían
usar diferentes sistemas de concebir los intervalos musicales, como la
de Pitágoras mencionada en el capítulo anterior.

La invención de este peculiar instrumento nació de una serendipia,
pero no hay duda de que es uno de esos instrumentos musicales que
se fabricaron y funcionan bajo principios científicos. No hay en él ninguna influencia de la evolución estética que condiciona la forma o los
materiales de construcción, sólo cálculos científicos que se basan en la
interrupción de campos electromagnéticos. Esto no quiere decir que
sus intérpretes tengan que saber el funcionamiento oculto del aparato,

simplemente tienen que tener un control absoluto del gesto, la conciencia corporal aquí es máxima. Si nunca se ha visto un concierto con este instrumento, resulta bastante sorpresivo contemplar a una de las más celebres intérpretes a nivel mundial que ha existido, Clara Rockmore, y su capacidad de concentración y precisión sonora.

El theremín ha sido usado por diferentes músicos de prestigio internacional, como el compositor Shostakovich que lo introdujo en piezas orquestales, o directores de cine para crear ambientes de personajes con pensamientos obsesivos, como el caso de la película *Spellbound* del conocido Alfred Hitchcock. Sin embargo, más allá de las posibilidades musicales que nos brinda este instrumento, su mecanismo ha tenido como consecuencia el desarrollo de otras tecnologías hoy muy presentes, como elementos de seguridad pasiva de los automóviles o las pantallas táctiles (Nikitin, 2012). Esto es algo paradójico, puesto que la intención del theremín era desarrollar una tecnología que evitara el contacto y finalmente ha evolucionado en la invasión de toda la tecnología táctil. Gracias al desarrollo de este ingenioso instrumento musical también se puede disfrutar en la actualidad de videojuegos donde nuestro cuerpo es el mando con el que podemos interactuar. La invención de un instrumento electrónico ha favorecido la creación de muchos aparatos tecnológicos que nos rodean y forman parte de lo cotidiano en la actualidad.

SIN FRONTERAS

## En un mar de conocimiento

La tentación de caer filosóficamente en la identificación de la música como una especie de teoría del todo, que explique una supuesta unidad oculta que gobierna el universo, ha sido algo que ha estado presente desde hace siglos. Hacer coincidir las leyes de la música con las leyes que gobiernan el universo, tanto a nivel micro como a nivel macro es algo que se ha venido haciendo desde que existen escritos sobre música. Esto ha perdurado durante siglos gracias al halo de autoridad que se les ha otorgado a grandes pensadores de la antigüedad. Un buen ejemplo de ello son las teorías de Boecio, heredadas del pitagorismo. Los diferentes niveles de música que describe, desde la instrumental a la mundana, ilustran ese todo musical desde el nivel macro al nivel micro. A medida que la ciencia se hizo más experimental, todas estas teorías perdieron fuerza y quedaron relegadas al campo de lo místico/religioso. De hecho, hoy en día buscar una teoría del todo desde una perspectiva científica es altamente complejo o directamente una quimera.

Lejos de ilustrar una ley universal, la música, lo único que ha demostrado a lo largo de nuestra historia es su omnipresencia, y cómo a través de la musicalización de ciertas realidades y parcelas del conocimiento se fomenta un aumento de la inteligibilidad. A su vez, intentar entender mejor la música y todo lo que implica ha necesitado de otras disciplinas del conocimiento. El avance del conocimiento musical y la creación de nuevas obras ha estado en muchas ocasiones bajo principios puramente científicos. No se trata de arte inspirado en la ciencia, sino hecho desde la ciencia. El mito del artista romántico como persona incomprendida con una alta sensibilidad y un mundo interior muy rico es algo que todavía sigue coleando, tanto en ambientes académicos como fuera de éstos. Es lógico que esto ocurra porque hay un porcentaje elevado de compositores ilustres que encajan en este perfil, pero no debe olvidarse que no existe inspiración ni rico mundo interior sin conocimiento. Quienes rompen moldes o cánones artísticos establecidos suelen ser aquellas personas que tienen una profunda sabiduría de su materia y un fuerte espíritu interdisciplinar. La creatividad no es sinónimo de ocurrencia, necesita de un fuerte colchón de contenidos de una determinada materia (Said-Metwaly et al., 2022).

Una de las cosas que va en contra del conocimiento musical es la propia música. Esto que puede resultar una afirmación paradójica, en realidad es algo que los músicos profesionales experimentan en su formación académica. La experiencia sensorial al oír una obra, en muchas ocasiones obstaculiza la experiencia intelectual. Es decir, se necesita de un esfuerzo intelectual para poder hallar la estructura interna de la cual nos distrae la propia música. La vorágine en la que se sumerge el cerebro cuando se escucha música impide entender lo que está pasando, de ahí que el análisis se haya convertido en un pilar fundamental para el avance del conocimiento, no solo ya en todo lo referente a lo musical, sino en otras muchas disciplinas donde el análisis musical ha aportado nuevas formas de entendimiento.

Rescatando la analogía del mapa para referirnos al conocimiento, iniciada al principio del libro, es necesario señalar que los mapas son objetos que el ser humano crea para entender mejor el contexto que le rodea. Existen muchas fronteras artificiales dibujadas entre países. Es significativo resaltar esto porque el conocimiento funciona de la misma manera, tenemos que acotarlo para asimilarlo, pero la realidad es bien diferente, no se ajusta al 100% a la representación de ésta. En ocasiones se ha usado el concepto «música» como un flujo, una corriente. Siendo así, quizá la metáfora que mejor encaja sea la del agua, entendida como una evocación de ríos, mares y océanos. A veces los ríos se entrecruzan sin que sepamos en cierto punto cuál es el afluente y cual el principal. La confluencia de ríos aumenta su caudal y las aguas se vuelven más profundas, aunque también se vuelven más revueltas. La riqueza y la diversidad de conocimientos tiene un fuerte compromiso con la complejidad, ese es su gran inconveniente. Cuando se teoriza es necesario buscar mapas que faciliten ubicación y límites claros, pero cuando giramos hacia la realidad, el conocimiento deja de estar tan delimitado y los límites se asemejan más a cómo se dividen las zonas fronterizas en los océanos.

En tiempos de exaltación de fronteras para etiquetar aspectos culturales y sociales, habitualmente usadas como argumento para la exclusión, los músicos permanecen casi inmunes a este uso. Quizá porque donde hay quien se empeña en apretar el trazo de los límites, los músicos se pasan su existencia difuminándolos y emborronándolos, en definitiva, mezclándolos. Esto no solo es una esperanza, sino un consuelo más de la música, que como dice Ramón Andrés en su *Filosofía y consuelo de la música*, uno de los objetivos más buscados en la música es precisamente el consuelo, a nuestra frugalidad, a nuestras limitaciones y nuestra insignificancia en el universo. En definitiva, es un recurso que usamos de muy diversas formas. El gran pegamento que tiene la música con la memoria episódica hace que se use en no pocas ocasiones como evasión o túnel del tiempo para llegar a épocas de recuerdos felices y experimentar las mismas o parecidas sensaciones. Sin embargo, el consuelo también puede venir desde otros flancos, como el simple gozo intelectual de saborear en tiempo real la estructura previamente estudiada de una obra concreta o entender una realidad compleja ajena a nuestro conocimiento gracias a la sonificación y la transformación musical. En realidad, son formas de encontrar utilidad a la música, usarla para un fin determinado. Esto la convierte en una herramienta poderosa, que cada persona o colectivo puede usar para sus propios fines, y es precisamente esta característica la que hace que sea algo transversal a las culturas y que sus zonas fronterizas con las disciplinas del conocimiento sean tan ricas y complejas.

Buscar el origen de los fenómenos es algo que la ciencia suele hacer muy bien, encontrando las relaciones causa y efecto. Sin embargo, en ocasiones buscar el origen de algo es intentar elucubrar el porqué de su existencia, el fin de su razón de existir. En la música no es diferente. Algo a lo que se tiende a pensar cuando se habla de fenómenos naturales es suponer que tienen un propósito, al igual que los humanos cuando actuamos. Una reflexión del tema nos alejaría de esta tendencia, los científicos no suelen pensar que las plantas nos dan oxígeno con el propósito de que podamos respirar y desarrollar nuestra vida, o que el virus SARS-CoV-2 muta para infectarnos y que la población mundial se reduzca y el planeta se regenere, aunque cualquier teoría disparatada ha tenido cabida en los medios y en las redes en los peores días pandémicos. Sin embargo, cuando se cambia «fenómeno natural» por «música», aparecen todo tipo de prejuicios, creencias y sesgos con mucha más naturalidad y autoridad, basada en la propia historia de la música. El sesgo teleológico es algo inherente a la música, desde prácticamente su origen. La teleología es la rama de la metafísica que se encarga del estudio de los propósitos, de las causas finales. Preguntarse por qué existe la música es algo que ha planeado a lo largo de toda la historia del pensamiento musical y que durante siglos ha apuntado a lo divino. Una melodía u obra concreta puede tener un propósito, alguna persona la puede componer con un fin último, aunque el propósito del que la escucha pueda ser otro radicalmente opuesto. Sin embargo, la existencia de la música concebida como tal, que solo afecta a los humanos, no atiende a ningún propósito. Los estudios que apuntan al origen de la música, como los de Mithen (2006) o Morley (2014) pueden parecer un buen comienzo para encontrar pistas del propósito final, sin embargo, ni siquiera los orígenes aparecen nítidamente establecidos. Además, al igual que buscar la teoría del origen del universo no arroja ninguna pista de cuál es el propósito de la existencia del universo, con la música pasa exactamente igual. Simplemente no hay propósito ni fin último, y cuando lo hay es simplemente la extrapolación del propósito humano al fenómeno cultural que es la música. Evidentemente la música no es un fenómeno natural, está hecha por humanos que funcionan mediante propósitos y objetivos, pero a pesar de esto, se ha tratado de buscar la razón de su existencia por algunos teóricos como si lo fuese.

La música existe sin un propósito final, más allá del que cada persona le quiera otorgar, y, además, como se ha visto a lo largo del libro, no significa nada. No tener significado ni propósito no parece un escenario demasiado halagüeño para otorgarle un lugar importante en ese mapamundi del conocimiento. Sin embargo, es exactamente aquí donde radica su grandeza. No significar nada implica significarlo todo, no tener propósito implica tenerlos todos. Esto permite la permeabilidad del conocimiento musical hacia casi cualquier lado, hacia cualquier disciplina. La aparente falta de utilidad que tiene, puede enfocarse como todo lo contrario. A lo largo de todos los capítulos se ha intentado mostrar cómo gracias a la ciencia se han obtenido mejores conocimientos musicales, pero también cómo gracias a la música se ha obtenido nuevo conocimiento científico. Es por esto que música y ciencia están unidas desde prácticamente el inicio de su existencia, sin olvidar que los territorios fronterizos de la música abarcan otras muchas disciplinas más alejadas de lo que comúnmente se entiende por ciencia.

Para finalizar, solo subrayar una cuestión más a este respecto. Música y ciencia tienen algo en común, su concepción es difícilmente explicable en una definición de diccionario. La simplificación a la que tienen que ser sometidas desvirtúa sobremanera su magnitud y sus implicaciones para la humanidad.

Con ánimo de incitar a nuevos retos a los investigadores y músicos profesionales, termino con una conocida frase del físico húngaro Dennis Gabor: «Tú no puedes predecir el futuro, pero puedes inventarlo».

# Referencias bibliográficas

◆ Alemán, B. (2001). Pierre Boulez: el espacio es el paradigma de la música del siglo xx. *Mundo Clásico*.

◆ Alluri, V., Toiviainen, P., Jääskeläinen, I. P., Glerean, E., Sams, M., & Brattico, E. (2012). Largescale brain networks emerge from dynamic processing of musical timbre, key and rhythm. *NeuroImage 59*(4), 3677–3689.

◆ Aloupis, G., Fevens, T., Langerman, S., Matsui, T., Mesa, A., Nunez, Y., ... & Toussaint, G. (2006). Algorithms for computing geometric measures of melodic similarity. *Computer Music Journal*, 67-76.

◆ Alvarez García, J. L. (2010). Galileo y Vincenzo. La música y el nacimiento del método experimental. *Ciencias, 100*(100).

◆ Arsenault, L. M. (2002). Iannis Xenakis's" Achorripsis": The Matrix Game. *Computer Music Journal, 26*(1), 58-72.

◆ Asakawa, T., & Kawarazaki, N. (2012, August). An electric music baton system using a haptic interface for visually disabled persons. In 2012 *Proceedings of SICE Annual Conference (SICE)* (pp. 602-607). IEEE.

◆ Baker, D., Fomukong-Boden, A., & Edwards, S. (2019). 'Don't follow them, look at me!': Contemplating a haptic digital prototype to bridge the conductor and visually impaired performer. *Music Education Research, 21*(3), 295-314.

◆ Barbour, J. M. (1972). *Tuning and Temperament, a Historical Survey*. Da Capo Press, Nueva York.

◆ Barmpoutis, A., Faris, R., Garcia, L., Gruber, L., Li, J., Peralta, F., & Zhang, M. (2020, July). Assessing the role of virtual reality with passive haptics in music conductor education: A pilot study. In *International Conference on Human-Computer Interaction* (pp. 275-285). Springer, Cham.

◆ Baruch, C., & Drake, C. (1997). Tempo discrimination in infants. *Infant Behavior and Development 20*(4), 573–577.

◆ Beaman, C. P., Powell, K., & Rapley, E. (2015). Rapid Communication: Want to block earworms from conscious awareness? B(u)y gum! *Quarterly Journal of Experimental Psychology, 68*(6), 1049–1057.

◆ Bent, I. D. (1987). *Analysis*. London: MacMillan Press.

◆ Bogert, B., Numminen-Kontti, T., Gold, B., Sams, M., Numminen, J., Burunat, I., ... Brattico, E. (2016). Hidden sources of joy, fear, and sadness: Explicit versus implicit neural processing of musical emotions. *Neuropsychologia 89*, 393–402.

◆ Brattico, E. (2015). From pleasure to liking and back: Bottom-up and top-down neural routes to the aesthetic enjoyment of music. In M. Nadal, J. P. Houston, L. Agnati, F. Mora, & C. J. Cela Conde (Eds.), *Art, aesthetics, and the brain* (pp. 303–318). Oxford: Oxford University Press.

◆ Brattico, E. (2019). The neuroaesthetics of music: A research agenda coming of age. In *The Oxford handbook of music and the brain*, 364-390. Oxford University Press.

◆ Brattico, E., Bogert, B., Alluri, V., Tervaniemi, M., Eerola, T., & Jacobsen, T. (2016). It's sad but I like it: The neural dissociation between musical emotions and liking in experts and laypersons. *Frontiers in Human Neuroscience 9*, 676.

◆ Bresson, J., Agon, C. & Assayag, G. (Eds) (2006). *The OM Composer's Book*, Vol. 2. Collection Musique/Sciences Editions Delatour France / Ircam.

◆ Burraston, D., Edmonds, E., Livingston, D., & Miranda, E. R. (2004). Cellular automata in MIDI based computer music. In *Proceedings of the 2004 International Computer Music Conference*. International Computer Music Association.

◆ Callender, C.; Quinn, I.; Tymoczko, D. (2008). Generalized Voice-Leading Spaces. *Science, 320(5874)*, 346–348.

◆ Cancino-Chacón, C. E., Grachten, M., Goebl, W., & Widmer, G. (2018). Computational models of expressive music performance: A comprehensive and critical review. *Frontiers in Digital Humanities*, 25.

◆ Carvajal, J. C. y Giraldo, F. A. (2012). Composición musical usando algoritmos genéticos. *Tecnura: Tecnología y Cultura Afirmando el Conocimiento, 16*(33), 145-157.

◆ Chomsky, N. (1979). *Reflexiones sobre el lenguaje*, Barcelona, Ariel.

◆ Chuan, C. H., & Chew, E. (2011). Generating and evaluating musical harmonizations that emulate style. *Computer Music Journal, 35*(4), 64-82.

◆ Conklin, D., & Bergeron, M. (2008). Feature set patterns in music. *Computer Music Journal, 32*(1), 60-70.

◆ Cook, N. (1987). *What Does Music Analysis Tell Us? A Guide for Musical Analysis*. Oxford University Press.

◆ Cook, N. (2007). *Music, Performance, Meaning: selected essays*, Londres, Ashgate.

◆ Cuenca-Rodríguez, M. E., & McKay, C. (2021). Exploring musical style in the anonymous and doubtfully attributed mass movements of the Coimbra manuscripts: a statistical and machine learning approach. *Journal of New Music Research, 50*(3), 199-219.

◆ Dean, R. T. & McLean, A. (2018). *The Oxford handbook of algorithmic music*. Oxford University Press.

◆ d'Errico, F., Villa, P., Llona, A. C. P., & Idarraga, R. R. (1998). A Middle Palaeolithic origin of music? Using cave-bear bone accumulations to assess the Divje Babe I bone 'flute'. *Antiquity*, 72(275), 65-79.

◆ Deutsch, D., Henthorn, T., & Lapidis, R. (2011). Illusory transformation from speech to song. *Journal of the Acoustical Society of America, 129*, 2245–2252.

◆ Dobrian, C. (1993). Music and artificial intelligence. *Manuscrito no publicado disponible en http://music. arts. uci. edu/dobrian/CD. music. ai. htm.*

◆ Dubnov, S. (2006). Spectral anticipations. *Computer Music Journal, 30*(2), 63-83.

◆ Dunsby, J. (1983). 'The multi-piece in Brahms: Fantasien Op. 116', en Robert Pascali (ed.), *Brahms: Biographical, Documentary and Analytical Studies*, Cambridge: Cambridge University Press.

◆ Faubion-Trejo, R. N., & Mantell, J. T. (2022). The Roles of Absolute Pitch and Timbre in Plink Perception. *Music Perception: An Interdisciplinary Journal, 39*(3), 289-308.

◆ Fitch, W. T. (2006). The biology and evolution of music: A comparative perspective. *Cognition, 100*, 173–215.

◆ Fitch, W. T. (2006). The biology and evolution of music: A comparative perspective. *Cognition, 100*(1), 173-215.

◆ Flexer, A., y Schnitzer, D. (2010). Effects of album and artist filters in audio simi-larity computed for very large music databases. *Computer Music Journal, 34*(3), 20-28.

◆ Forte, A. (1973). *The structure of atonal music* (Vol. 304). Yale University Press.

◆ Gaab, N., Schulze, K., Ozdemir, E., & Schlaug, G. (2006). Neural correlates of absolute pitch differ between blind and sighted musicians. *Neuroreport, 17*(18), 1853-1857.

◆ Gabor, D. (1946). Theory of communication. *Journal of the Institution of Electrical Engineers – Part III: Radio and Communication Engineering, 93*(26):429–457.

◆ Gaínza, J. J. G. (1998). *Afinación y temperamento en la música occidental.* Alianza.

◆ Galeotti, P., & Sacchi, R. (2001). Turnover of territorial Scops Owls Otus scops as estimated by spectrographic analyses of male hoots. *Journal of Avian Biology, 32*(3), 256-262.

◆ Gardner, M. (1978) Mathematical Games: White and Brown Music, Fractal Curves and One-over-f Fluctuations. *Scientific American 23814* (1978): 16-32.

◆ González, G. C. (2003). *La arquitectura es música congelada.* Universidad Politécnica de Madrid. Tesis doctoral.

◆ Grundman, J. (2011). Estudio de la notación y la edición musical como herra-mientas performativas: Fantasie impromptu Op. 66 de Chopin. *Calvo, Vicente y Labrador, Félix: In_Des_Ar. Investigar desde el Arte (eds.), (Madrid: Dykinson, 2011).*

◆ Hagen, E. H., & Hammerstein, P. (2009). Did Neanderthals and other early hu-mans sing? Seeking the biological roots of music in the territorial advertisements of primates, lions, hyenas, and wolves. Musicae Scientiae, 13(2_suppl), 291–320.

◆ Halpern, A. R., & Müllensiefen, D. (2008). Effects of timbre and tempo change on memory for music. *Quarterly Journal of Experimental Psychology 61*(9), 1371–1384.

◆ Hamilton, R. H., Pascual-Leone, A., & Schlaug, G. (2004). Absolute pitch in blind musicians. *Neuroreport, 15*(5), 803-806.

◆ Hammerschmidt, D., & Wöllner, C. (2020). Sensorimotor synchronization with higher metrical levels in music shortens perceived time. *Music Perception, 37*(4), 263-277.

◆ Hascher, X. (2007). Nuevas perspectivas para un formalismo musical. El neo-rieman-nismo americano. *Doce Notas Preliminares, 19-20,* 108-120.

◆ Hodges, D., & Thaut, M. (Eds.). (2019). *The Oxford handbook of music and the brain.* Oxford University Press.

◆ Holtzman, S. R. (1980). A generative grammar definition language for music. *Journal of New Music Research, 9*(1), 1-48.

◆ Honing, H. (2019). *The evolving animal orchestra: in search of what makes us musical.* MIT Press.

◆ Hoppin, R. H. (2000). *La música medieval* (Vol. 1). Ediciones Akal.

◆ Horner, A., & Goldberg, D. E. (1991). *Genetic algorithms and computer-assisted music composition* (Vol. 51, pp. 437-441). Ann Arbor, MI: Michigan Publishing, Universi-ty of Michigan Library.

◆ Howat, R. (1986). *Debussy in proportion: A musical analysis.* Cambridge University Press.

◆ Huber, E., Chang, K., Alvarez, I., Hundle, A., Bridge, H., & Fine, I. (2019). Early blindness shapes cortical representations of auditory frequency within auditory cortex. *Journal of Neuroscience, 39*(26), 5143-5152.

◆ Igoa, E. (1999). Análisis estadístico. *Quodlibet*, (13), 71-78.

◆ Iniesta Masmano, R. (2010). Epistemología compleja del sistema tonal (II): el crecimiento orgánico. *ITAMAR. Revista de Investigación Musical: territorios para el Arte*, 3, 90-106.

◆ Jakubowski, K., Finkel, S., Stewart, L., & Müllensiefen, D. (2017). Dissecting an earworm: Melodic features and song popularity predict involuntary musical imagery. *Psychology of Aesthetics, Creativity, and the Arts*, 11(2), 122.

◆ Janata, P. (2009). The neural architecture of music-evoked autobiographical memories. *CerebralCortex*, 19 (11), 2579–2594.

◆ Jäncke, L. (2019). Music and Memory. In *The Oxford handbook of music and the brain*, 237-262. Oxford University Press.

◆ Kaliakatsos-Papakostas, M. A., Epitropakis, M. G., Floros, A., & Vrahatis, M. N. (2013). Chaos and Music: From time series analysis to evolutionary composition. *International Journal of Bifurcation and Chaos*, 23(11), 1350181.

◆ Koelsch, S. (2019). Neural basis of music perception: Melody, Harmony, and Timbre. In *The Oxford handbook of music and the brain*, 187-211. Oxford University Press.

◆ Krumhansl, C. L. (2010). Plink:" Thin slices" of music. *Music perception*, 27(5), 337-354.

◆ Kumar, N. (2012). User authentication using musical password. *International Journal of Computer Applications*, 59(9).

◆ LaRue, J. (2009). *Análisis del estilo musical*. Madrid: Mundimúsica Ediciones.

◆ Lee, H. (2004). Fractals in Beethoven's piano sonata opus 28. *University of Wisconsin*, Madison. (doctoral dissertation).

◆ Leeuwis, N., Pistone, D., Flick, N., & Van Bommel, T. (2021). A Sound Prediction: EEG-Based Neural Synchrony Predicts Online Music Streams. *Frontiers in Psychology*, 12.

◆ Leipold, S., Klein, C., & Jäncke, L. (2021). Musical expertise shapes functional and structural brain networks independent of absolute pitch ability. *Journal of Neuroscience*, 41(11), 2496-2511.

◆ Lerdahl, F. y Jackendoff, R. (2003). *Teoría generativa de la música*. Madrid. Akal.

◆ Lewin, D. (1987). *Generalized musical intervals and transformations*. New Haven: Yale University Press.

◆ Lillis A, Eggleston DB, Bohnenstiehl DR (2014). Oyster Larvae Settle in Response to Habitat-Associated Underwater Sounds. *PLOS ONE 9*(1): 10.1371/annotation/b04bc087-808a-4edc-ae2a-08932bff360c. https://doi.org/10.1371/annotation/b04bc087-808a-4edc-ae2a-08932bff360c

◆ Lindstedt, I. (2009). Fractals and music. A reconnaissance. *Interdisciplinary Studies in Musicology*, (8), 151-172.

◆ López-Cano, R. (2002). Entre el giro lingüístico y el guiño hermenéutico: tópicos y competencia en la semiótica musical actual. *Cuicuilco. Revista de la Escuela Nacional de Antropología e Historia*, 9(25).

◆ Mahjour, B., Bench, J., Zhang, R., Frazier, J., & CERNAK, T. (2022). Molecular Sonification for Molecule to Music Information Transfer. *ChemRxiv*. doi:10.26434/chemrxiv-2022-g7xkl Este contenido, en el momento de su consulta, es un preprint y no ha sido revisado por pares.

◆ Mandelbrot, B. (1967). How long is the coast of Britain? Statistical self-similarity and fractional dimension. *science, 156*(3775), 636-638.

◆ Margulis, E. H. (2012). Musical repetition detection across multiple exposures. *Music Perception, 29*, 377–385.

◆ Margulis, E. H. (2014). *On repeat: How music plays the mind*. Oxford University Press.

◆ Margulis, E. H., & Beatty, A. P. (2008). Musical style, psychoaesthetics, and prospects for entropy as an analytic tool. *Computer Music Journal, 32*(4), 64-78.

◆ Márquez, R., Bosch, J., & Eekhout, X. (2008). Intensity of female preference quantified through playback setpoints: call frequency versus call rate in midwife toads. *Animal Behaviour, 75*(1), 159-166.

◆ McAdams, S., & Giordano, B. L. (2009). *The perception of musical timbre. The Oxford handbook of music psychology*, 72-80.

◆ McCarthy, J., Minsky, M., Rochester, N., & Shannon, C. L. (1956). The Dartmouth summer research project on artificial intelligence. *Artificial intelligence: past, present, and future.*

◆ McKay, C., & Fujinaga, I. (2006). jSymbolic: A Feature Extractor for MIDI Files. In *ICMC.*

◆ Mithen, S. J. (2009). The music instinct: the evolutionary basis of musicality. *Annals of the New York Academy of Sciences, 1169*(1), 3-12.

◆ Mithen, S. J. (2006). *The singing Neanderthals: The origins of music, language, mind, and body*. Harvard University Press.

◆ Morley, I. R. (2014). A multi-disciplinary approach to the origins of music: perspectives from anthropology, archaeology, cognition and behaviour. *Journal of Anthropological Sciences, 92.*

◆ Mortimer, B., Soler, A., Siviour, C. R., & Vollrath, F. (2018). Remote monitoring of vibrational information in spider webs. *The Science of Nature, 105*(5), 1-9.

◆ Nattiez, J. J. (1975). *Fondements d'une sémiologie de la musique*. Paris: Union Générale d'Éditions.

◆ Nikitin, P. (2012). Leon theremin (lev termen). *IEEE Antennas and Propagation Magazine, 54*(5), 252-257.

◆ Olmedo, I. (2021). Arquitecturas sonoras: El evento sonoro como generador del proyecto (II). *Espacio Sonoro* n.º 54.

◆ Ortiz, J. A. P. (2000). Musica fractal: El sonido del caos. *Alicante-España: Departamento de Lenguajes y Sistemas Informáticos.*

◆ Pablo Basurto, V. M. (2014). *Teorías musicales Transformacional y Neo-Riemanniana* TFM, Universidad Nacional de Educación a Distancia (España). Facultad de Ciencias.

◆ Pereira, C. S., Teixeira, J., Figueiredo, P., Xavier, J., Castro, S. L., & Brattico, E. (2011). *Music and emotions in the brain: Familiarity matters. PLoS ONE, 6, e27241.*

◆ Pérez, J. I. y Sevilla, J. (2022). *Los males de la ciencia*. Next Door Publishers.

◆ Platel, H. (2005). *Functional neuroimaging of semantic and episodic musical memory. Annals of the New York Academy of Sciences 1060*, 136–147.

◆ Poudrier, È., & Repp, B. H. (2012). Can musicians track two different beats simultaneously? *Music Perception: An Interdisciplinary Journal, 30*(4), 369-390.

◆ Ratner, L. (1980). *Classic Music: Expression, Form and Style*. New York: Schirmer Books.

◆ Rink, J. (Ed.). (2002). *Musical performance: A guide to understanding*. Cambridge University Press.

◆ Rocha, M. (2009). Estructura y percepción psicoacústica del paisaje sonoro electroacústico. *Perspectiva Interdisciplinaria de Música*, (03-04).

◆ Román-Caballero, R., Vadillo, M. A., Trainor, L., & Lupiáñez, J. (2021). Please Don't Stop the Music: A Meta-Analysis of the Benefits of Learning to Play an Instrument on Cognitive and Academic Skills. https://doi.org/10.31234/osf. io/4bm8v

◆ Sadaï, Y. (1998). El estatuto del análisis musical. *Revista Cuadernos de Veruela. Anuario de creación música*, (2), 75-89.

◆ Saffran, J. R., & Griepentrog, G. J. (2001). Absolute pitch in infant auditory learning: evidence for developmental reorganization. *Developmental psychology, 37*(1), 74.

◆ Said-Metwaly, S., Taylor, C. L. Camarda, A., & Barbot, B. (2022). Divergent thinking and creative achievement – How strong is the link? An updated meta-analysis. *Psychology of Aesthetics, Creativity and the Arts*. Advenced online publication.

◆ Sandred, O., Laurson, M., & Kuuskankare, M. (2009). Revisiting the Illiac Suite–a rule-based approach to stochastic processes. *Sonic Ideas/Ideas Sonicas, 2*, 42-46.

◆ Sarudiansky, F. (2013). *Interacciones entre música y matemática: dos obras de Iannis Xenakis*. Jornada de la Música y la Musicología. Jornadas Interdisciplinarias de Investigación: Investigación, creación, re-creación y performance, X, 4-6 septiembre 2013.

◆ Schiltz, K. (2012). Visual Pictorialism in Renaissance Musical Riddles. *Journal of the Alamire Foundation, 4*(2), 204-221.

◆ Scrivener, J. (2000). Applications of fractal geometry to the player piano music of Conlon Nancarrow. In *Bridges: Mathematical Connections in Art, Music, and Science* (pp. 185-192). Bridges Conference

◆ Scullin, M. K., Gao, C., & Fillmore, P. (2021). Bedtime music, involuntary musical imagery, and sleep. *Psychological Science, 32*(7), 985-997.

◆ Sethre, J. (2020). *Signs of Song: Guido d'Arezzo in the Spring of Western Music*. Strategic Book Publishing & Rights Agency.

◆ Severance, E., & Washburn, M. F. (1907). Minor studies from the psychological laboratory of Vassar College: The loss of associative power in words after long fixation. *The American Journal of Psychology, 18*, 182–186.

◆ Skeldon, K. D., Reid, L. M., McInally, V., Dougan, B., & Fulton, C. (1998). Physics of the Theremin. *American Journal of Physics, 66*(11), 945-955.

◆ Solomon, L. (2002). *The Fractal Nature of Music*. Disponible en: https://es.scribd. com/document/366019537/The-Nature-of-Fractal-Music-by-Solomon

◆ Solomos, M. (2005). Cellular automata in Xenakis's music. Theory and Practice. In *International Symposium Iannis Xenakis (Athens, May 2005)*

◆ Sonawane, D., Miyapuram, K. P., Rs, B., & Lomas, D. J. (2021). Guessthemusic: song identification from electroencephalography response. In *8th ACM IKDD CODS and 26th COMAD* (pp. 154-162).

◆ Squire, L. R. (2004). Memory systems of the brain: a brief history and current perspective. *Neurobiology of learning and memory, 82*(3), 171-177.

◆ Su, I., Hattwick, I., Southworth, C., Ziporyn, E., Bisshop, A., Mühlethaler, R., ... & Buehler, M. J. (2022). Interactive exploration of a hierarchical spider web structure with sound. *Journal on Multimodal User Interfaces, 16*(1), 71-85.

◆ Su, Z. Y., & Wu, T. (2007). Music walk, fractal geometry in music. *Physica A: Statistical Mechanics and its Applications, 380*, 418-428.

◆ Suzuki, R., Buck, J. R., & Tyack, P. L. (2006). Information entropy of humpback whale songs. *Journal of the Acoustical Society of America, 119* (3), 1849–1866.

◆ Syroyid, B. (2012). El sigilo aleatorio en Mozart. *Revista de compositores ACIM*

◆ Tamayo, D., Rein, H., Petrovich, C., & Murray, N. (2017). Convergent migration renders TRAPPIST-1 long-lived. *The Astrophysical Journal Letters, 840*(2), L19.

◆ Tarasti, E. (2002). Signs of Music: A Guide to Musical Semiotics. Berlin and New York: Mouton de Gruyter.

◆ Teki, S., Grube, M., Kumar, S., & Griffiths, T. D. (2011). Distinct neural substrates of duration based and beat-based auditory timing. *Journal of Neuroscience 31*(10), 3805–3812.

◆ Téllez, J. L. (2010). Apuntes para una visión lingüística de la música. *Quodlibet, 46*, 15-34.

◆ Thiebaut, J., Healey, P. y Bryan-Kinns, N. (2008). Drawing electroacoustic music. *International Computer Music Conference*

◆ Toiviainen, P., Alluri, V., Brattico, E., Wallentin, M., & Vuust, P. (2014). Capturing the musical brain with Lasso: Dynamic decoding of musical features from fMRI data. *NeuroImage 88*, 170–180.

◆ Toussaint, G. (2005, July). The Euclidean algorithm generates traditional musical rhythms. In *Renaissance Banff: Mathematics, Music, Art, Culture* (pp. 47-56).

◆ Truax, B. (2005). Music and science meet at the micro level: Time-frequency methods and granular synthesis. *The Journal of the Acoustical Society of America, 117*(4), 2415–2415.

◆ Turchet, L., Baker, D., & Stockman, T. (2021, June). Musical Haptic Wearables for Synchronisation of Visually-impaired Performers: A Co-Design Approach. In *ACM International Conference on Interactive Media Experiences* (pp. 20-27).

◆ Turing, A. M., & Haugeland, J. (1950). Computing machinery and intelligence. *The Turing Test: Verbal Behavior as the Hallmark of Intelligence*, 29-56.

◆ Vargas, F. (2005). Los fractales y su relación con la creación sonora. *Revista de Artes y Humanidades UNICA, 6*(12), 65-88.

◆ Wong, Y. K., Ngan, V. S., Cheung, L. Y., & Wong, A. C. (2020). Absolute pitch learning in adults speaking non-tonal languages. *Quarterly Journal of Experimental Psychology, 73*(11), 1908-1920.

◆ Worth, P., & Stepney, S. (2005). Growing music: musical interpretations of L-systems. In Workshops on *Applications of Evolutionary Computation* (pp. 545-550). Springer, Berlin, Heidelberg.

◆ Xenakis, I. (1971). *Formalized Music: Thought and Mathematics in Composition*. Bloomington and London: Indiana University Press.

◆ Zulfikar, M.C. (2019). Not for Your Eyes Only: Hidden Fractal Patterns in Music. *IF2120 Discrete Mathematics – Sem. I 2019/2020*

**En la misma colección:**

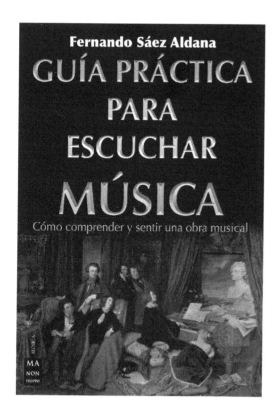

Puedes visitar nuestra página web
**www.redbookediciones.com**
para ver todos nuestros libros de música:

**Puedes seguirnos en:**

 redbook_ediciones

 @Redbook_Ed

 @RedbookEdiciones